沙滩上的大厦
——中国社会保险发展与治理的跟踪研究

刘军强 著

2018年·北京

图书在版编目(CIP)数据

沙滩上的大厦:中国社会保险发展与治理的跟踪研究/刘军强著.—北京:商务印书馆,2018
ISBN 978-7-100-15680-6

Ⅰ.①沙… Ⅱ.①刘… Ⅲ.①社会保险体系—研究—中国 Ⅳ.①F842.61

中国版本图书馆 CIP 数据核字(2017)第 316106 号

权利保留,侵权必究。

本书是教育部人文社会科学重点研究基地(中山大学中国公共管理研究中心)重大项目"社会政策创新与共享发展"(项目批准号:16JJD630011)的成果。

沙滩上的大厦
——中国社会保险发展与治理的跟踪研究
刘军强 著

商 务 印 书 馆 出 版
(北京王府井大街 36 号 邮政编码 100710)
商 务 印 书 馆 发 行
北京市艺辉印刷有限公司印刷
ISBN 978-7-100-15680-6

2018 年 6 月第 1 版　　开本 880×1230　1/32
2018 年 6 月北京第 1 次印刷　印张 11¾
定价:46.00 元

目　录

引言：被忽略的社会基础设施 ………………………………… 1
　何为社会基础设施？ …………………………………………… 1
　作为社会基础设施的中国社会保险制度 …………………… 4
　研究问题与组织结构 ………………………………………… 6

上篇　社会保险的发展

第一章　医保覆盖面为何重要？ ……………………………… 11
　1.1　"中国医疗改革基本上是不成功的" ………………… 11
　1.2　医疗体制的病相呈现 …………………………………… 14
　1.3　一个共同的病灶：下滑的医保覆盖面 ……………… 17
　1.4　研究问题：医保覆盖面受什么因素影响？ ………… 21
　1.5　研究意义 ………………………………………………… 24

第二章　社会医疗保险发展的逻辑 …………………………… 27
　2.1　医疗保险的本质 ………………………………………… 29
　2.2　医疗保险的起源与扩散 ………………………………… 33
　2.3　社会医疗保险的发展逻辑 ……………………………… 36
　2.4　中国城镇医疗保障的演变与改革 …………………… 49
　2.5　本章小结 ………………………………………………… 68

第三章　理论回顾与分析框架 ………………………………… 70
　3.1　社会政策发展的理论 …………………………………… 71

3.2　分析框架和假设……………………………………… 103
　　3.3　本章小结……………………………………………… 108
第四章　研究方法与量化分析结果…………………………… 110
　　4.1　纵贯研究方法………………………………………… 110
　　4.2　研究问题及变量操作化……………………………… 116
　　4.3　数据收集与数据品质………………………………… 125
　　4.4　量化分析结果………………………………………… 130
　　4.5　讨论:研究贡献以及待解决的问题………………… 137
第五章　重写社会契约:社会保险改革背景的追溯性分析… 142
　　5.1　从体制内到体制外:所有制结构和就业形态的变化… 143
　　5.2　从单位到社会:社会保险管理机构的演变………… 154
　　5.3　从他保走向自保:纠纷充斥背景下的
　　　　　工人权益保护机制…………………………………… 162
　　5.4　本章小结……………………………………………… 179

下篇　社会保险的治理

第六章　中国社会保险征缴体制的跟踪研究………………… 183
　　6.1　引子:一个悬而未决的条款………………………… 184
　　6.2　社会保险征缴体制:历史、分类与相关研究……… 186
　　6.3　征缴优势和部门利益:官员访谈分析……………… 191
　　6.4　量化分析:研究设计………………………………… 204
　　6.5　量化分析:结果与讨论……………………………… 211
　　6.6　结论…………………………………………………… 215
第七章　激励结构与政府投入:从地方政府视角看合作
　　　　　医疗制度的可持续性………………………………… 219
　　7.1　合作医疗制度:起伏的背后………………………… 220

7.2 理论视角中的地方政府自主性 …………………… 223
7.3 分析框架与资料来源 ………………………………… 226
7.4 新农合筹资责任的分摊 ……………………………… 230
7.5 新农合的制度建设和管理费用 ……………………… 233
7.6 政治收益分析 ………………………………………… 238
7.7 现实世界中的制度运作 ……………………………… 241
7.8 总结 …………………………………………………… 250

第八章 损不足而补有余：中国社会保险的逆向调节效应研究 …………………………………………………… 252
8.1 社会保险的分配悖论 ………………………………… 253
8.2 逆向再分配：各险种的检视 ………………………… 254
8.3 体制内外：中国福利改革中的群体性差异 ………… 268
8.4 小结：近来的改革会否矫正制度的非预期后果？… 271

第九章 沉睡的资金：医保基金巨额结余成因探析 …… 273
9.1 医保基金的海量结余 ………………………………… 274
9.2 背景：职工医保的起源和管理 ……………………… 276
9.3 假设：职工医保基金结余率的可能成因 …………… 277
9.4 方法论：数据及测量 ………………………………… 284
9.5 研究发现 ……………………………………………… 288
9.6 讨论 …………………………………………………… 290

第十章 增长、福利与稳定：社会政策的"常识"与反"常识" ……………………………………………… 295
10.1 引子：一路延烧的争论 ……………………………… 295
10.2 社会政策与经济发展：微观与宏观视角 …………… 298
10.3 灵活性与僵硬性之间：社会保护、劳资关系与就业 ………………………………………………… 304

10.4 福利费用是否无法控制？……………………………… 312

10.5 三轮车理论：社会投资与新稳定观 ………………… 318

10.6 结语：从"总量思维"和"均值思维"走向"方差思维" …………………………………………………… 324

参考文献…………………………………………………… 325

后　记……………………………………………………… 357

表 目 录

表 0—1　固定资产投资与经济总量的关系 …………… 1
表 0—2　软基础设施的分类及主要内容 ……………… 2
表 1—1　医疗问题社会关注度 …………………………… 13
表 1—2　职工医保引入前后中国城镇医疗服务筹资的
　　　　　构成 …………………………………………… 17
表 1—3　2005 年人均 GDP 与职工医保覆盖率前十名
　　　　　对比 …………………………………………… 23
表 2—1　医疗保障制度类型比较 ………………………… 30
表 2—2　20 世纪初欧美国家医疗保险的发展情况 …… 35
表 2—3　公费医疗、劳保医疗、合作医疗制度比较 …… 53
表 2—4　历年享受免费医疗（公费医疗、劳保医疗）的人数、
　　　　　覆盖面及医疗费用 …………………………… 54
表 2—5　目前几种社会保险的征缴比例 ………………… 66
表 3—1　资本控制权和人力资本控制权对比分析 …… 82
表 3—2　国家结构分析维度 ……………………………… 87
表 3—3　福利国家研究的边界 …………………………… 103
表 4—1　按时空维度划分的研究方法 …………………… 111
表 4—2　变量操作化与资料来源 ………………………… 125
表 4—3　各变量描述性结果 ……………………………… 131
表 4—4　固定效应模型结果（Fixed Effects Model）…… 134

表 目 录

表	标题	页
表 5—1	2005 年各所有制企业的参保情况	147
表 5—2	非正规就业人口社会保险覆盖面	151
表 5—3	非正规就业人口的福利	151
表 5—4	1998—2006 年中国劳动保障监察机构与人员统计	168
表 5—5	历年劳动争议调解委员会受理劳动争议件数及工会介入情况	176
表 6—1	采纳地方税务机构征缴保险费的省份	188
表 6—2	部分省份征收经费计算	201
表 6—3	广东省社会保险扩面增收工作奖励（养老和失业保险）	202
表 6—4	征缴方式对养老、医疗、失业保险覆盖面的影响	212
表 6—5	征缴方式对养老、医疗、失业保险基金收入的影响	213
表 6—6	地方税务、社保经办机构数和人员数，1995—2009	214
表 7—1	新农合筹资水平，2003—2010	220
表 7—2	新型农村合作医疗制度发展概况，2003—2008	221
表 7—3	新农合筹资中的政府比重，2003—2008	222
表 7—4	Z 县财政收支情况，2000—2007	232
表 7—5	Z 县新农合发展概况及筹资责任分担，2004—2009	233
表 7—6	2004 年 Z 县合作医疗启动费用	234
表 7—7	2004 年 Z 县合作医疗管理费用	237
表 7—8	Z 县新农合机构人员、编制和办公经费情况，2003—2008	242
表 8—1	城乡养老保险覆盖率与待遇水平	256

表 8—2	城乡 60 岁以上老年居民主要生活来源	258
表 8—3	企业职工基本养老保险的财政补贴	259
表 8—4	机关事业单位、企业单位职工平均工资水平	260
表 8—5	不同医疗制度的报销比例,2008	264
表 8—6	社会保险逆向调节的受益群体和受损群体	269
表 9—1	职工医保基金结余,1999—2009	274
表 9—2	职工医保的抚养比,1999—2009	277
表 9—3	不同医保制度对住院费用的报销比例,2008	282
表 9—4	医保统筹层次与结余	283
表 9—5	变量和测量	287
表 9—6	固定效应模型结果	289
表 9—7	失业保险结余水平	293
表 9—8	描述性统计:均值与方差	294
表 10—1	《福布斯》"税收痛苦指数"排名,2005—2009	297
表 10—2	工资谈判机制与平均失业率水平	310

图 目 录

图 0—1　社会保险参加人数 ································· 5
图 0—2　社会保险基金收支状况 ····························· 5
图 1—1　北京市民对医疗服务的态度 ························ 13
图 1—2　医疗费用增长趋势，1988—2006 ···················· 15
图 1—3　中国卫生总费用筹资结构，1978—2006 ·············· 16
图 1—4　城乡居民中没有医保的比例 ························ 18
图 1—5　中国城镇居民储蓄率，1990—2005 ·················· 21
图 2—1　社会医疗保险覆盖面的影响因素 ···················· 37
图 2—2　公费医疗经费与卫生经费，1996—2005 ·············· 51
图 2—3　亏损国有企业比重及亏损额，1980—2006 ············ 56
图 2—4　企业破产数目，1995—2005 ························ 57
图 2—5　社会保险治理结构 ································ 63
图 3—1　社会保险基金收入规模及占 GDP 的比重 ············· 72
图 5—1　中国城镇私有部门就业人数及比重，
　　　　 1995—2007 ······································ 145
图 5—2　城镇非正规就业增长趋势 ·························· 150
图 5—3　社会保险经办机构和人员的增长，1991—2007 ······· 161
图 5—4　养老失业医疗三项保险参保人数和社会保险
　　　　 经办机构人员数比值 ······························ 161

图 5—5　中国劳动争议案件(含社会保险争议)，
　　　　1996—2009 ·················· 163

图 5—6　全国法院行政一审劳动和社会保障案件统计，
　　　　2002—2007 ·················· 164

图 5—7　中国工会组织情况，1952—2007 ········· 171

图 6—1　地方税务代征社会保险费流程 ········· 189

图 8—1　城乡居民平均收入及其差距 ········· 257

图 8—2　企业、事业、机关单位人均离退休费，
　　　　1990—2005 ·················· 261

图 8—3　城乡居民人均医疗保健支出 ········· 265

图 8—4　卫生经费拨款数与公费医疗经费拨款数，
　　　　1993—2006 ·················· 266

图 8—5　失业保险基金结余率和失业金领取率，
　　　　1989—2008 ·················· 268

图 9—1　城镇单位职工年均工资以及职工医保平均缴费
　　　　水平，1999—2009 ·················· 278

图 9—2　职工医保覆盖面增长，1999—2009 ········· 279

图 9—3　职工医保基金结余的结构，2003—2009 ········· 284

图 10—1　劳动力市场规制与就业形态的连续统 ········· 305

图 10—2　欧洲失业率，1988—1999 ········· 308

引言:被忽略的社会基础设施

何为社会基础设施?

中国经济是靠投资拉动的。如下表所示,固定资产投资占GDP的比重一直居高不下。从2006年开始,这一比例突破了50%。2009年,这一比例竟然高达66%。在2008年的金融危机中,中国政府投入了四万亿资金来刺激经济。其中铁路建设就高达7 000亿,但与民生相关的仅占1‰(Frazier, 2010)。30年来,国家投资的重点都是物质性基础设施(即"砖头"),例如桥梁、高速公路、高铁。在社会基础设施方面(即"人头")的投资则一直受到忽略。

表0—1 固定资产投资与经济总量的关系

年份	国内生产总值(亿元)	固定资产投资总额(亿元)	比例(%)
1999	89 677	29 855	33
2000	99 215	32 918	33
2001	109 655	37 213	34
2002	120 333	43 500	36
2003	135 823	55 567	41
2004	159 878	70 477	44
2005	184 937	88 774	48
2006	216 314	109 998	51

续表

2007	265 810	137 324	52
2008	314 045	172 828	55
2009	340 507	224 599	66
2010	401 202	278 122	69
2011	472 115	311 485	66
2012	518 942	374 695	72
2013	568 845	446 294	78

数据来源:《中国统计年鉴》,历年。

无可否认,物质基础设施(Physical Infrastructure)在经济发展中有举足轻重的作用(World Bank,1994)。然而过分注重物质基础设施,而轻视社会基础设施的做法,反映了我们将基础设施狭义地等同为物质性基础设施的发展思路。如表0—2所示,基础设施的种类很多。维基百科将基础设施分为"硬基础设施"(Hard Infrastructure)和"软基础设施"(Soft Infrastructure)。其中"硬基础设施"包括交通、能源、水利、通讯等内容。"软基础设施"包括政府、经济、社会、文体等。以经济为例,市场经济体制包含很多必需的软性基础设施,例如法制体系、会计体系等(Niskanen,1991)。

表0—2 软基础设施的分类及主要内容

种类	主要内容
政府基础设施	政府、法律体系、军事设施
经济基础设施	金融、物流、生产、农林渔设施
社会基础设施	社会保障、医疗卫生、教育科研
文化、体育、休闲基础设施	文体、旅游文化设施

资料来源:http://en.wikipedia.org/wiki/Infrastructure#cite_note-opendb.net-6。

社会基础设施(Social Infrastructure)是"软基础设施"的一类,主要包括社会保障、医疗卫生、教育科研体制等。社会基础设施对于保障收入和进行再分配、投资人力资本、协调经济与社会发展等都有重要的意义。但是,与硬基础设施相比,它总是处在次要的地位。这一方面是由于道路、桥梁、能源设施具有高能见度,人们通常将基础设施等同于"硬基础设施"。另一方面,社会基础设施不受重视的一个原因是,它通常被认为是消耗性的,非生产性的,不能带来直接价值。

实际并非如此。社会基础设施对于经济、社会的运行具有不可或缺的作用。社会保障体系可以实现收入再分配,消弭阶层间的差距和隔阂。其中,社会救助制度可以保障底层社会成员的基本生活,从而大幅降低社会冲突。社会保险制度可以增强普通人抵抗社会风险的能力,免于因风险陷入困境,提高安全感。此外,医疗、教育体制可以改善劳动力的健康、技能水平,促进其就业和社会流动。社会基础设施对经济、生产的积极作用,在学界也得到了广泛承认。发展型社会政策是最近发展起来的视角(Midgley, 1995; Midgely and Tang, 2008)。这一视角认为,福利不是一种消耗,而是一种社会投资。福利的积极作用具体表现在(Midgley, 1999):

(1)增加人力资本的投资;

(2)促进社会资本的形成;

(3)促进生产性的就业和自我就业,从而增加经济参与;

(4)消除经济参与的其他障碍;

(5)创造有助于发展的社会氛围。

可见,我们应该从社会投资的视角来看待社会保障体系的建立。尤其是在快速老龄化的中国,人口红利行将消失。通过投资于"人头",我们可以用技术红利来取代人口红利。这样,经济的可持续发展才可以得到保障。

作为社会基础设施的中国社会保险制度

社会基础设施这一概念在我国还讨论较少。本书将通过探讨中国社会保险体系的发展和治理来加深我们对社会基础设施的认识。

为什么要选择中国社会保险作为研究对象呢?

首先,社会保险制度是现代社会用以抵御各类生活风险的主要机制,是社会基础设施的重要部分。通过强制性的参与和大范围的风险分担,社会保险可以帮助人们抵御年老、失业、医疗、工伤等风险,避免因风险陷入困境。宏观层面,由于社会保险的消费平滑作用,普通民众的基本消费能力可以得到保障,从而可以降低宏观经济波动对普通人生活的影响,从而保证了经济发展和社会秩序的平稳。本书将通过系统地分析社会保险若干重要议题,以期增进我们对社会基础设施之发展与治理的认识,从而为促进社会基础设施建设、改善其管理状况提供知识储备。

其次,从1980年代开始,养老保险、医疗保险、失业保险等社会保险项目就一直处在改革、调整之中。目前,中国社会保险的规模举世罕有其匹:仅城镇基本养老保险参保者就达2.36亿人,基本医疗保险参保者达4.01亿人(图0—1);城镇五项社会保险基金收入高达1.6万亿元(图0—2)。如此大规模的社会保险项目、大规模的资金汲取涉及数以亿计的人口。如此广泛的波及面,其过程、其后果都值得深入研究。作为与市场经济一起成长起来的社会保护机制,社会保险项目对普通人的意义毋庸讳言。然而,对于这一重要的制度重建过程和治理状况,相关研究大多为规范性的,缺少系统的经验资料支持,或者是偏重技术分析,缺少相关理论的支撑。因此,藉对中国社会保险发展和治理的总结,本书希望对社会保险未来的治理和发展提供深度的理论分析。

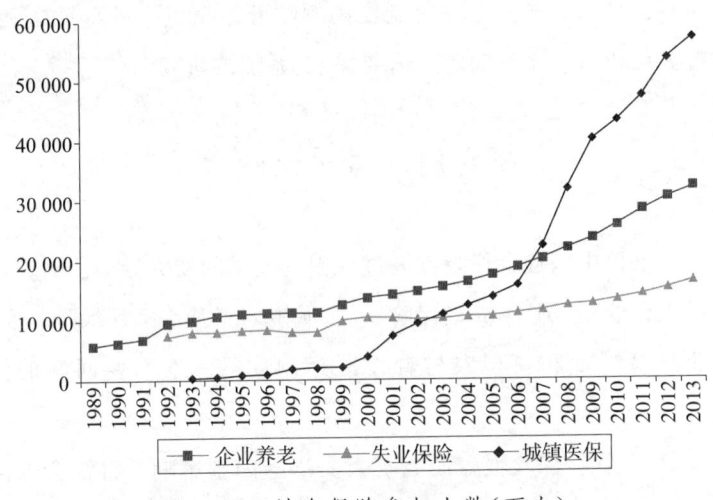

图 0—1　社会保险参加人数(万人)

资料来源:《中国劳动统计年鉴 2014》。

注:从 2007 年起,城镇医保数据包括职工医保和居民医保两部分。

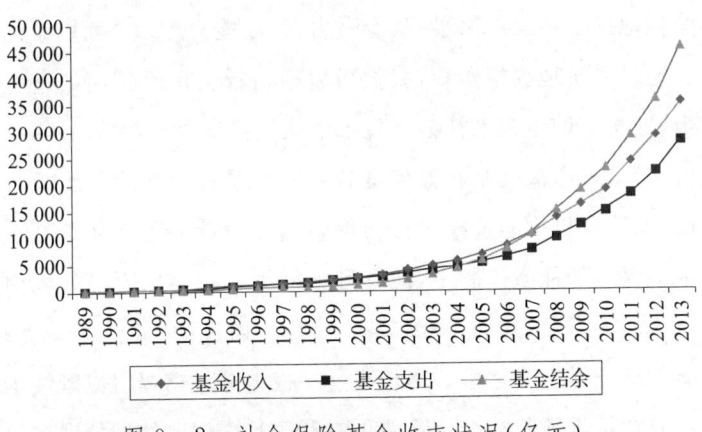

图 0—2　社会保险基金收支状况(亿元)

资料来源:《中国劳动统计年鉴 2014》。

社会保险建设至今仍然主要局限在城镇地区,社会保险全面覆盖的过程还将十分漫长。新型农村合作医疗制度近几年才实现广覆盖。新型农村养老保险制度则刚刚开始试点。基金征缴、管理等方面也有一系列的难题需要深入、系统的研究。

研究问题与组织结构

本书以中国社会保险发展过程中的关键问题为导向。研究对象涵盖企业职工基本养老保险制度、城镇职工基本医疗保险制度、失业保险制度和新型农村合作医疗制度等。本书要回答的问题有:

(1) 社会保险覆盖面之扩大受哪些因素影响?将社会保险扩大到大多数社会成员,将是未来十余年的政策重点。但是社保扩面是一个极为复杂的过程,因为覆盖面的扩大牵涉到主管部门、执行机构、各种类型的雇主、参保者等各个利益相关者,而且覆盖面受到地区经济发展水平、政府财力、行政能力等多方面因素的制约。通过系统地收集资料,我们可以摸清社会保险扩面的过程和逻辑,这将有助于未来社会保险各个项目实现全面覆盖。

(2) 社会保险基金如何征收?筹资是社会保险制度运行的基础,而筹资机构的选择是社会保险制度设计的关键环节。在中国社会保险费征缴体制中,地方税务机构和社会保险经办机构并存,形成二元征缴局面。2010年10月新通过的《社会保险法》也未能终结征缴主体之争。为什么这一权力分散格局得以延续十余年?究竟由谁征收社会保险费更有利于社会保险体制的发展?为了终结长达十余年的征缴主体之争,我们有必要对这一议题进行独立、科学的研究。为此,本书追踪了1999至2008年各省征缴主体的变迁,并构建了一个历时十年的面板数据库。此外,研究者对十余位政府官员进行了访谈。通过这些定量和定性资料,本书将尝试对上述争论给出一个解答。

(3) **社会保险的筹资是否具有可持续性?** 社会保险的可持续性关系到制度的长远发展。本部分以新型农村合作医疗制度为例,分析了现行制度激励下,政府(尤其是地方政府)在筹资中承担的角色和行为特征。在新农合的筹资结构中,财政补助已达到绝对的主导地位:占筹资总额的83%。这使得新农合的发展高度依赖政府,尤其是在政策执行和制度运行中起关键作用的地方政府。政府(特别是地方政府)会不会持续不断地进行投入呢?这关系到新农合制度的可持续性。本书从新型农村合作医疗的筹资责任分担、制度建设和运行费用、政治收益等方面分析了地方政府面临的激励结构。这将为分析制度的发展前景提供参考。

(4) **社会保险的再分配效果如何?** 风险分担和收入调节是社会保障制度的重要功能,然而在中国社会保险制度运行中却出现了与风险分担、收入调节相违背的现象,即所谓的"负福利":高风险人群没有得到相应得风险保障,低风险甚至无风险人群却得到了非常充分的保障;社会保险制度在财务机制和给付机制上拉大不同人群的收入差距,使得高收入人群比低收入人群获得更多的保障,社会保险制度存在逆向调节效应。为什么会出现这些问题?本书将分析养老、医疗、失业保险等方面的逆向调节现象及其成因,以期校正其再分配效果。

(5) **社保基金管理的绩效如何?** 为什么医保和失业保险基金结余率高居不下?城镇基本医疗保险基金和失业保险基金均为

现收现付制，无需保留大量结余。但在 2009 年，职工医保结余资金达 4 060 亿元，累积结余率达 119％；失业保险累计结余 1 524 亿元，累计结余率达 300％。这些数据显示，社会保险基金管理的方式和效率都存在严重问题。为什么医保基金和失业基金存在大量结余？结余的资金会造成什么后果？本书将以职工医保为例，分析基金结余的水平、结构、成因与后果。通过系统的分析，评估目前基金管理的效率，确定适当的基金结余水平，以让社会保险基金发挥更大的效用。

（6）建设社会保险、发展社会福利会不会影响经济增长？经济增长和社会政策的关系在学界和公共平台一直争论不休。一些主流的观点认为社会政策汲取的缴费扭曲了市场激励机制，提供的慷慨保障又弱化了劳动者工作动机。因此，社会政策会降低就业水平、拖慢经济增长速度。我国社会政策正处于关键的发展时期，我们对社会政策的认识和定位决定了制度今后的发展轨迹。为此，本书将结合国内外学界的理论和经验研究，系统分析社会政策、经济发展、社会稳定之间的关系，希望借此回应学界的主流讨论和现实的重大议题，为经济、社会的协调发展提供一些新的思路。

本书分为上下两篇共十章。上篇为"社会保险的发展"，第一至五章以职工医保的扩面过程为例，分析了社会保险扩面的动态过程及发展逻辑。下篇为"社会保险的治理"，第六至九章依次分析了社会保险治理中的四个关键议题：社会保险费征缴体制（第六章）、财务可持续性（第七章）、再分配效应（第八章）、基金管理绩效（第九章）。第十章为理论性的总结。

上篇　社会保险的发展

到 2010 年,城镇基本医疗保险制度(包括职工、居民两部分)、新型农村合作医疗制度分别覆盖了 4.33 亿人、8.36 亿人(人力资源和社会保障部,2011;卫生部,2011)。两项制度覆盖的人数超过 12 亿。[①] 全民医保的政策目标已经基本实现。考虑到从 20 世纪 90 年代到本世纪前几年城乡有超过一半的人口没有任何医疗保险,最近十几年医保扩面的速度令人印象深刻。

医保制度扩面是社会保险制度从小到大、从窄到宽发展的一个缩影。本篇(第一至五章)将以城镇职工基本医疗保险制度(简称职工医保)作为研究对象,追踪社会保险项目发展过程并剖析其影响因素。具体而言,本篇追踪了职工医保从 1999 年至 2007 年覆盖面扩展的过程。通过细致地梳理社会医疗保险在其他国家的发展过程,以及社会政策发展的相关理论,运用面板数据检验了影响职工医保扩面的影响因素。研究发现有助于我们系统地认识社会医疗保险制度发展的规律,从而为实现全民医保提供参考。

[①] 当然,这几项制度存在重复参保的问题。例如,农民工有可能既在户籍所在地参加了新农合,又在务工所在地参加了城镇基本医疗保险。

第一章　医保覆盖面为何重要？

本章交代了本项研究的由来，即为什么选择职工医保（简称职工医保）的覆盖率作为研究对象。全章分为六节：第一节介绍了近几年学术界和媒体对中国医疗改革的一些评价；第二节进一步介绍了中国医疗体制的弊病，包括医疗费用飞速上涨、个人负担比例持续增大，以及由此导致的公平性问题。第三节指出医疗保险覆盖面窄是医疗体制弊病的共同病因之一；第四节对研究问题进行了界定；第五节阐述了在理论和政策实践方面的意义。第六节交代了本研究的篇章布局。

1.1 "中国医疗改革基本上是不成功的"

2005年7月28日《中国青年报》发表了一份对国务院发展研究中心社会发展研究部副部长葛延风的独家访谈。葛延风在访谈中称"中国医疗改革基本上是不成功的"（王俊秀，2005）。此言一出，舆论大哗。葛延风的言论是基于2005年发表于《中国发展研究》增刊的研究报告（国务院发展研究中心课题组，2005）。性质上，这是一份官方研究机构提交的正式研究报告。葛延风的发言成为官方研究机构公开否定官方改革成果的先例，具有极大的冲击性。

《中国青年报》的报道写道：

（葛延风等的）报告指出,当前的一些改革思路和做法,都存在很大问题,其消极后果主要表现为,医疗服务的公平性下降和卫生投入的宏观效率低下。报告还说,现在医疗卫生体制出现商业化、市场化的倾向是完全错误的,违背了医疗卫生事业的基本规律。此外,城镇医疗保险制度本身存在明显缺陷,发展前景不容乐观。中国医疗卫生体制期待变革。

这就是"市场失效"论断,即认为中国医疗改革失败的原因是采用了市场化的取向。中国经济自1978年后经历了30年的高速发展,引起世界瞩目。与此同时,中国的社会保护(Social Protection)饱受诟病。与经济的高速发展不协调的是大多数人竟然难以支付病人医疗服务(Wong, Tang and Lo, 2007)。

其实,早在2000年世界卫生组织就公布了对各成员国医疗体系绩效的评估(WHO,2000)。在190个成员国和地区中,中国的总体绩效排在144名。其中,医疗筹资公平性竟然排在倒数第四位。后来这一排名被广泛引用,用以证明中国医疗改革的失败(王绍光,2005)。与此反差很大的是,20世纪80年代国际组织曾经盛赞中国医疗体制(特别是农村合作医疗)(夏杏珍,2003)。他们认为中国通过很低的成本使得人口的健康水平得到极大提升:人均寿命从1949年的35岁提高到1980年的68岁,婴儿死亡率从1949年的250‰降低到1980年的50‰。

而到了90年代,似乎一切都变了。在1996年,医疗服务取代了通货膨胀和社会治安,成为全国人民最关心的社会问题(莫泰基,1998:第276—277页)。在2000年,中央电视台《生活栏目》和国家统计局城市调查总队联合进行的调查显示,医疗改革获得了87%的关注度。如表1—1所示,零点研究咨询集团的调查发现,在最受关注的社会问题调查中,从 2001 年到 2008 年医疗问题有七次排在了前七名(仅有 2004 年没有列入前七名)。

表 1—1　医疗问题社会关注度

年份	排名	关注度(%)
2001	3	30.4
2002	4	26.3
2003	6	21.4
2005	5	22.7
2006	5	22.9
2007	城市:5	21.1
2008	农村:5;城市:6	农村:17.8;城市:14.1

数据来源:零点研究咨询集团,《中国居民生活质量报告》,历年。
注:2004 年未进入前 7 名,所以没列入表内。

即使是医疗服务水平在全国首屈一指的北京市,市民对医疗服务仍然不满意。如图 1—1 所示,1995 年到 2004 年,十年内有平均 76%的市民认为医疗服务存在问题,最高时(1998 年)这一比例达到 82.2%(杨明等,2007)。

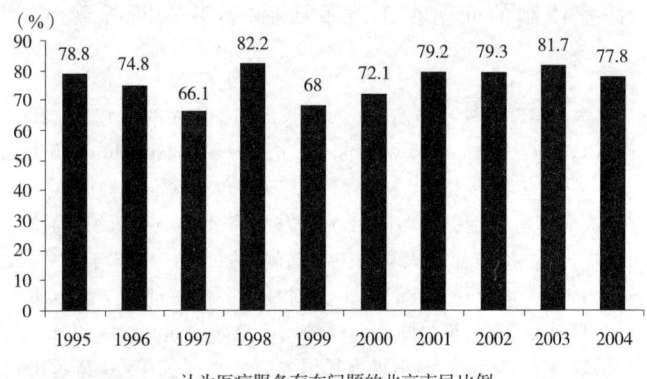

图 1—1　北京市民对医疗服务的态度

数据来源:杨明等,2007:86—87。

甚至国外传媒也注意到中国的医疗问题。在日本NHK电视台在奥运前对中国的系列报道中，医疗问题赫然在列。其中一集名为《病人的长龙：13亿人的医疗》的纪录片感性地展示了中国医疗体制的一些问题。①

在1986年，前任总理李鹏曾经庄严做出过承诺："2000年人人享有卫生保健"，中国大街小巷一度贴满了这样的标语，然而到后来无疾而终、不了了之。② 这一切，似乎都在显示中国的医疗体制出了问题。

1.2 医疗体制的病相呈现

鉴于医疗体制弊端重重，中央政府史无前例地延请九家研究机构参与到医改方案的制定。③ 从2005年至今，医疗改革从来没有淡出过公众视野。各路专家对医疗体制的问题做了各类诊断、开出了种种药方，概括起来大概有两类：一类认为市场化损害医疗服务的公益性，使得医疗机构成了唯利是图的利润最大化者；另一类认为医疗体制的问题在于改革滞后、行政垄断所致（王绍光，

---

① 日本NHK电视台节目《病人的长龙：13亿人的医疗》在2008年6月15日播出，参见：http://www.nhk.or.jp/special/onair/chugoku.html。

② 在1977年世界卫生大会上将人人享有最高水准的健康这一基本权利表达为"人人享有卫生保健"，随后在1978年的世界卫生组织《阿拉木图宣言》中明确提出了"2000年人人享有卫生保健"的口号。1986年，中国政府承诺达到这一目标。紧接着，1988年10月时任国务院总理的李鹏声明实现人人享有卫生保健是2000年中国社会经济发展总体目标的组成部分。

③ 2007年初，医改协调小组委托国务院发展研究中心（葛延风）、北京大学（李玲）、复旦大学（胡善联）、世界银行、世界卫生组织以及麦肯锡等6家研究机构制定6份医改备选方案。后来由于这六家方案趋于雷同，又加上北京师范大学（顾昕）和中国人民大学、清华大学（薛澜）的三套方案，一共9家。

2005;顾昕,2006;周其仁,2007)。

对于同样的问题出现截然对立的观点,而且双方都有充足的证据,这表明医疗体制的问题相当复杂。当我们抛开市场化的辩论,关注医疗体制的一些基本事实的时候,问题反而会更加清晰地呈现出来。

医疗费用上涨很快。在数据方面的呈现是1988年人均门诊费用和住院费用分别仅为7.5元和327.2元,而到了2006年,两者分别上涨到128.7元和4 668.9元,分别是1988年的17.2倍和14.3倍(图1—2)。与此同时,2006年城镇居民和农村居民人均纯收入增幅分别是1988年的21.6倍和3.0倍(中华人民共和国国家统计局,2008)。虽然城市居民收入稍高、勉强可以接受,但是越来越多的农民开始无力支付医疗费用。

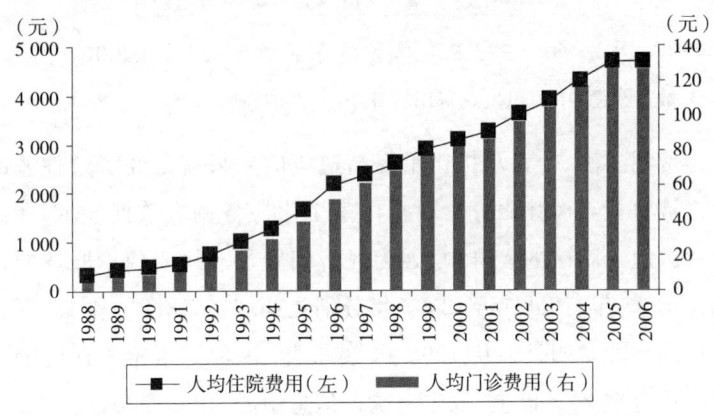

图1—2 医疗费用增长趋势,1988—2006

数据来源:《中国卫生统计年鉴》,历年;卫生部,《中国卫生统计提要》,历年;《中国卫生年鉴1992》,第653页;《中国卫生年鉴1998》,第357页;《中国卫生年鉴1995》,第377页。

在费用上涨的同时,费用的承担结构也在快速变化。从下文图

1—3中可以看出,从1978年到2006年,国家承担的比例从32%减少到18%。社会卫生支出(主要是社会医疗保险)承担比例从47%降低到33%。此消彼长,个人承担医药费的比例从20%增加到49%。个人逐渐承担了主要的医疗费用(Wong, Tang and Lo, 2007)。

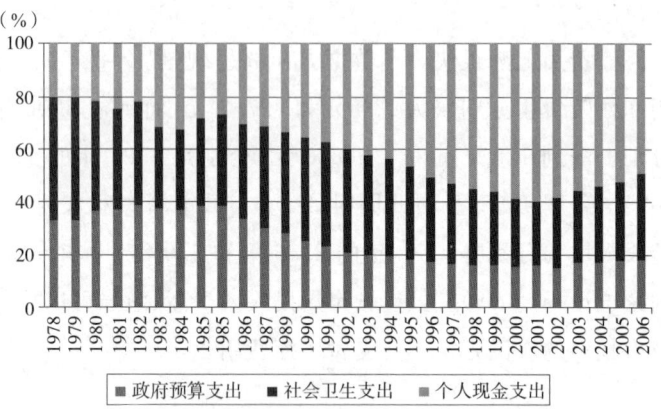

图1—3 中国卫生总费用筹资结构,1978—2006

数据来源:中国卫生总费用核算小组,2004:369—385。

费用上涨、个人承担比重提高造成的后果就是经济条件差的个人被迫放弃医疗服务。根据国家卫生服务调查数据显示,在需要就医但未就医的人群中,因为经济问题没有接受门诊服务的比例在1993年、1998年到2003年分别是:5.2%、13.8%和18.7%,增长趋势非常明显。从1993到2003年,因经济困难未住院的比例则一直在20%以上(卫生部统计信息中心,1999;2004)。

而这又进一步造成严重的社会后果。在边缘性的社会经济群体里,因病致贫和因病返贫的现象屡见不鲜(高梦滔、姚洋,2005)。[①]

[①] 在这里,因病致贫和因病返贫仅仅是两个词语。但是词语背后有多少辛酸的故事!

这也是社会不公平的来源之一:一方面国家用公共资金(卫生经费)维持了大批医疗机构,但是另一方面由于穷人因经济问题越来越难以使用医疗服务。顺理成章,那些经济宽裕的群体享受了更多的服务。

总之,看病越来越贵、个人负担越来越多、穷人越来越看不起病。中国的医疗体制面临公平性的严峻考验。

1.3 一个共同的病灶:下滑的医保覆盖面

在医药费高涨、个人负担增加、医疗体制公平性丧失等病相的背后,我们可以发现有一个(当然并不唯一)共同的病因:中国居民中享有医保人口的比例不断萎缩。

利用国家卫生服务调查在1993、1998、2003年的数据,我们可以看到十年间,城镇居民中自费医疗(即没有任何医疗保险)的比重从27.3%增加到44.8%(表1—2)。[1] 零点调查公司2005年的"中国城乡居民医疗保障享有情况调查"结果印证了国家卫生服务调查数据,它揭示的结果甚至更加严峻:65.7%的城乡居民没有任何医疗保险。[2]

表1—2 职工医保引入前后中国城镇医疗服务筹资的构成

年份	公费医疗	劳保医疗	社会医保	合作医疗	商业保险	自费医疗
1993	18.2	48.2	1.1	1.6	3.6	27.3
1998	16.0	28.7	4.7	2.7	3.7	44.1
2003	4.0	4.6	34.4	6.6	5.6	44.8

数据来源:卫生部统计信息中心,1999;2004。

注:"社会医保"包括大病统筹、职工医保和其他社会医疗保险。

---

[1] 当然,拥有保险并不意味着服务使用者不需要负担任何费用。保险只能负担医疗费用的一部分,他们往往也需要支付一部分(Co-Payment)。

[2] 零点调查公司的调查,参见:曾利明,2005。

根据另外一项追踪数据库"中国健康与营养调查"的结果显示:从 1989 年到 2004 年超过 75% 的中国人(城镇、农村)没有任何保险。① 如图 1—4 所示,这段时间农村没有医保人口的比例维持在 80% 左右,城市的比例大约有 50%。虽然这一状况到 2006 年才有所改善,但城乡合计还有超过 52% 的人没有医疗保障。

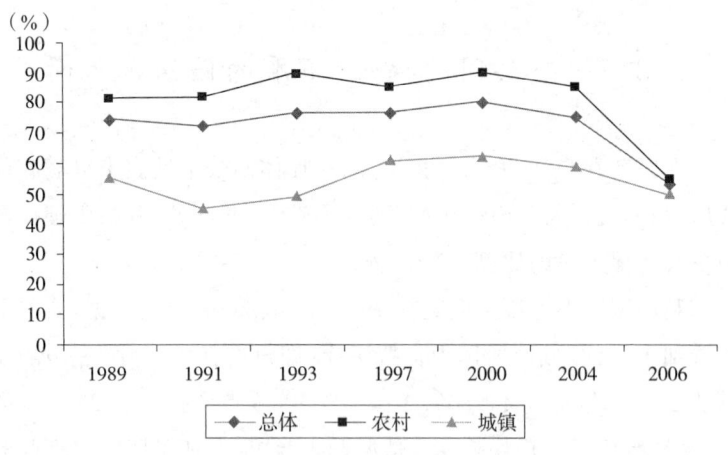

图 1—4　城乡居民中没有医保的比例

数据来源:"中国健康与营养调查"数据库,图中为笔者测算结果。

1998 年前,即使是拥有医保的人群也难以稳定地获得医疗保障,此时的劳保医疗问题重重、难以为继。据《中国职工调查》披露,据 1997 年全国职工调查资料显示,30.13% 的单位拖欠应予报销的医疗费用,其中经常性拖欠的为 17.40%,"濒临破产或严重亏损的企业"经常性拖欠竟达 53.07%(全国总工会政策研究室,1999)。

总之,可以肯定的是 20 世纪 90 年代之后,中国医保覆盖面迅速

---

① "中国健康与营养调查"(China Health and Nutrition Survey,简称 CHNS)数据库,参见:www.cpc.unc.edu/projects/china。

下降,而且波及面非常广。下降的过程和原因我们留待后文(第二章)说明。这里先谈一下医保覆盖面和医疗体制的诸病相之间的关系。

其一,医疗费用。社会医疗保险制度一个机制是将患者零散的购买力集中起来,形成集团化的力量,从而具备跟供方(医疗服务提供者)进行讨价还价的强大实力。而现实情况是相当比例的居民没有医疗保险,作为单个的个体,他们在面对医疗服务提供者时几乎没有议价能力。在信息不对称的情况下很容易出现供方诱导的过度需求(顾昕,2006)。唯一限制供方行为的是需方(病人)的经济能力。因此我们经常看到因为无力支付医药费而被中止治疗的例子,也可以看到天价医疗费的现象。①

其二,个人承担比例。医疗保险是一种风险分担机制,通过将健康人群和生病人群纳入同一个风险分担范围(Risk Sharing Pool)来降低个人在生病时的医疗费用。其中的机制是:虽然疾病的发生具有不确定性,但是在人群中基本是少数。参保者通过保险缴纳小额的供款,可以保证他们在生病时得到保险金的补偿,从而降低经济损失。很明显,缺少医疗保险的情况下,个人在发生医疗费用时只能自己扛起所有的医疗花费。

其三,在没有医保的情况下,最受冲击的是经济条件差的弱势群体。根据埃金(Akin)等人的研究,没有医保的人往往集中在经济、社会情况背景较差的群体中(Akin, Dow, Lance and Loh, 2005)。以1999年前后的国企改革为例,大约三四千万工人被"减员、分流",失去工作,同时也失去原有社会保护网。这部分人收入

---

① 有关哈尔滨天价医药费的报道,请参见:http://news.sina.com.cn/z/550wtjylf/index.shtml。深圳天价医药费案例,参见:http://news.sina.com.cn/c/2006—01—15/08417986555s.shtml。

几近断绝、年龄偏大、身体状况也较差,所以成为非常脆弱的群体。然而恰恰就是他们没有医疗保障,裸露在没有任何保护的医疗市场上。农村中,因此没有医保导致无法看病,进而因病致贫或返贫的情况更是不绝如缕(高梦滔、姚洋,2005)。

以上问题导致了严重的公平问题。如前所述,世界卫生组织2000年有关医疗筹资公平性的排名中,中国排名倒数第四(WHO,2000)。导致排名如此之低的一个最重要原因就是:超过70%的中国居民医疗费用完全自付。

最后,在医疗体制的病相之外,医疗保障的低覆盖对经济发展也有不良后果。自从1997年东南亚金融危机以来,中国政府一直致力于拉动内部需求,减少经济的对外依存度。但是效果屡试而不彰。而当前经济危机下,拉动内需的作用更是不言而喻,但为何内需屡拉而不动?以医疗为代表的新三座大山出现,使得人们缺乏安全感,从而不敢消费。① 储蓄率始终居高不下的就是例证(Chamon,Prasad,2008)。如图1—5所示,1990年到2005年,中国城镇居民的储蓄率从14.8%增加到22.4%,增幅为7.6%。这一数据反映了居民因为对未来感觉不安全,从而选择储蓄以求自保的心态。目前中国经济的外贸依存度超过70%。同时,国内最终消费低于50%(居民最终消费33%,政府消费14%,合计47%),总储蓄额占到GDP的54%(邹加怡,2009)。可见,拉动经济发展的主要是外贸和投资(郑秉文,2009c)。在全球经济危机肆虐的情况下,医保的缺失无论对于个人还是总体经济都是负面消息。

---

① 另外两座大山分别是高昂的教育费用和住房价格。

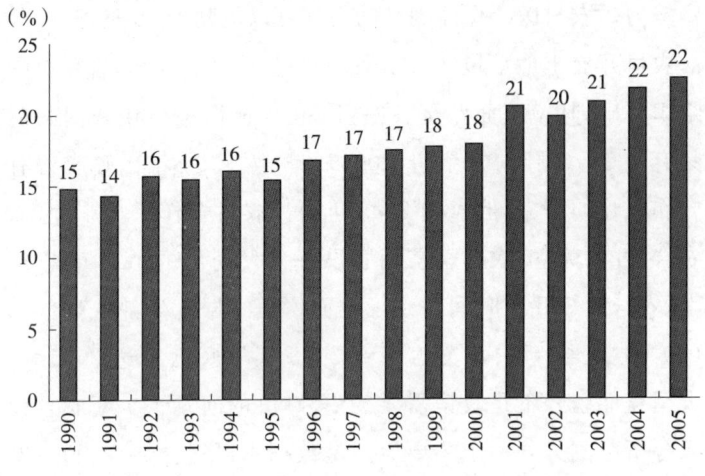

图1—5 中国城镇居民储蓄率,1990—2005

数据来源:Chamon and Prasad, 2008.

总之,尽管不是唯一因素,医保的覆盖面是中国医疗体制不可忽视的病因之一。医保覆盖面的变化及其影响因素是我们理解中国医疗体制变迁的一个重要维度。[①]

1.4 研究问题:医保覆盖面受什么因素影响?

上文回答了为什么将医保覆盖面作为研究问题的原因。下文将解释为什么选择职工医保的覆盖率作为具体的研究对象。

从20世纪90年代一直到进入21世纪,中国政府面临医保覆盖面的下滑并非手足无措或者无所作为。政府在城市和农村都有

---

① 当然,保险覆盖面并不能解决所有问题。参加医保只是意味着产生医疗费用时可以获得一些分担、补偿。但是参保者仍需要自己承担一些费用(Co-Payment)。而且目前的城镇职工基本医疗保险仅仅是保障"基本"层面。

一些努力。农村医疗保障制度的崩溃可以追溯到20世纪80年代初。农村开展土地承包经营以来,人民公社体制瓦解,合作医疗失去组织基础,其覆盖面跌至谷底:1986年合作医疗在全国的覆盖率只有4.8%(顾昕、方黎明,2004)。虽然1990年代政府曾有振兴合作医疗的努力,但直到2003年新型农村合作医疗制度(简称新农合)开始建立,农村覆盖面并没有太大变化。2003年至2008年,新农合短短几年时间达到了全面覆盖。据卫生部统计信息中心(2009)数据,新农合覆盖率到2008年年底已经达到91.5%。扩大覆盖面已经不是政策需要关注、解决的问题了。新农合没有纳入分析范围另外一个主要原因是数据不可得。迄今为止(2009年上半年),卫生部(新型农村合作医疗制度的主管部门)仅仅公布了2008年新农合的分省数据,其他年份概不可得。这使得统计分析非常棘手。因此,本书没有包含新农合。

在城市,1998年年底中国政府用"职工医保制度"来取代之前已经难以为继的劳保医疗和公费医疗(这两种制度详情以及中国医疗改革的过程,请参见第二章)。2007年,中央政府又实行了"城镇居民基本医疗保险制度"(简称居民医保)来覆盖非就业人口(如老人、儿童、失业者等等)。职工医保已经运行了十年,有数据可分析的至少有七年,其扩面过程可以分析。但居民医保运行不足两年,数据极为不足,而且其制度设计尚在不断探索之中。因此,本书也没有把居民医保纳入分析范围。

作为主要分析对象的职工医保在政策执行过程中,扩面结果不尽理想。1998年年底,统账结合的"职工医保制度"在全国范围内推广。七年之后,到2005年年底,职工医保仅仅覆盖了42.5%的城镇就业人口和退休人口(如果将农民工计算在内,覆盖率将会更低)。而且,各省之间的发展速度差异极大:上海在2001年就达到了全面覆盖,但其他省份则进展迟缓。

观察职工医保的扩面过程,我们发现两个问题:其一,作为一项强制性的社会保险,职工医保的扩面为什么进展缓慢?2002—2005年职工医保覆盖率的年均增长率仅为几个百分点。作为一项兼具汲取性和再分配性的政策,强制性是社会保险区别于自愿保险的特征之一。这是社会保险能克服逆向选择的必要手段。然而在职工医保实施过程中,强制性似乎被弱化了。

其二,考虑到政策实施的时间、政策设计的一致性,为什么各地之间的差异如此之大?尤其北京、浙江、山东、福建等经济发达地区的进展与其经济实力很不匹配。如表1—3所示,2005年人均GDP排名中北京、浙江、山东、福建排在前10位,但是在职工医保覆盖面的排名中除了北京排名第10外,浙江、山东、福建都没有进入前十名。相反,新疆、黑龙江、河北这三个省份人均GDP并不在前十名,但它们的职工医保覆盖面却位列前十名。怎样解释这些地区差异呢?

表1—3　2005年人均GDP与职工医保覆盖率前十名对比

排名	人均GDP前10名		职工医保覆盖面前10名	
	地区	人均GDP(元)	地区	覆盖率
1	上海	514 86	上海	0.8063
2	北京	447 74	天津	0.7777
3	天津	354 52	江苏	0.7286
4	浙江	274 35	辽宁	0.6929
5	江苏	244 89	新疆	0.6755
6	广东	243 27	内蒙古	0.6606
7	山东	200 23	广东	0.6604
8	辽宁	189 74	黑龙江	0.6483
9	福建	185 83	河北	0.6423
10	内蒙古	163 27	北京	0.6191

数据来源:本研究数据库。

注:1=全面覆盖。

是哪些因素影响了职工医保的覆盖面？背后的机制是什么？本书力图分析职工医保扩面中地区差异的来源，厘清职工医保覆盖面的影响因素。

1.5 研究意义

2009年1月21日，国务院常务会议原则通过了《关于深化医药卫生体制改革的意见》，即公众所称的"新医改方案"（中共中央、国务院，2009）。诸多条款中有一条格外引人注目：医疗保险（包括新型农村合作医疗保险、职工医保、城镇居民基本医疗保险）从2009年起三年内覆盖率达到90%。这句朴素的表达意味着中国要力图建立覆盖绝大多数国民的全民医保。而之前沸沸扬扬的关于全民医保的争论也因此尘埃落定。

然而，扩面的压力主要在城镇的医疗保险制度。在农村，新农合自2003年推广以来覆盖面推进很快，到2008年9月底已经达到91.5%（卫生部统计信息中心，2009）。它所面临的问题主要是维持现有覆盖面、增强制度的可持续性，扩面问题不复存在。目前城镇医保是以职工医保（1998年年底实施）和城镇居民基本医疗保险（2007年年中实施）为主干，前者面向就业人员、后者针对非就业人员（比如老人、儿童、失业人员等）。职工医保自1998年年底实施以来，扩面工作不尽如人意，到2005年年底七年时间仅覆盖了42.5%的就业人口（2007年年底覆盖率为62%）。而城镇居民基本医疗保险则是新生事物，扩面工作刚刚开始。

本书的首要意义是从多个维度分析职工医保覆盖面的影响因素，来帮助解开医保扩面困难、强制性丧失、居民少医缺保等问题背后的谜团。研究结果可以对现实世界的政策实践(2011年扩面计划)提供参考。

其次,当我们目光投向养老保险、失业保险,强制性不足的问题同样存在(张光、杨晶晶,2007;Duckett and Hussain,2008)。医保的扩面也是养老、失业等其他社会保险制度发展的一个缩影。2008年,中国社会保险的覆盖面仅为30%左右(郑秉文,2009a)。2009年《社会保险法(草案)》征求意见时,在七万多条意见中,其中最受大众关注的是社会保险覆盖面(《法制日报》,2009)。扩大覆盖面,实现广泛覆盖成为各项社会保险面临的共同问题。同时,十几年的社会保险发展积累了很多问题,例如统筹层次一直无法提高、保险费的征收主体一直悬而未决等(郑秉文、房连泉,2007)。①这些问题需要运用细致的分析给出论证。对于这一问题的回答,我们可以找出基本医保发展的促进因素和阻碍因素,更好地理解社会医疗保险发展的影响因素,借此我们可以更好地认识中国社会政策发展的动力机制和潜在逻辑。

再次,职工医保扩面的个案,可以用来分析一般意义上的政策执行和政策发展问题。职工医保的扩面是个分析政策发展的好机会:医保政策的设计相同、起点接近,而各地发展速度快慢不一,这是一个非常接近的政策实验,可以从中观察政策发展的逻辑。复杂的医保扩面过程中集结着若干方利益相关者的角力(Barrett,

---

① 目前的《社会保险法(草案)》各条款中仍然是具体规定少、空泛的授权性规定多。对社会保险费征缴机构的规定也是如此:1999年《社会保险费征缴暂行条例》规定各省可以自行选择由地方税务机关或者社会保险经办机构征收保险费。十年之后的2009年《社会保险法(草案)》对保险费征缴机构仍然没有明确的规定,只是说授权国务院决定。

2004)。职工医保政策的执行和发展过程可以映射中国当前的政经形态、国家社会关系等重要议题。中国的政策发展是一个相当有意思的问题。

本书所关注的扩面过程是职工医保发展的一个侧面。除此之外，保险基金的增长（例如占 GDP 的比重）、绩效（例如透明性、医疗费用补偿）等也是制度发展和运行的重要侧面。但是本文并不准备涉及这些侧面，原因很简单：首先，对于一个新制度而言（尤其是医疗保险），覆盖人群的增长是最重要的目标之一。覆盖更广的人群，才能实现风险共担、分摊管理成本、增加基金的稳定性。其次，对于中国目前的状况而言，有无医保要远远比医保的类型重要。

基于以上理由，本书以职工医保覆盖面为因变量，系统地探讨影响覆盖面的各类因素，发掘职工医保的发展逻辑。

第二章　社会医疗保险发展的逻辑[①]

本章共分五节，主要从理论和历史背景中回答为什么医疗保险会有扩大覆盖面的问题。第一节区分了"医疗保障"和"医疗保险"两个概念，并通过分析医疗保险的本质解释了社会医疗保险扩面的问题。第二节回顾了医疗保险的历史起源及其发展。第三节通过总结其他国家发展社会医疗保险的过程，分析了社会医疗保险发展的影响因素。第四节回顾了中国医疗保险改革的过程以及职工医保的扩面、管理情况。第五节为本章小结。

扩大覆盖面、控制服务价格和提高服务质量是医疗保险制度发展的三个重要目标。其中，扩大覆盖面为首要目标。对医疗保险而言，参保人数的增加意味着团体购买力的增强。这有助于提高服务购买者（需方及其代理机构）的谈判能力，而这种谈判能力往往是服务购买者要求服务提供方（供方）降低价格、提高质量的前提条件。此外，举凡社会保险体制，往往需要从上往下的一套管理体制。如果参保人员过少，制度建设得不偿失，相当规模的覆盖面则可以实现规模效应、降低人均管理成本（Mitchell，1996）。

就中国情况而言，20世纪90年代超过半数的中国居民医疗费用完全自付，这使中国的医疗筹资公平性位列全球倒数第四

[①] 本章发表于《经济社会体制比较》2010年第2期。

(WHO,2000)。因病致贫或返贫的情况屡屡发生(高梦滔、姚洋，2005)。这不仅带来很大的社会公平问题，而且限制了国内需求。缺少医疗保障使得人们不得不以储蓄来应对可能的医疗风险、从而挤占了消费基金。居民储蓄率始终居高不下就是一个信号(Chamon and Prasad，2008)。

正因如此，2009年4月6日公布的《中共中央国务院关于深化医药卫生体制改革的意见》中提出了2011年"基本医疗保障制度全面覆盖城乡居民"的政策目标。目前覆盖城乡的三大医保制度中，虽然新型农村合作医疗制度(新农合)已经接近全面覆盖，但城镇的两项制度都未能达到全面覆盖。① 其中，职工基本医疗保险制度(职工医保)从1998年年底实施至2007年年底覆盖率已经达到61%。城镇居民基本医疗保险制度(居民医保)2007年才开始试点，全面实施则刚刚开始。因此要实现全民医保，扩大医保覆盖面是必由之路。

社会医疗保险起源于19世纪末期的德国。到目前为止，已有27个国家通过社会医疗保险达到全民医保(Carrin and James，2005)。它们主要是西方发达的资本主义国家。第二次世界大战以后，发展中国家也开始采用社会医疗保险体制。例如，韩国1977年开始实施社会医疗保险，到1990年超过93%的国民被保险覆盖(Kwon,2009)。医保扩面是一个非常复杂的政策过程，涉及方方面面的利益，集结着各利益相关者的角力。因此，扩面过程往往旷日持久。为达到全面覆盖，各国花费的时间分别是：德国，127

---

① 新农合的高覆盖率是政府财政资源大量注入的结果，其可持续性还有待观察。

年;奥地利,79年;比利时,118年;卢森堡,72年;以色列,84年;哥斯达黎加,20年;日本,36年;韩国,26年(Carrin and James,2005)。①

其他国家扩大覆盖面的经验可以为中国的医保扩面提供有益的借鉴。本章以世界上主要国家的医疗保险发展经验为基础,概括出影响医保扩面的因素并分析其对中国医保发展的启示。全章结构如下:第一部分简要区分了医疗保障和医疗保险的概念,并回顾了社会医疗保险的起源和发展;第二部分归纳了影响医保覆盖面的四方面因素,包括社会经济发展程度、国家意愿和能力、政策对象、制度设计与运行绩效;第三部分分析了这些因素对中国实现全民医保的启示。

2.1 医疗保险的本质

2.1.1 医疗保障与医疗保险概念解析

"医保"这一简称容易遭到误解。它既可以当作医疗保障(Health Security 或 Health Protection),也可以当成医疗保险(Health Insurance)。但这完全是两个概念。即使是医疗保险,内部又分为不同的类别。如下文所述,并非所有医疗保障形式和医疗保险类别都涉及扩大覆盖面的问题。

医疗保障作为一个笼统的集合概念,是指对人们获得医疗服务所提供的种种保障措施,例如医疗保险、公费医疗、医疗救助等。

---

① 耗时变短的原因可能有技术发展的因素(比如计算机、精算技术等),也有基础设施、经验积累等因素。

医疗保险则是利用缴纳保险费的方式进行医疗筹资,借此获得医疗服务的一种医疗保障形式。可见,医疗保险包含在医疗保障之中。

医疗保险内部又分为若干类型:商业医疗保险(Voluntary Health Insurance)、社区医疗保险(Community Health Insurance)、社会医疗保险(Social Health Insurance)、国家医疗保险(National Health Insurance)等。商业医疗保险和社区医疗保险一般是自愿性质,人们自行决定是否缴费参保。而社会医疗保险和国家医疗保险则属于强制性,其不同之处在于社会医疗保险采用工资税(Payroll Tax)的方式征收保险费(通常由雇主和雇员按照工资的一定比例缴纳),其代表性国家是德国。保险费是通过设立专门机构,从雇主和雇员中汲取而来。制度发展从初期仅包含一小部分参保者到大多数人群的过程,就是本章所论及的扩大覆盖面的过程。而国家医疗保险则是由国家税收直接支付保险费用,无需直接向参保者征收,因此并没有扩面的问题。其代表国家是加拿大。

目前各国采纳的医疗体制各不相同,有不少国家是几种模式的混合。以上各类医疗筹资模式各有其优缺点,大致的比较参见表2.1。

表2—1 医疗保障制度类型比较

类别	筹资来源	供款性质	成员	代表国家/制度
社会医疗保险	雇主和雇员从工资中扣缴	强制性	供款者(通常包括家属)	德国
商业医疗保险	自费缴纳保险费	自愿性	供款者(通常包括家属)	美国
社区医疗保险	自费保险费	自愿性	供款者(通常包括家属)	中国合作医疗
国家医疗保险	税收	税收	全体公民	加拿大
公费医疗	税收	税收	全体公民	英国

资料来源:改编自 Hsiao,2007:16。

综上，医疗保障的各形式中，社会医疗保险面临着扩面的问题。如无特殊说明，下文的医保特指社会医疗保险。

在发展中国家中，社会医疗保险成为扩大医疗保障重点考虑的政策选择。2005年5月，世界卫生组织在第68次会议上通过决议，倡导发展中国家发展社会医疗保险，为医疗卫生吸纳更多的资源，促进医疗服务对贫困人口的可及性，分散风险，促进医疗服务的效率和平等(WHO,2005)。相关探讨也日益增多。①越南、尼日利亚、坦桑尼亚、加纳等国家已经引入社会医疗保险。南非、津巴布韦、柬埔寨、老挝、马来西亚等国正在考虑转向这种体制(Wagstaff,2007)。尽管社会医疗保险可以帮助低收入国家实现上述目的，但是这一制度推行起来极为复杂。如不谨慎操作，反而产生负面效果(Hsiao and Shaw,2007:159)。而且对社会医疗保险的效果，也有不同的声音(Wagstaff,2007)。

2.1.2 医疗保险的本质

医疗保险起源于疾病风险。疾病会给个人和家庭带来健康、经济方面的巨大损失。仅就经济方面来讲，病人生病期间不能正常工作，因此无法获得收入。同时，治疗疾病往往代价不菲，亦是一笔开支。因此，疾病成为威胁个人和家庭正常生活的一个风险。

为了减少风险的冲击，人们设计了保险机制。保险的原理是大数法则(Barr,2004)。也就是说，虽然个人生病具有不确定性，但是群体层次上疾病发生的概率是可以测知的。如果人们将平时

---

① 参见：http://www.shiconference.de/和 http://www.shiconferencemanila.info/。

收入的一小部分集中起来汇成保险金,那么参加保险的人在生病时(往往是少数)就可以得到经济方面的补偿,而不至于陷入困顿乃至破产。早期的医疗保险主要按一定比例补偿病人因生病造成的工资损失。到后来,补偿才主要针对医疗服务花费(Saltman and Dubois,2004)。

最初的医疗保险主要是商业保险。与后来的社会医疗保险相比,商业保险最大的特点是自愿参加(因此也被称为"自愿保险")。自愿保险最大的问题是保险方和参保者因为信息不对称引起的双向"逆向选择"(Adverse Selection)(Arrow,1963)。简言之,保险方总是希望能够吸引健康的人参加而把生病概率高的人排除出去,以减少医疗费用的补偿。在参保方这边,健康的人往往不太需要参加保险,而身体状况不好的人则倾向于参加保险。为了避免损失,保险公司在对申请参保者甄别时,会通过一系列措施将健康状况差的人排除出去。而身体不好的参保方则千方百计地隐瞒身体状况,争取参加保险。因此参保者和保险公司的博弈很容易造成交易无法持续下去:健康的人不参保,想参保的人被拒绝。这就是所谓逆向选择。

这需要外在力量来解决这一问题。通常由国家出面,通过法令设立或者委托一些保险机构承担保险责任,规定社会成员必须参加。这就是强制性的社会保险。这样保险者和被保者就不能随意挑选对方,因此可以形成稳定的分担风险机制。社会医疗保险是诸多社会保险项目的一种。普通人在年老、疾病、失业、工伤等情况下可以通过社会保险来保证基本生活。20世纪见证了社会保险国家的成长(Culter and Johnson,2004)。

Hsiao 和 Shaw(2007)认为社会医疗保险具备三个特点:强制

性、资格限制和费用待遇规定。其中,强制性是社会医疗保险最突出的特点。国家通过法令规定某一范围内(比如某一地区或者行业)的人群必须参加,雇主和雇员需要共同缴纳保险金。这主要考虑到雇主和雇员动机和态度复杂,他们有的不愿意参加保险。国家需要通过强制手段按照工资的一定比例征收保险费,并且设计与保险费相对应的服务包。由于征收保险费过程涉及众多复杂的因素,扩大覆盖面是一个缓慢而且复杂的过程。

2.2 医疗保险的起源与扩散

医疗保险经历了漫长的发展演化过程。现在意义上的社会医疗保险起源于俾斯麦时代的德国,下文将回顾它的起源和扩展过程。

工业革命在19世纪的欧洲国家里引起了巨大的经济社会变迁。人口大规模向城市迁移、向工业转移。封建领主制日益衰落,人们走出庄园,在市场上靠出卖劳动力为生。然而,以利润为导向的资本主义生产方式使下层人民的生活艰辛而危险、充满不确定性。1827年法国的一份征兵报告显示来自工业化地区的新兵患有营养不良等疾病,这即是一个例证(Perrin,1984a)。这些社会问题日益引起政治当局的重视。工业化也需要更多的训练有素、身体健康的劳动力。因此,即使是从资本主义发展的功能性需求出发,医疗保障成为必需。此外,作为背景性因素,宗教对人寿保险(Life Insurance)解禁,计算概率的技术也有所发展。这些为医疗保险的发展提供了社会和技术条件。在此背景下,各种自发性的互助保险发展起来(Perrin,1984a;1984b;1984c)。

1883年6月15日,威廉一世治下的俾斯麦政府颁布疾病保险法令(Sickness Insurance Act),连同1884年的意外保险法令(Accident Insurance Act),1889年的残疾人和老人法令(Invalidity and Old-Age Act),成为大规模强制性社会保险的开端。德国的社会医疗保险并非凭空出现。之前德国已经有很长的自愿性保险发展经历。这些自愿性的保险不仅积累了现代社会保险所需要的会计技术和管理经验,而且极大地影响了1883年后社会保险的模式。例如,疾病基金(Sickness Fund)在1883年之前已经广泛存在,保险金一般由雇主和雇员共同缴纳,甚至有的地方已经出现强制性保险(Barnighausen & Sauerborn, 2002; Köhler, Zacher, Partington, Max-Planck-Institut für Ausländisches und Internationales Sozialrecht, 1982)。在1883年,俾斯麦政府颁布法令,对已有的保险做了一些强制性的规定。这使得内容包含最低的保险待遇、疾病基金的种类及其管理等方面。德国正式建立起世界上第一个法定的强制性保险体系。

尽管社会医疗保险的建立是一个社会进步的标志。但俾斯麦在建立世界上第一个社会保险体系时并不是出于人道目的,而是以此来消解工人的社会主义运动。因此,制度最初主要是面向收入较低的蓝领工人(年薪低于2 000马克),因为这部分工人很难在自愿性保险中获得保护。社会民主党和工会看到俾斯麦的这一意图,因此激烈反对社会保险的实施。尽管如此,保险的覆盖面有长足发展:1885年,疾病保险覆盖了11%的人口,到1910年这一数字增长到30%(Barnighausen and Sauerborn, 2002)。

德国建立社会保险后,欧洲各国纷纷效仿。奥地利、挪威、比利时、法国、丹麦等国也采用了相似的制度。英国首相劳合·乔治也到德国进行考察,并于1911年在英国建立起工人保险,规定年满 16 周岁而且年收入低于 160 英镑的工人,雇主需要为他们支付保险金(每周三个便士),国家也给予补贴(每周两便士)。英国的社会医疗保险由此建立起来,直至第二次世界大战之后被国家卫生服务体系取代(Klein,2001)。

20 世纪初期医疗保险在欧美国家的发展概况如表 2—2 所示。从表中可见,在 20 世纪初,欧美主要资本主义国家都建立起社会医疗保险,覆盖人口以百万计。其中美国在工人中的覆盖率更是达到 33%。虽然早期医疗保险的待遇并不太高,平均工资替代率为 42%,但是这些制度可以算是迈向更高医疗保障的最初努力。

表 2—2　20 世纪初欧美国家医疗保险的发展情况

国家	时间	覆盖人口(千人)	非农劳动力	工人覆盖率	疾病补贴每天(美元)	日均工资(美元)	工资替代率	医疗补助(美元)
美国	1916	8 000	23 482	0.33	n/a	1.39	0.59	0.22
英国	1914	9 667	11 442	n/a	0.84	0.41	0.43	n/a
奥地利	1907	2 354	4 421	n/a	0.53	0.25	0.40	0.16
德国	1906	9 400	13 298	n/a	0.71	0.29	0.50	0.35
法国	1905	2 270	7 503	n/a	0.31	0.25	0.35	0.25
比利时	1904	229	1 806	n/a	0.13	0.27	0.44	0.12
丹麦	1907	553	846	n/a	0.65	0.20	0.22	0.33

数据来源:Murray,2007:42—43,表 3.1。

除了欧美国家,社会医疗保险也在世界范围内广泛传播。[①] 尤其是第二次世界大战以后,中低收入国家也开始采用社会医疗保险体制。拉美、亚洲国家随后也纷纷建立医疗保险体制,这一过程一直延续到现在。韩国 1977 年开始实施社会医疗保险;在开

---

① 西欧情况(Saltman and Dubois,2004);韩国、中国台湾情况(Son,2002;Cho,1989);丹麦和瑞典(Ito,1979);发展中国家(Carrin,2002)。

始,这一项目仅针对大企业(工人人数在 300 以上),后来韩国政府对制度进行了扩张,逐步覆盖全体国民:1990 年超过 93% 的韩国国民被保险覆盖(Kwon,2008)。对于中低收入国家来说,实现普遍覆盖是正在努力实现的目标之一。作为人口大国的印度,现在的保险覆盖率仅有 10%(WHO,2003)。泰国在 2001 年开始通过"30 泰铢计划"将医疗保险推广到大多数国民中(Hughes,Leethongdee,2007)。

到目前为止,已有 27 个国家借由社会医疗保险达到全民医保(Carrin and James,2005)。

2.3 社会医疗保险的发展逻辑

影响社会医疗保险发展的因素是本章的兴趣所在。世界银行研究组根据肯尼亚、加纳、菲律宾、哥伦比亚、泰国实施社会医疗保险的经历归纳出有利于社会医疗保险发展的因素,包括正规部门就业比例、工资水平、贫困人口比重、家庭规模、医疗服务提供网络、人力、行政资源和政府能力等(Hsiao and Shaw,2007a)。其他学者们的研究发现经济发展程度、就业结构、劳动力市场情况、社会团结程度等因素对社会医疗保险的扩展有不可忽略的影响(Carrin & James,2005)。林林总总的影响因素不利于我们简化纷繁的事实。在此,本章重新将其归纳为四方面的因素:社会经济发展背景、国家意愿和能力、政策对象和制度设计与运行。如图 2—1 所示,这四个方面基本上囊括了医保发展涉及的背景、利益相关者以及制度本身等因素,而且可以呈现它们之间的互动关系。下文一一阐述。

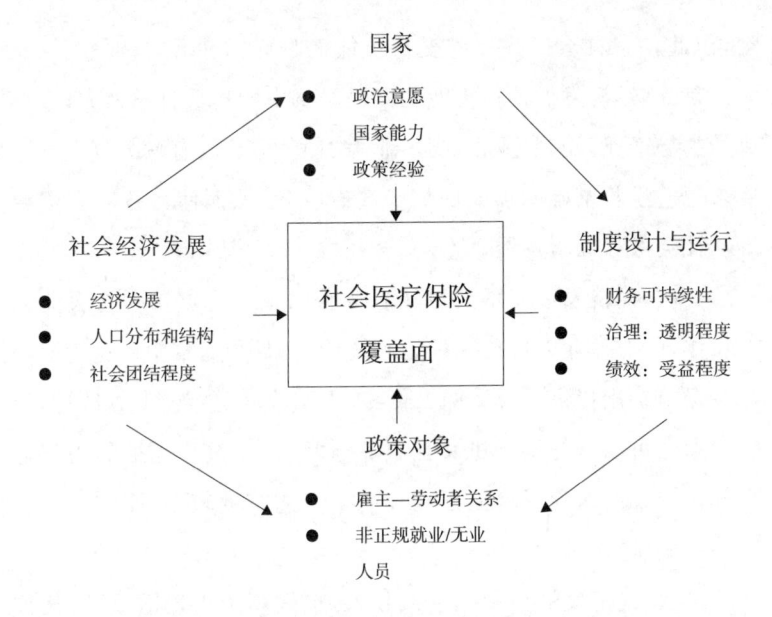

```
                        国家
                    ● 政治意愿
                    ● 国家能力
                    ● 政策经验

   社会经济发展      ┌─────────────┐    制度设计与运行
  ● 经济发展        │  社会医疗保险  │   ● 财务可持续性
  ● 人口分布和结构   │    覆盖面     │   ● 治理：透明程度
  ● 社会团结程度     └─────────────┘   ● 绩效：受益程度

                      政策对象
                    ● 雇主—劳动者关系
                    ● 非正规就业/无业
                      人员
```

图 2—1　社会医疗保险覆盖面的影响因素

2.3.1 社会经济发展背景

宏观上，社会医疗保险是工业革命以来社会经济变迁带来的结果。工业革命促使人口大规模地向城市迁移、向工业转移。城市化、工业化不仅改变了经济结构，也转变了人们的生活方式。

经济发展　经济发展程度对社会医疗保险的发展有着先决性的作用。现有的社会保险全民覆盖的国家几乎都是经济发达的西方国家。泰国虽是个例外，但它的人均 GDP 也在 2 000 美元以上，并不属于低收入国家。有学者甚至指出，人均 GDP 是否超过 6 000 美元是判断一个国家发展医保的条件是否成熟的拇指法则之一（Hsiao and Shaw, 2007b）。概括而言，经济发展推动了工业化、城市化以及就业正规化，同时也增加了人们的生活风险，由此使得社会医疗保险变得可能而且必需。

首先，经济发展使得工业在国民经济中的比重日益增大，直至成为主导产业。与农业相比，工业附加值大，是政府财政收入的主要来源。税收基础的扩大增加了政府收入，从而使得政府有资源推动社会医疗保险发展。

其次，经济发展使得人口从农业转向工业和城市。与农业人口相比，工业从业人口便于登记和统计，而且相对集中。这为征收社会保险费用提供了极大的方便：工人的收入更容易调查统计，保险费用亦可以依托税务机关征收。通常，这一过程也被称为就业正规化。社会医疗保险在正规部门扩面的难度较小，而在非正规部门则困难重重。

再次，经济发展增加了个人收入，也提高个人生活风险（例如失业）。收入的增加使得普通人支付社会保险费的能力得到提高。同时，工业化过程中人们的收入日益依赖市场，失业、疾病等风险事件对个人、家庭生活的影响日益突出。1827年法国的一份征兵报告显示，来自工业化地区的新兵患有营养不良等疾病的几率要高于其他地区(Perrin, 1984)。两方面的因素使得人们可以承受，也开始需要社会保险机制来降低风险(Usui, 1994)。

总之，经济发展为社会医疗保险提供了可能性和必要性。

人口分布和结构 社会医疗保险在人口密集的城市扩面要得容易，尤其是跟人口稀疏的农村地区相比。如上文所述，城市化带来的人口集中实际上促进了社会医疗保险的发展。此外，人口结构，例如年龄结构、家庭规模以及抚养比例都对社会医疗保险的发展有影响。老年人的比重越高，社会医疗保险运行的难度越大。因为老年人一般没有收入，但他们却是医疗服务的主要使用者。

此外,家庭规模和抚养比例越大,则就业者所要承担的保险费用就会越高,这会影响他们的参保意愿。① 如果不将参保者家属纳入保障范围,则会发生一人参保、全家看病的问题,社会医疗保险基金会受到骗保行为的侵蚀。

社会团结程度 社会医疗保险的机制是通过大规模的参保人群来分散疾病风险对正常生活的冲击。风险的分担在各个阶层、种族、地区、年龄段之间进行,因此各社会群体之间的互信非常重要(Saltman and Dubois,2004)。如果各个社会群体之间互相敌对、冲突不断,连和谐共处都很困难,遑论建立互济性的社会保险。德国社会保险的建立有赖于社会中长期存在的团结文化(Hinrichs,1995)。美国和非洲的经验研究均发现复杂的族群关系对福利和经济发展均有负面作用(Alesina, Baqir and Easterly, 1999;Easterly and Levine, 1997)。因此种族、民族关系、阶层关系、政治历史传统造成的社会关系状况会影响社会医疗保险的发展。

总之,经济发展、人口分布和结构以及社会团结程度作为宏观变量对社会医疗保险的发展有重要影响。

2.3.2 国家意愿和能力

社会医疗保险发展需要法律上的认可,也需要一整套管理保险的基础设施(机构、人力等)。这些不可或缺的条件都依赖国家的支持和投入(Perrin,1984)。甚至在一定程度上,社会医疗保

---

① 在很多国家,参保者的家属是可以有医疗待遇的,但是参保者需要交更高的保险费。

的推行是一个国家行为。国家的政治意愿、国家能力和政策经验都影响社会医疗保险的发展。

政治意愿和政策优先设置 国家的资源是有限的。以财政资源为例,资金既可以用于制造大炮,也可以制造黄油,不同项目都在竞争财政资源。因此,社会医疗保险所获得支持将取决于其在国家政策优先设置(Priority Setting)中的位置。

社会保险的发展与政治体制密切相关(Rossignoll,2008)。民主制下,选民的需求对社会医疗保险的发展有较大的发言权。如果穷人拥有选票,那么政治候选人往往会投穷人之所好,采纳有利于穷人的社会保险政策(Hsiao and Shaw,2007a)。例如,在2000—2001年的选举中,泰国泰爱泰党候选人他信以"30泰铢计划"吸引选票并成功当选。泰国的医保经过他信政府的努力,一举实现全民覆盖(NaRanong and NaRanong,2006)。

而在非民主体制下,决策基于形势的判断和政治需要。例如,俾斯麦在建立世界上第一个社会保险体系时并不是出于人道目的,而是以此来消除工人们的社会主义运动(Zöllner,1982)。社会民主党和工会看到俾斯麦的这一意图,曾经激烈反对社会保险的实施。而在韩国,发展医保是威权政府实现政治合法性的一个手段(Kwon,2009)。

国家能力 国家意愿之外,国家能力也制约社会医疗保险的发展。国家能力有很多维度(Skocpol,1985)。以下三个方面对医保发展有关键作用:财政能力、行政能力和强制能力。

首先,财政能力。社会保险是一个资金密集型的政策,尽管政府并不承担供款的主要责任,但是政府的财力在多个方面影响政策的执行及长远发展。①政府需要建立机构、雇用工作人员以筹集保险金、管理基金、处理医疗费用补偿等事务。此外,政府还需要出资补贴低收入者参加保险,也需要补贴社会保险基金,以确保其正常运作。以上诸方面无一不需要国家的财政支持。

其次,行政能力。社会医疗保险也是一个技术密集型的政策,其日常事务需要设立社会保险管理机构、招募专业人员进行系统化的管理。工作人员必须训练有素,掌握记账、会计、精算、银行、信息处理、政策评估等技能(Carrin and James,2005)。政府能否建立起一套完善的社会保险管理机构极为关键。西方社会保险制度的建立得益于近代金融保险、统计调查事业的发展。有了充足的专业人才储备,政府可以抽调人力组建得力的管理机构。而发展中国家在发展社会保险过程中就曾因人力资源问题屡受掣肘。例如,加纳在发展社会医疗保险时就曾受限于人力资源的匮乏(Hsiao,2007)。

其三,强制能力。政策的实施往往意味着利益的调整,利益受损者往往会抵制政策的实施。国家要遇到许多的违规、抵制甚至"搭便车"行为。因此,国家必须掌握一定的强制能力、手段,以确保政策能够执行。在医保扩面和运行中,违规行为极为常见:拒不参保、隐瞒职工人数或只给部分职工参保、隐瞒工资收入以减少保险费的缴纳、拖欠保险费等。因此,国家的强制能力是克服政策障碍的保证,社会医疗保险的强制性也因此得到体现。

政策经验 德国的社会医疗保险并非凭空出现。之前德国已经有很长的自愿性保险发展经历(Barnighausen and Sauerborn,

---

① 社会保险项目中,雇主和劳动者承担着主要的筹资责任。

2002)。这些自愿性的保险不仅积累了现代社会保险所需要的会计技术和管理经验,而且极大地影响了 1883 年后社会保险的模式。疾病基金(Sickness Fund)在 1883 年之前已经广泛存在,保险金一般由雇主和雇员共同缴纳。甚至有的地区已经出现强制性保险,积累了丰富的政策经验,德国的社会保险由此发端。

总之,政府意愿、能力和先前处理同类事物的经验对社会医疗保险政策的发展有至关重要的影响。

2.3.3 政策对象

政策是在国家与政策对象的互动中发展起来的。医保政策的主要对象可以分为三类:雇主、劳动者、非正规就业/无业人员。对雇主与劳动者来说,双方的力量对比、组织状态对政策结果产生影响。非正规就业/无业人员参保的情况受其收入水平、就业稳定性和制度设计的影响。

雇主和劳动者关系 为了降低人力成本,雇主一般倾向于不参保。[①]但劳动者一般倾向于参加保险。这种对立的局面对谁有利呢?这取决于一系列的因素:首先,劳动力市场状况也影响社会医疗保险的实施。如果劳动力供大于求,工人则倾向于获得工作优先,而牺牲社会保险待遇。其次,劳动者的利益保护机制也是一个很重要的变量,例如工会组织状况(Gruber and Krueger,1990)、劳动争议仲裁机构的健全程度等。强大的工会有助于工人

[①] 最近的研究也表明在特定条件下,雇主也倾向于为雇员参加保险(Mares,2003)。例如,在风险较大的采矿业,雇主会通过工伤保险来分担意外事故造成的经济赔偿。

获得社会医疗保险待遇。总之,雇主和劳动者的力量对比影响了劳动者参加保险的几率。

非正规就业人员和无业人员 社会保险的一个显著特征是以就业为基础,社会保险费按照工资的一定比例抽取,征收时需要系统的工资、就业信息。因此,就业不稳定和无业人员的医保问题是各国极为头疼的问题(Hsiao and Shaw,2007b;Chen,2008)。米萨-拉句(Mesa-Lago,2008)对拉丁美洲国家的研究发现:非正规就业的比例越高,养老保险和医疗保险的覆盖率越低。这部分人群参保的问题在于:一方面,这部分人收入低、风险高,迫切需要社会保险的覆盖;另一方面,这部分人收入较低且不稳定,因此缴费能力较差;而且由于他们就业不稳定、流动性强,甚至没有工作,国家在向这部分人推行政策时成本极高。正因如此,非正规就业和无业人群基本上在各国都是最后被纳入医保覆盖范围。韩国在1977年就开始发展医保,但直到1986年政府才决定将自我雇佣者纳入医保范围(Kwon,2009)。哥伦比亚为了解决非正规就业者、贫困人口的参保问题,设立了补贴制度(Subsidized Regime),区别于针对正规就业、有支付能力人口的缴费制度(Contributory Regime)(Pinto and Hsiao,2007)。

总之,劳资关系和非正规就业的比例对医保发展有不可忽视的影响。为了让更多人获得医保,正规部门的劳动者利益维护机制需要加强;在非正规部门,更加灵活的制度和国家对低收入者的补贴则是就业不稳定者和无业者参保的条件。

2.3.4 制度设计与运行

国家的努力体现为具体的制度设计和运行。制度设计包含很多技术细节,例如保险费征缴和管理(征缴比例、风险基金比例等)、医疗费用赔付比例(起付线、封顶线等)、医疗费用支付方式(Provider Payments)、机构设置(统筹层次、单一支付者还是多个支付者)等。①贯穿这些细节的有如下几个方面:财务的可持续性、保险基金的治理和运作绩效。这些不同的设计和表现会影响社会医疗保险的吸引力。可以预计,一个设计良好、运行高效的制度会给参保者带来更好的医疗服务和费用补偿,从而吸引其他尚未参保的人群,反之亦然。

财务可持续性 医保一般以年为单位结算,无需像养老保险那样进行基金积累,这降低了医保基金遭受通货膨胀的压力。但医保基金的财务可持续性仍然不可忽视。基金平衡取决于收入和支出的平衡。收入取决于征缴比例、征缴效率(是否能按时、足额征收保险费)。支出则取决于医疗费用赔付的比例和对医疗费用的支付方式。赔付比例和支付方式会对参保者和服务提供者产生不同的激励(Barnum, Kutzin and Saxenian, 1995; Jegers, Kesteloot, Graeve and Gilles, 2002)。②此外,医保的统筹层次也影响财务的稳定性。较高的医保统筹层次意味着更多的参保者和更大的风险分担范围,基金的稳定性会随之改善。总之,发展社会医疗保险必须要考虑制度设计对财务可持续性的影响,否则行之不远。

---

① 除了这些技术上的问题,制度设计时"覆盖面"和"保障水平"之间的政策选择也会影响医保的发展。维持较低的水平有助于尽早扩大覆盖面,即低水平、广覆盖。反之亦然。

② 以赔付比例为例,它不仅直接影响医疗费用,而且会通过影响参保者的行为间接影响费用。过分慷慨的医疗赔付将会鼓励参保者去使用医疗服务,从而增加医疗费用。但是,如果对费用保险要求过严会影响参保者的参保意愿。

基金治理、透明程度 医保会集中起大量的资金,如果缺少透明的管理机构和有效的监督机构,基金会遭到来自管理者的贪污、挪用、拆解和来自参保者的骗保、欺诈等不法行为的侵蚀。肯尼亚的医保基金仅有22%是真正用在了医疗费用补偿上,25%耗费在行政成本上,53%花在了各类奢侈浪费的投资、建设工程上(Fraker and Hsiao,2007)。菲律宾的工作人员发现,有10%—20%的赔偿请求涉嫌欺诈(Jowett and Hsiao,2007)。这些违规行为不仅降低基金的使用效率,而且会使广大的政策对象对医保制度产生信任危机。问题往往不在于有无监督机构,而在于监督机构是否有效。大体上各国的医保制度中都设有监督机构,会有账目公开、严惩违规行为的规定。但是核心在于监督机构是否独立。

运作绩效、受益程度 医保制度的设计、运行最终体现为绩效。绩效至少可以从两方面考虑:其一,制度的管理费用占基金的比重,这反映了管理效率;其二,参保者的受益程度,具体体现为医疗费用的赔付比例、服务质量等。运转良好的医保制度会将管理费用控制在较低的水平,并且采取灵活的费用支付机制来控制医疗费用的上涨,激励医院提高服务质量,把钱花在刀刃上,让参保者获益。运转良好的医保制度会提高参保者的忠诚度,并且对未参保的人群形成吸引力。反之亦然。

总之,要使医保能够顺利运行、可持续发展,制度设计和运营中需要注意财务的可持续性、治理的透明性和管理绩效。

2.3.5 小结及对中国的启示

以上分析了宏观背景、政策制定者和执行者(国家)、政策对象和制度等因素对医保发展的影响。如图2—1所示,这四类因素之间也相互影响。例如,经济发展程度影响政府的财政能力、就业结构等;人口结构会影响到制度的财务可持续性;政策对象的参保意愿会受到制度的设计和运行绩效的影响。总之,医保发展需要通盘考虑,考虑多方面的因素。这一框架也可用于分析养老保险、失业保险等其他社会保险项目。

2005年5月,世界卫生组织在第68次会议上通过决议,倡导发展中国家发展社会医疗保险,为医疗卫生吸纳更多的资源,促进医疗服务对贫困人口的可及性(WHO,2005)。越南、尼日利亚、坦桑尼亚、加纳等国家已经引入社会医疗保险。南非、津巴布韦、柬埔寨、老挝、马来西亚等国正在考虑转向这种体制(Wagstaff,2007)。社会医疗保险成为发展中国家扩大医疗保障的重点政策选择。

中国作为中低收入国家之一,扩大保险覆盖面、让更多的人获得医疗保险也是当务之急。扩面的复杂性要求我们必须汲取他国社会医疗保险发展的经验,以顺利实现全民医保。从宏观背景看,中国急剧的社会经济转型给医保发展带来了需求,也提供了条件。一方面,城市化、市场化的发展使得人们的生活风险上升、而抵抗风险的能力下降,风险分担机制成为必需。另一方面,工业化的进行和经济的起飞产生了经济剩余,国家的财政实力日益充沛,发展医保的条件日趋成熟。

其次从国家角度,政府已经意识到发展医保的必要性。然而,国家能力尤其是行政能力和强制能力还需要提升。单位制瓦解之后,中国需要建立一套超越单位体制的社会保险经办机构。目前社会经办机构建设已经初见成效,但"小马拉大车"的问题仍然存在(杨燕绥,2007)。尤其是新建不久的新农合和居民医保,其人员编制、经办机构、办公经费等还有很多工作要做(见本书第七章)。

强制能力方面,目前承担强制职能的劳动监察机构比较弱小(岳经纶、庄文嘉,2009)。据统计,2005年全国仅有两万余名劳动监察员。极端如宁夏者,全区仅有5名劳动监察员(《中国劳动保障》编辑部,2005)。而且社会保险仅是劳动监察众多工作内容中的一项,我们可以推算出目前的监察力量有多弱。劳动监察亟待加强,以体现社会保险的强制性,克服阻碍政策执行的因素。

政策对象方面　在正规就业领域,劳动者权益保护机制需要健全,以减少雇主的避保行为。所有制改革、人口流动等因素使得中国非正规就业人口大规模增加(Cook,2008)。据胡鞍钢、赵黎(2006)估算,目前城镇的非正规就业人口已经占城镇就业人口的半数。这对医保发展带来了挑战。因此,国家需要设计灵活的制度,充分考虑非正规就业者和无业者的收入水平、就业稳定性和流动性。对于低收入人群进行补贴可以帮助他们获得保险。保险在异地之间的可转移性也有待改善,以应付不断增加的劳动力流动。

制度设计和运行方面　中国医保目前的一个问题是结余率过高(顾昕,2009)。从1993年到2007年,医保基金的结余率(累计结余/当年基金收入)竟然从30%上升到110%。[①]据第四次全国卫生服务调查(2008)结果,职工医保的住院费用报销比例为66.2%,

---

① 职工医保结余相当大部分是个人账户结余,据《21世纪经济报道》:"2006年底镇江市区个人账户资金结余达3.2亿元,当年基本医疗基金应支出3.05亿元……市区参保人员一年的医疗费用仅通过个人账户结余就足以平衡。2008年市区人均个人账户沉淀资金更达1 000元左右。而在江苏全省,即使存在着地区差异的因素,人均账户沉淀也达近800元",参见:http://www.21cbh.com/HTML/2009—6—12/HTML_L1C1QE58SEQU.html。这说明个人账户和社会统筹的比例需要调整。

居民医保为49.2%,新农合则低至为34.6%(卫生部,2009)。考虑到医保基金并非累积性的保险类型,节节攀升、居高不下的基金结余率会损害制度的吸引力,进而影响到扩面的进度。因此,医保管理者需要在考虑人口结构变化的前提下,降低基金结余率。中国可以借鉴哥伦比亚的做法,抽取部分职工医保的沉淀资金来补贴城镇居民医保、充实医疗救助基金。不过鉴于职工医保、居民医保制度目前仍独立运作,这只能在两项制度合并之后才有可能。

此外,目前医保的统筹层次大多停留在县级水平,全国有7 450多个社会保险统筹单位,由此带来不少消极后果。[①]首先,参保者在不同地区间的转移受到很多限制。其次,低统筹层次意味着风险分担的范围较小,不利于基金的平稳运作。最后,基金安全。由于社会保险基金被7 450多个分散的管理主体掌握,监管成本极高。社会保险基金被挪用挤占的情况屡见不鲜。总之,基于制度的可转移性、风险分担、管理效率、基金安全等各方面的考虑,社会保险各项目的统筹层次应该提高。

基金安全 2006年上海社保金案爆出,32亿元社会保险金被违规拆借。2006年全年社保审计查出违规金额308亿元(不含上海和西藏)。[②]同样进入公众视野的还有广州市10.18亿元社保基金遭挤占挪用(主要发生在20世纪90年代)。劳动保障部自1998年以来会同其他部委共进行过5次大检查,其中2000年的检查发现有170亿元社会保险基金被挤占挪用;2004年检查结果

---

① "社保基金监管酝酿系列新规",http://www.21cbh.com/HTML/2009-4-17/HTML_NGCADDRRSH83.html。

② "去年社保审计查出违规金额308亿 今年审计企业社保",http://politics.people.com.cn/BIG5/1027/5476986.html。

发现 16 个省份有挤占挪用问题。①这些结果可以反映出社会保险基金被挪用的数额和波及范围都非常惊人。虽然跟社会保险经办机构相配套的基金监督机构早已设立,然而这种监管效果极为有限。集中式的政府部门内部监督形同"左手管右手"。目前的审计监督也基本上无效,有多起案件就恰恰发生在审计之后。②鉴于中国社会保险基金的监管体系漏洞很多,政策制定者需要致力于建立独立、有效的基金监督机制。

最后,目前的医保分属于三个不同的制度,彼此之间有重叠的部分。③例如:进城的农民工既可参加职工医保,又可参加新农合;个体营业人员既可参加职工医保,又可参加居民医保。因此为了提高制度运行的绩效,制度间的协调和整合需要提上日程,甚至在时机成熟的时候,三项制度可合并为一。届时,所有中国人的医疗保障将不会因户籍、收入、就业状况而异,全民医保将成为现实。

2.4 中国城镇医疗保障的演变与改革

长期以来,中国城市的医疗保障由两种制度维持:公费医疗和劳保医疗。前者针对政府机构、事业单位雇员及离退休人员、在校大学生、革命伤残人士、在华工作的外国专家等群体,经费由国家财

---

① "如何管好用好两万亿元社会保险基金?",http://finance.people.com.cn/GB/1045/5082679.html。

② 例如,湖南省常德市部分区县从 1999 年 5 月审计部门审计后到 1999 年年底挤占挪用 190.36 万元。

③ 严格意义上,居民医保和新农合并不属于社会医疗保险,因为它们是自愿性的。但这两项制度发展的方向很可能是强制性的社会医疗保险。

政预算。后者针对全民所有制的企业单位。这两项制度于20世纪50年代建立,贯穿了计划经济时期。到80年代这两项制度难以为继,逐步改革,直到1998年被职工医保取代。但时至今日,公费医疗仍然存在。[①] 由于公费医疗和劳保医疗均由国家和单位供款,个人无需承担任何供款义务,不存在扩大覆盖面的问题。而职工医保则是由雇主和雇员共同供款,而且参保者已经超出公有部门范围,所以征收保险费、扩大覆盖面的问题自制度建立起就一直如影随形。

2.4.1 制度遗产:公费医疗和劳保医疗

1. 公费医疗的建立和扩展

公费医疗"实际上是仿效苏联全民免费医疗制度",但基于当时的财力,仅在一定范围内实行。1951年,陕北根据地、少数民族地区实行了公费医疗预防制;1952年年初,公费医疗扩至第二次国内革命战争时期各根据地;同年7月,各级人民政府、党派、团体及所属事业单位的工作人员也被纳入这一制度的覆盖之下;1953年,大学和专科在校生被覆盖。在实施初期,公费医疗使用者达400万;到1981年年底,数字达到1 800万,1988年底,为9 400多万人(钱信忠,1992:89)。

2. 公费医疗的筹资、补偿及其问题

公费医疗经费由国家财政支付:"公费医疗预防经费列入财政预算,由各该级卫生行政机关掌握使用……此项款项应专款专用,由各该级卫生行政机关掌握使用,不得平均分发。"(卫生部,

---

① 北京市政府机关、事业单位云集,公费医疗得以延续。不过从2009年4月开始,公费医疗开始陆续并入职工医保。

1992)。经费数额则根据职工医药方面的实际需要和国家财力来确定每人每年的医疗经费,根据人数计算后由财政拨付。公费医疗的参加者在接受医疗服务时无需承担费用,其门诊、住院、药品的费用都可以由公费医疗支付。同时家属可以享受半价医疗待遇。

公费医疗最大的问题是缺少费用控制机制:一方面,患者无需缴纳任何费用、使用服务时也无需支付任何费用,因此经典的"道德风险"非常严重。制度实施后不久,就出现了很严重的药品浪费。虽然公费医疗后来采取了一些限制性措施,例如1965年门诊费和初诊费改由个人负担;营养滋补药品也由用者自费。但这些措施仅属于小修小补(中共卫生部委员会、中共北京市委员会,1992)。公费医疗经费的管理也存在很大问题:一方面,医疗经费上涨很快,容易挤占卫生事业经费;另一方面,公费医疗经费也容易被挪用做其他用途。为此,1980年国家将公费医疗经费单列为财政预算的一项,不再安排在卫生事业费之下。

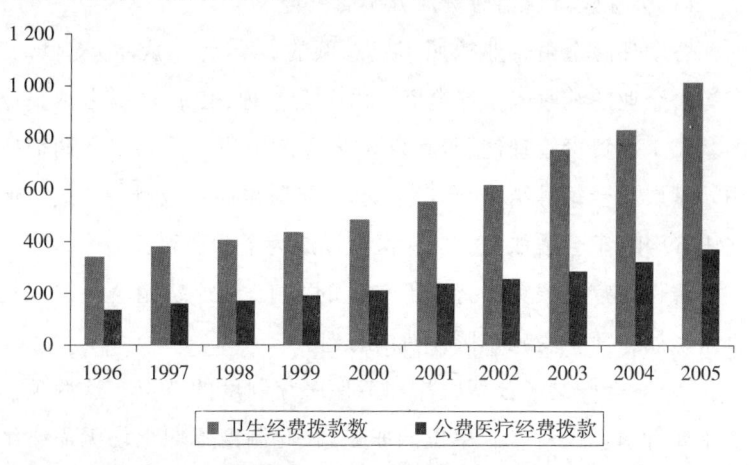

图 2—2 公费医疗经费与卫生经费,1996—2005(亿元)

数据来源:《地方财政统计资料》,历年。

20世纪80年代以后,公费医疗仍一直处于修补之中。费用控制是始终无法解决的难题之一。1998年之后,大部分政府机关、事业单位雇员参加了新建的职工医保。但时至今日公费医疗依然存在,为极少数人群服务,经费未见削减。如图2—2所示,1996年至2005年,十年之间,公费医疗经费稳定在卫生经费的40%左右。即使是2000年之后,在职工医保逐步建立后,公费医疗每年的花费仍然多达两三百亿。不过根据最新的消息,剩余的公费医疗将最终并入职工医保。2009年4月,北京市已经开始取消最后的公费医疗(郭锦辉,2009)。

3.劳保医疗

1951年国家颁布《中华人民共和国劳动保险条例》,规定在雇工100人以上的公、私厂矿及所属单位,以及铁路、航运和邮电企业及其附属单位都要建立劳动保险制度。1953年这一范围扩大到所有全民所有制企业并提高了相关待遇。在这个制度之外的职工,其社会保险待遇由劳资双方协商决定。

劳动保险金由企业按照工资总额的3%(计入成本)支付,其来源是企业的纯收入。这笔资金由工会管理:其中70%由本企业的基层工会负责管理使用,其余30%上缴中华全国总工会调剂使用。基层工会每月结算、余者上交,不足时可向上级申请支援。但在1969年,工会被取消。劳保医疗遂成为企业福利。

劳保医疗对象为实行劳保单位的职工,医疗费用全免。职工直系亲属一般享受减半医疗费的待遇。

表2—3归纳了公费医疗和劳保医疗制度的特点。这两项制度主要针对全民所有制单位的职工,在此制度下职工均无需缴纳任何保险费用,雇主承担了供款责任。它们构成了中国城镇的免费医疗体系。

表 2—3　公费医疗、劳保医疗、合作医疗制度比较

	公费医疗	劳保医疗
覆盖范围	国家工作人员、大学生	全民所有制企业职工
筹资	国家财政	企业利润
个人筹资责任	无	无
支付	免费	免费
家属	半费医疗	半费医疗
管理	公费医疗管理局	企业自行管理

数据来源：魏颖(1996)。

4.公费医疗和劳保医疗的制度特色

公费医疗和劳保医疗制度都嵌入到计划经济体制。医疗服务体制各要素体现出浓厚的计划经济色彩。国家和企业为个人承担无限责任，个人无需缴纳任何费用就可享受医疗服务（路风，1993）。但是，服务短缺、服务品质低下等问题也困扰着医疗服务体系。这体现出社会主义体制的父爱主义逻辑。医院几乎全部为国家所有（少数集体制或社区合作制医疗机构除外）。医生由国家编制作为劳动力的一部分统一分配，其工资由国家支付。医院的建设、运营成本也都由国家直接或者间接负责。医疗费用由国家财政或者企业支付。

对中国而言，城市医疗保障的另一特点是单位承担了筹资、组织甚至提供的责任。单位是中国的一种特殊的社会组织形式。它可以分为三种：行政单位、事业单位和企业单位。[①] 它是一种结合劳动就业和行政管理职能的社会结构。国家对劳动力统一调配（即统包统配），通过单位为职工提供集体福利和社会保险。如上所述，单

---

① 对单位体制出色的分析见路风(1993)。路风认为严格意义上，单位局限于全民所有制，而集体企业、人民公社、居委会均不能算做单位。

位在医疗服务筹资方面承担全部责任。此外,企业也会通过建立医疗机构直接提供服务。据统计,1983年隶属于全国厂矿企业的职工医院有5 061所,床位为433 721张(严忠勤,1987:45)。总之,免费医疗制度嵌入于计划经济体制。当计划体制难以为继的时候,免费医疗制度必然要面临改革。

5.1998年改革以前覆盖面

公费医疗和劳保医疗组成的免费医疗体系主要面向城镇的全民所有制就业人口。由于计划体制下中国所有制成分比较简单,全民所有制占到城镇职工的80%,其余的主要是集体企业职工(大约占20%)(国家统计局国民经济综合统计司,1999)。两者都属于公有制的范畴,公有制之外的就业人口较少,所以免费医疗体系尽管资格范围(Eligibility)很窄,但覆盖人口范围很广。如表2—4所示,从1980年到1997年,免费医疗制度在城镇就业人口中的名义覆盖率在70%以上,在城镇人口的比例大约为30%—50%。[①] 1984—1987年有一点回落,但1988年又重新高涨,1995年之后又开始下滑,到1997年覆盖率为88.2%。

表2—4 历年享受免费医疗(公费医疗、劳保医疗)的人数、覆盖面及医疗费用

年份	A:享受人数(万人)	B:城镇就业人数	C:城镇人口	覆盖率 A/B	覆盖率 A/C	医疗费用总额(亿元)	人均医疗费用(元)
1980	7 814.5	10 525	19 140	0.742	0.408	36.43	46.6
1981	8 134.7	11 053	20 171	0.736	0.403	38.90	47.9
1982	8 476.2	1 1428	2 1480	0.742	0.395	44.38	52.3

---

① 所谓名义覆盖率是指:虽然名义上有70%以上的城镇就业人口有免费医疗,但是如下文所述很多劳动者的工作单位由于经营困难而无法为他们提供医疗费用补偿。

续表

1983	8 771.4	11 746	22 374	0.747	0.394	50.03	57.0
1984	8 637.1	12 229	24 017	0.706	0.360	55.45	64.2
1985	8 980.5	12 808	25 094	0.701	0.358	64.65	71.0
1986	9 333.5	13 292	26 366	0.702	0.354	84.85	90.9
1987	9 654.2	13 783	27 674	0.700	0.349	107.52	111.4
1988	15 304.0	14 267	28 661	1.073	0.534	183.4	120
1989	15 695.7	14 390	29 540	1.091	0.531	224.4	143
1990	16 038.7	16 616	30 191	0.965	0.531	268.6	167
1991	16 573.7	16 977	30 543	0.976	0.543	315.0	190
1992	17 044.4	17 241	32 372	0.989	0.527	372.7	219
1993	17 273.2	17 589	33 351	0.982	0.518	461.0	267
1994	17 523.0	18 413	34 301	0.952	0.511	561.2	321
1995	17 682.1	19 093	35 174	0.926	0.503	660.7	374
1996	17 774.6	19 815	35 950	0.897	0.494	737.0	415
1997	17 817.5	20 207	36 989	0.882	0.482	797.1	447

数据来源:1980 年至 1987 年数据来自《中国劳动人事年鉴 1989》,第 1897 页;1988 年至 1997 年数据来自《中国劳动统计年鉴 1999》,第 553 页;城镇就业人数和城镇人口数来自国家统计局国民经济综合统计司(1999):《新中国五十年统计资料汇编》。

同时,由于家属可以享受半价医疗待遇,实际上免费医疗覆盖了大部分的城镇人口。1988 年和 1989 年以城镇就业人口为分母的覆盖率超过了 100%,可以推断享受免费医疗的绝不仅限于工作人口。

然而免费医疗制度最大的问题是其不可持续性。它缺少有效的费用控制机制,个人几乎不需负担任何费用,因此使用者的道德风险(Moral Hazard)现象非常严重,医疗费用飞速上涨。如表 2—4 所示,1997 年的医疗费用总额是 1980 年的 22 倍,高达 797.1 亿元。国家和企业背上沉重的负担。改革,不可避免。

2.4.2 诱发改革的形势

在市场化改革开始以后,免费医疗制度所嵌入的制度环境经历了巨大变迁,这一制度逐渐难以为继。

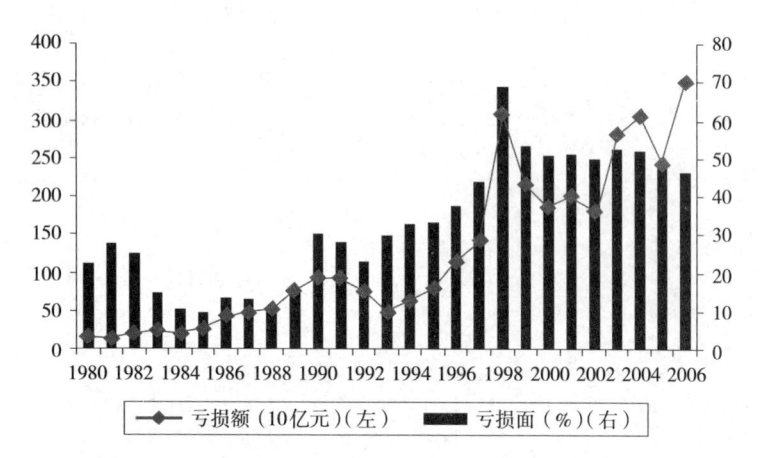

图 2—3 亏损国有企业比重及亏损额，1980—2006

数据来源：1998 年至 2006 年数据来自《中国财政年鉴 2007》，第 421 页；1997 年及以前数据来自《中国财政年鉴 1999》，第 486 页。

注：1.1999 年年鉴和 2007 年年鉴有关企业亏损额的数据不一致，例如 1998 年亏损额在 1999 年年鉴中为 1960.2 亿元。

2.亏损面的口径：1997 年及以前的为工业生产企业亏损面；1998 年至 2006 年为全部国有企业。

首先，国有企业进行改制，在市场竞争中自负盈亏。国家的软预算约束逐步硬化。由于管理机制、冗员等问题，相当一部分国有企业亏损甚至倒闭破产。如图 2—3 所示，在 1990 年之前国有工业生产企业亏损情形尚不严重，一直没有超过 30%。但是 1990 年后，随着市场化改革的推进，国有企业亏损面不断攀升，很多年份都超过了 50%，1998 年竟然高达 68.7%；亏损额也数以千亿计。1999 年至 2005 年，亏损的国有企业稳定在半数左右。亏损的企业很难承担员工的医疗费用，这使得劳保医疗难以为继。据 1997 年全国职工调查资料显示，30.13% 的单位拖欠应予报销的医疗费用，其中经常性拖欠的为 17.40%，"濒临破产或严重亏损的企业"经常性拖欠竟达 53.07%（全国总工会政策研究室，1999）。这给劳保制度运行带来极大的压力,影响了职工的医疗保障水准。国企改制中各地工潮跟劳保待遇的不兑现有直接的关系,例如 2002 年辽阳市铁合金厂工人的激烈抗争就与工资拖欠、医疗费拖欠等问题有关（燎原,2004;Chen,2003a）。

其次,市场化改革中,企业破产制度实行。大量市场竞争中失败的企业走向破产。如图 2—4 所示,从 1995 年到 2001 年,中国破产案件数量不断攀升。2001 年数量为 1995 年的 3.8 倍,达 8 939 件。企业的大量破产,使得劳保医疗运行的制度基础受到严重侵蚀。破产企业的职工则失去了制度的保障。虽然国家规定为下岗职工和失业人员提供一些帮助,但实际效果有限。

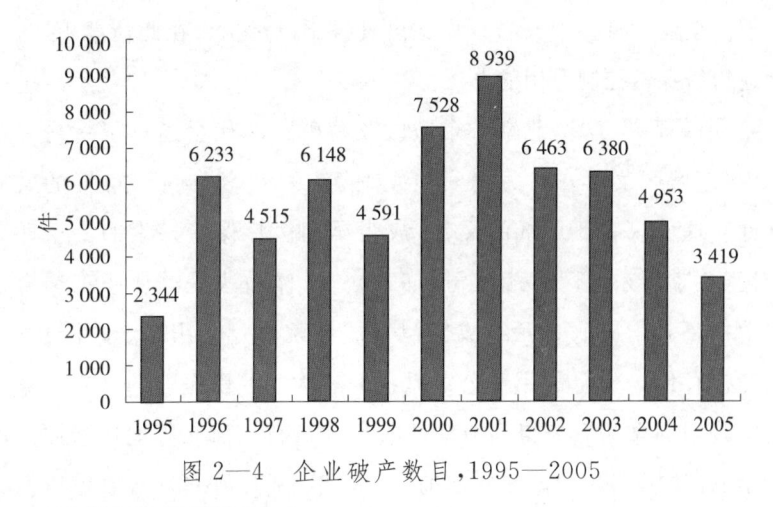

图 2—4 企业破产数目,1995—2005

数据来源:曹思源(2007)。

再次,非公有制经济的崛起使得城镇医保制度出现巨大的空白地区。外资企业、私营企业、自雇者、农民工和灵活就业人员在城镇就业人口中所占的比重越来越大。这一部分是公费医疗和劳保医疗都没有覆盖的区域。这就使得城市医保制度出现极大的盲区。国有及集体单位就业人数随着时间推移逐渐减少。到 2005 年,两者比重合计已经低于 50%。个体和私营单位就业人员比重则迅速上升。

总之,上述形势使得劳保医疗和公费医疗难以为继。改革变得不可避免。

2.4.3 城镇职工医保制度的建立和制度特征

国有企业的经营存在软预算约束,企业并不需要对生产经营的亏损负责,而是由国家统一兜底(Kornai,1979)。[①]市场化改革开始以后,国家对企业不再兜底,计划体制下掩藏的亏损逐渐显现。企业对日益增长的医疗支出日益难以承担。在此情况下,各地纷纷探索控制费用的办法。

1987 年 5 月,北京市东城区菜蔬公司职代会通过了一份名为《东城区菜蔬公司关于实行"大病统筹基金"试行办法》的文件。这份只有 3 页纸的文件,成为早期医疗保险探索的一个印记(北京市东城区菜蔬公司,1993)。具体做法是:"从职工奖金中按月人均提取 3 元组成'大病号'住院医疗专用基金,并设立专户存储……全部用于公司系统职工大病住院医疗的开支。"菜蔬公司的做法后来得到劳动部的肯定,四川、河北等地也参照实施(孙树涵,2002)。在此之前,1985 年 11 月河北省石家庄市六县市试点退休人员医疗费用社会统筹。这就是大病统筹制度的起源。

---

① 软预算的概念,参见科尔奈(1979)。

各地改革的共同点是:其一,由面临问题的地方、企业自发进行。其二,改革目标是控制费用,手段分为三种:扩大风险分担范围,突破1969年后工会取消后的单位自保、改变付费机制、引入共付机制。这些改革包含了未来职工医疗的若干要素。而且由此发展出的大病统筹制度突破了先前企业保险的局限,成为职工医保发展的基础。①

1988年,国家体改委、卫生部、劳动部等八部委成立医疗制度改革研讨小组,标志着中央政府开始介入医疗改革之中。1989年3月,国务院批准丹东、四平、黄石、株洲四地进行医疗保险制度改革试点,深圳、海南进行社会保障综合改革试点。

1994年,江苏省镇江市、江西省九江市在中央政府组织下进行医疗保险制度的改革试点,被称为"两江试点"。"两江试点"以80年代末的大病统筹为基础,设立了"统账结合"的制度模式。这一模式将医疗保险筹集的资金分为个人账户和社会统筹账户两部分。医疗费用首先由个人账户支付,之后个人需要支付个人年工资的5%,仍然无法付清的则利用社会统筹账户(Gu,2001a)。

1998年11月,《国务院关于建立城镇职工基本医疗保障制度的决定》发布,统账结合的模式推向全国。社会医疗保险可以从覆盖范围、待遇水平、管治模式、服务递送等几个方面来分析(Hsiao,2007)。按照这个框架,我们可以了解中国职工医疗制度的设计要点。

首先,**覆盖范围**。职工医保主要面向就业人群,包括城镇所有

---

① 工会在"文革"中(1969年)被取消,因此劳保医疗成为单位范围内的保险。

用人单位,如企业(国有企业、集体企业、外商投资企业、私营企业等)、机关、事业单位、社会团体、民办非企业单位及其职工等,都要参加职工医保。处于模糊地带的乡镇企业及其职工、城镇个体经济组织业主及其从业人员是否参加职工医保,由各省、自治区、直辖市人民政府决定。

覆盖面的规定有以下值得注意的地方:其一,由地方政府自行决定的范围大致属于非正规就业的范畴。流动人口比如农民工的参保问题在1998年《决定》中并没有体现。在2006年,劳动部才大张旗鼓地在农民工中扩面(劳动和社会保障部办公厅,2006)。这反映了职工医保的资格范围虽然比之前的免费医疗要宽(涵盖了不同所有制),但是仍然偏窄,仅仅局限于正规就业人群。其二,贫困人口参保问题也未能体现,医疗救助制度迟至2003年才开始探索建立(民政部最低生活保障司,2003)。其三,家属的半价医疗待遇从此结束,没有工作的老人、儿童及失业人员的医疗保障成为一个漏洞。这个漏洞到2007年才由城镇居民基本医疗制度予以弥补(国务院,2007)。

其次,**待遇水平**。总体上,职工医保和其他的社会保障项目一样贯彻了"低水平、广覆盖"的方针。这体现在缴费水平和待遇两方面。首先缴费率方面,1998年《规定》强调各地在制定缴费率时不要攀比,并制定了最高比例,即雇主负责缴纳工资总额的6%,职工缴纳工资的2%。其中雇主缴纳金额的30%和职工缴纳的全部,计入个人账户。其余部分(雇主缴纳的70%)计入社会统筹账户。这一规定可能考虑到企业的承受能力,毕竟企业除此之外还要承担大量的税务负担。其次,1998年《规定》提出要建立基本药物目录和服务目录,从而划清报销范围。但是报销比例没有规定,而是由各地具体掌握。总之,低水平尽管可以减少企业和个人的负担、有利于扩大覆盖面,但是制度的吸引力可能因此受损,实际上这一"牺牲水平换取覆盖面"的策略是否奏效还不得而知。

再次,**管治模式**。职工医保在管理上有如下特点。其一,职工医保的管理机构性质为公立的事业单位,为政府所设的全额拨款单位。除此之外,政府并未设立非营利性的或者行业性的管理机构。官方机构的好处是它可以获得政府的财政、人力支持,但是缺陷是容易受制于政府的政治干扰。其二,保险费征收机构有两类:社会保险经办机构和地方税务机构。1999年《社会保险基金管理条例》规定各省自行决定征收机构,但是省内务必保持统一。这实际上是政府部门间争执不下的权宜之计。其三,属地管理。职工医保以地级市为统筹单位。统筹区域内实行统一的征缴比例、报销比例、起付线、封顶线等。因此,名义上中国的职工医保是单一基金,但是它分列为无数个地方统筹的医疗保险基金。过低的统筹水平和分散管理的基金不仅管理成本高,而且风险分担范围较小(郑秉文,2009b)。

最后,**服务递送**。职工医保的服务递送有如下特点。其一,定点医疗机构制度。形式上,职工医保具备了第三方购买服务的特征。医疗保险经办机构可以对医疗机构进行考核,然后确定是否纳入医保基金支付范围的"定点服务机构"。其二,医疗保险经办机构否形成了强有力的服务购买者?答案是很不确定的。目前的医保经办机构更多是一种"支付中介"的角色。限于人力、物力、管理水平,医保经办机构尚没有成为强有力的医疗服务购买者。[1]其

---

[1] 泰国的社会保险管理机构由于采纳了较为有效的支付方法,成为有效的服务购买者。而相反,菲律宾的社会保险管理机构表现较差,一方面医保金大量结余,另一方面参保者报销比例很低。参见:Hsiao(2007)。

三,付费方式。医疗费用的支付和补偿采取按服务付费(Fee For Service)、公共报销的方式,分为门诊费用和住院费用。门诊费用主要由个人账户负责。住院费用中,超过起付线、低于封顶线部分由社会统筹账户按照一定比例予以补偿。起付线和封顶线大致为当地社会平均年工资的 10% 和 400%。低于起付线、高于封顶线的医疗费用不在报销范围。由于没有采取更加有效的费用支付机制,社会医疗保险所起的控制医疗费用的作用并不成功。①

中国城镇职工基本医疗保险的制度设计大致如上文所述。在覆盖范围、待遇水平、管治模式、服务递送等方面为何采取了这样的制度设计?这些政策制定的具体过程现在所知甚少。职工医保自 1999 年实施以来,逐渐取代劳保医疗和公费医疗,成为城市医疗保障制度的主体。但是,定位于"广覆盖"而非"普遍覆盖"的职工医保进展缓慢,到 2005 年,其覆盖面仅有 42.5%。② 摆在中国政府面前的艰巨任务仍然是扩大覆盖面、实现广泛覆盖。

2.4.4 职工医保的管理体制和扩面过程

(一)职工医保扩面过程的参与者

职工医保的扩面过程既包括政策执行机构(社会保险经办机构——劳动监察机构),又包括保险费的征缴对象。

1. 执行机构:社会保险经办机构——劳动监察机构

公费医疗和劳保医疗曾归属不同的部门管理。1999 年之后,

---

① 有关付费机制的讨论,参见:Rice(1997)。
② 很难说这一制度的设计特点是否影响了它的扩面过程,因为地区之间缺少足够的变异。职工医保设计对覆盖面的影响只能借助于跨国比较。

医疗保险的管理逐渐走向统一。公费医疗在1998年之后由卫生部划归劳动和社会保障部管理(国务院办公厅,1998)。劳动部门成为负责推行强制性医疗保险的政府机构。在劳动部门内部,不同的险种归属于不同的业务部门。养老保险归属于养老保险司/厅/处,以此类推。但是在保费征缴层面,国家法令规定养老、医疗和失业保险统一征收。① 治理结构如下图所示:

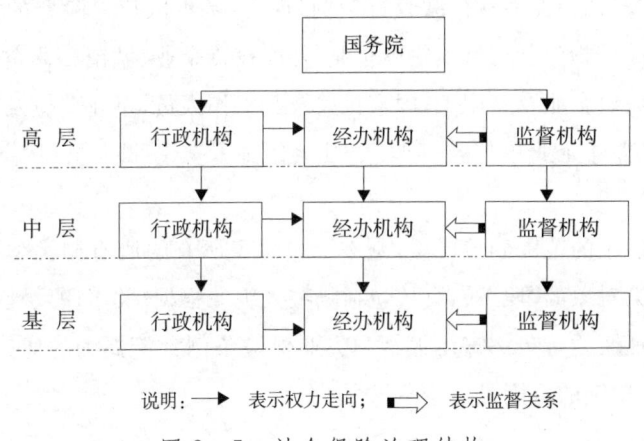

```
              国务院
        ┌───────┼───────┐
        ↓       ↓       ↓
高层  行政机构 → 经办机构 ⇐ 监督机构

中层  行政机构 → 经办机构 ⇐ 监督机构

基层  行政机构 → 经办机构 ⇐ 监督机构
```

说明:→ 表示权力走向; ⇒ 表示监督关系

图2—5 社会保险治理结构

资料来源:杨立雄(2008)。

如图2—5所示,以医保为例,扩面的三个最相关部门分别是:医疗保险处、社会保险经办机构和劳动监察部门。医疗保险处属于行政主管部门,负责拟定地方的执行方案。社会保险经办机构(下文简称经办机构)则是具体执行政策的实体,"承担着社会保险的全部基础性、事务性工作"(劳动和社会保障部,1999)。劳动监察部门则属于监督机构的一部分。

---

① 实际征收过程中,各地的征收方法并不统一,有的省一起征收(如浙江),但有的省则分开征收。

然而经办机构并不是行政部门,其性质是事业单位。经办机构最早建立于 1989 年,起初是为养老保险服务。它的主要职责有:受理用人单位的社会保险登记;征收社会保险费并进行管理;建立社会保险费征缴记录并定期公布;在受劳动保障行政部门委托时,可以进行与社会保险费征缴有关的检查、调查工作。

2. 征缴对象

按《社会保险费征缴暂行条例》规定,基本医疗保险费的征缴范围是:国有企业、城镇集体企业、外商投资企业、城镇私营企业和其他城镇企业及其职工,国家机关及其工作人员,事业单位及其职工,民办非企业单位及其职工,社会团体及其专职人员(国务院,1999)。

雇主的范围涵盖广泛,基本上包含了所有的所有制类型。同为政策对象的"职工",具体包括哪些人呢?根据《关于印发社会保险费征缴暂行条例宣传提纲和失业保险条例宣传提纲的通知》的解释,职工的范围是:

> 包括所有与用人单位有劳动关系的个人,即不仅包括正式职工,也包括临时工;不仅包括户籍关系在当地的职工,也包括户籍关系在外地的职工;不仅包括城镇职工,也包括农民工;不仅包括中国籍职工,也包括外国籍职工。(劳动和社会保障部,1999)

可以说,这一定义基本上是跟城镇就业人口的含义相差无几。这说明,职工医保的政策覆盖面是以城镇的就业人口为目标的。

(二)社会保险扩面过程各环节及其问题

扩面的最重要的一个工作是从用人单位中征缴保险费用。

《社会保险费征缴暂行条例》对征缴所做的规定：基本养老保险、基本医疗保险、失业保险的保险费集中统一征收。各省之内由税务机关或者社会保险经办机构统一征收（国务院，1999）。

征收过程如下：

1. 用人单位需要向当地社会保险经办机构进行社会保险登记，参保。

2. 社会保险机构审核企业材料，如果合格则建立该企业的社会保险档案并发给用人单位社会保险登记证。

3. 企业可以通过税务部门或者社会保险经办机构来按月向社保经办机构申报应缴的社会保险费数额，经审定后，在规定期限内缴纳。保险费必须以货币形式缴纳、不得减免。个人所缴部分由所在单位代扣。

4. 由税务机关征缴的，经办机构提供相关信息。税务机关也需要向经办机构提供征收信息。所征保费存入财政部门在国有商业银行的社保基金财政专户。

5. 经办机构建立缴费记录，至少每年向个人发放一次养老、医疗个人账户通知单。用人单位需要向职工公布缴纳情况，接受监督。

这一过程看似简单，但实际上非常棘手。用人单位千方百计逃避保费，职工个人缺少抗衡的力量，任由雇主处置。这使得征缴过程错综复杂。如表2—5所示，目前中国有五种社会保险项目，加上住房公积金，统称为"五险一金"。职工医保是1997年之后劳动部门主推的三种强制性社会保险之一。其他两种分别是企业职工基本养老保险和失业保险。另外的工伤保险、生育保险的征缴由地方政府决定。由于中国企业目前的税负已经比较沉重，其

表 2—5 目前几种社会保险的征缴比例(%)

保险类别	企业承担比例	个人承担比例	是否强制
养老保险	20	11	是
医疗保险	6	2	是
失业保险	2	1	是
工伤保险	1.4*	0	否
生育保险	0.7	0	否
住房公积金**	5	5	是
强制性项目合计	33	18	
所有项目合计	35	18	

数据来源：《失业保险条例》(国务院,1999)、《工伤保险条例》(国务院,2003)、《住房公积金管理条例》(国务院,2002)、《国务院关于建立统一的企业职工基本养老保险制度的决定》(国务院,1997)、《国务院关于建立城镇职工基本医疗保险制度的决定》(国务院,1998)。

*：根据各行业的工伤风险类别和工伤事故及职业病发生频率实行差别费率。具体费率由劳动部门核定。按行业风险程度分为 0.6%、1.2%、2.4%三个档次。

**：住房公积金由单独的管理机构管理，独立于其他保险项目。

中各种社会保险费占到企业工资总额的 35%。为了减少成本、增加利润，它们倾向于不参与社会保险，私营企业和外资企业尤甚。

现有制度下，职工对企业逃避保险的抵制力量也有限。因为中国的劳动力一直供大于求。就业压力使得很多人找工作时愿意牺牲社会保险待遇来确保工作职位。

在此情况下，扩大保险覆盖面的每个环节都可能会出现问题：

1. 登记环节。用人单位会采取消极抵制的态度，比如不登记、延迟登记。这时经办机构需要向用人单位下发《参加社会保险通知书》。逾期不登记者，对主要责任人处以罚款。在实际政策执行中，罚款数额往往过小，起不到震慑作用。

2. 在申报环节。用人单位可能会隐瞒用工情况、在工资表、财务报表等信息上做手脚,从而瞒报、漏报参保人数。此外,由于条例规定的缴款基数范围较大(社会平均工资的60%到300%),用人单位倾向于用尽可能低的基数缴纳保险费用。

3. 在缴款环节。用人单位会拖欠、中止缴款。有的外资企业还以减免社会保险费作为投资条件与地方政府谈判。

4. 部门协调。经办机构、税务机关、劳动监察机构之间会出现协调不好的问题,使得用人单位有机可乘。《条例》规定,经办机构与税务机构需要相互提供信息。经办机构与劳动监察机构应该建立"按月相互通报制度。社会保险经办机构应当及时将需要给予行政处罚的缴费单位情况向劳动保障监察机构通报,劳动保障监督机构应当及时将查处违反规定的情况通报给社会保险经办机构"。但实际中的运作远没有这么顺畅。

上述问题考验着社会保险管理机构。下文将分析它们可能采取的对应措施。

(三)官方为社会保险扩面所作的努力:政策工具与行动

社会保险费征缴难是社会保险发展中的突出问题。劳动行政部门、经办机构面对的是所有城镇用人单位,不仅任务繁重,而且它们面临很多实际的困难,例如法律约束力不够、地方政府可能会与用人单位(特别是外资企业)达成妥协。目前它们采取的扩面手段概括起来有:

首先,宣传。政策实施中,劳动和社会保障部在全国展开宣传月活动,"突出宣传扩大社会保险覆盖面,加强社会保险费征缴工作的重要意义"(劳动和社会保障部,1999)。在正面宣传的同时,也通过媒体曝光一些逃避、拖欠社会保险的用人单位,以达到警示作用。

其次,监察。劳动行政部门通过监察手段督促政策执行。(1)执法检查:仅1999年,劳动和社会保障部就分别在第二、第四季度展开了两次社会保险费征缴执法大检查。此外,劳动和社会保障部还与其他部门开展联合大检查(劳动和社会保障部、国家经贸委、财政部,1999)。(2)年检制度:进行劳动保险年度检查,掌握缴费单位参加社会保险的情况;对违反《条例》规定的,应当责令其限期改正,并依照《条例》规定给予行政处罚(劳动部,1996)。(3)社会保险审查、稽核制度:劳动部门定期稽核缴费申报与缴费情况。每年重点稽核的单位应不少于本地区参保单位总数的10%。(劳动和社会保障部,1999)。

再次,政府内部也采取了一些措施来促进扩面工作:(1)劳动部门建立月报制度,跟踪扩面和征缴的进展。(2)很多省份利用更体系化的税务系统代收社会保险费。(3)劳动和社会保障部举办地方政府负责人培训班,以说服地方政府认真推行政策。(4)设立重点联系城市,以实现突破。(5)对垂直系统实行属地管理,例如铁路、煤炭、石油、通信、邮政系统等,以打破各个系统对职工医保的抵制。(6)政府设立奖励机制,对扩面进展顺利的地区进行奖励。

以上就是目前医保扩面过程中的主要政策工具。它们的实际效果还有待经验证据的检验。

2.5 本章小结

本章将社会医疗保险及其扩面问题纳入历史和比较的视野。本章首先从医疗保险的基本概念出发,探讨了与社会医疗保险相关的概念,例如医疗保障、公费医疗、商业医疗保险和国家医疗保险等。由于社会医疗保险具有强制性,同时它采取征缴保险费的方式募集资金,所以这一制度类型的发展面临逐步扩大覆盖面的问题。

之后,本章回顾了医疗保险的起源和社会医疗保险在其他国家的扩展过程,并且总结了现有文献对于社会医疗保险扩面影响因素的讨论。目前学者们发现经济发展、就业结构与劳动力市场状况、政府、社会团结、人口分布和结构等因素影响着覆盖面的扩大。

最后一部分讨论了1998年以前中国城镇医疗制度的构成和覆盖情况。由于公费医疗和劳保医疗构成的免费医疗制度难以为继,城镇职工基本医疗保险制度最终在1998年取代免费医疗制度。中国以职工医保为开端建设社会医疗制度,但是覆盖面的扩展任重而道远。

第三章 理论回顾与分析框架[①]

Science is organized knowledge. Wisdom is organized life.

——Immanuel Kant

社会政策与福利国家的起源、发展领域已经形成了彼此互补又相互竞争的理论视角，但中国社会政策学界讨论较少。本章将回顾相关理论，将研究问题所涉及的诸多现象组织起来。由于社会医疗保险是社会保险体系的一个主要项目之一，而社会保险体系又是福利国家体制的一个主要组成部分，本章第一节将批判性地检视自20世纪60年代至今的主要理论视角，分析现有理论对福利国家扩张、社会政策发展的研究和分析。分析内容包括各视角所处的学术背景、回答的核心问题、揭示的机制、对应的解释力和缺陷以及视角之间的竞争和更替关系。系统分析有助于我们更清晰地理解社会政策发展的影响因素、动力机制。在此基础上，第二节抽取了福利国家发展理论的相关要素，整合成本文的分析框架，并由框架衍生出理论假设。第三节为小结。

[①] 本章部分内容发表于《社会学研究》2010年第4期。

3.1 社会政策发展的理论

社会政策的主要功能是应对社会风险、促进社会再分配和实现社会融合。19世纪80年代之后,通过系统性的社会政策,福利国家建立起来(Briggs,1961)。20世纪见证了福利国家的开端、扩展、成熟和危机。福利国家这一体系化的社会干预给社会各阶层的生活带来了普遍影响,如工作、收入、家庭关系、个人与国家关系,等等。因其广泛而深远的影响,社会政策的发展吸引了经济学、社会学、政治学等多学科学者的关注,成为20世纪后半期以来主流社会科学关注的焦点之一(Barr,2004;Pierson and Castles,2006)。在中国,伴随着经济社会的转型过程,社会政策的地位和作用也在日益凸显。社会政策也成为国内学界关注的焦点之一(李培林等,2004;王绍光,2008)。许多学者已经对社会政策的概念、研究范式和分析框架做出了有益的探讨。[①]

本质上,作为福利国家的重要组成部分,社会保险体系的发展无疑也落入在这一讨论范围。而作为社会保险体系的组成部分,社会医疗保险的发展也是福利国家扩张过程的一个具体体现。即使是在中国这样一个后发的国家,社会保险体系的地位和作用也在日益凸显。以社会保险基金为例(图3.1),基金总额占GDP的比重一路攀升,到2007年已经到4.30%,金额达到10 812亿元。基金支

---

① 社会政策相关概念的探讨,参见王卓祺、雅伦·获加(1998),尚晓援(2001),黄晨熹(2008);研究范式的探讨,参见杨团(2002)、彭华民(2006);对福利国家的分析,参见周弘(2001)、朱天飚(2006b)。

出和结余也在不断增加。1989年社会保险基金支出仅为120.9亿元,到2007年这一数字增长到7 887.8亿元。基金结余也从1989年的81.6亿元增加到11 236.6亿元。中国社会保险从微小成长为参天大树的过程也是社会政策体系发展的一个实例。

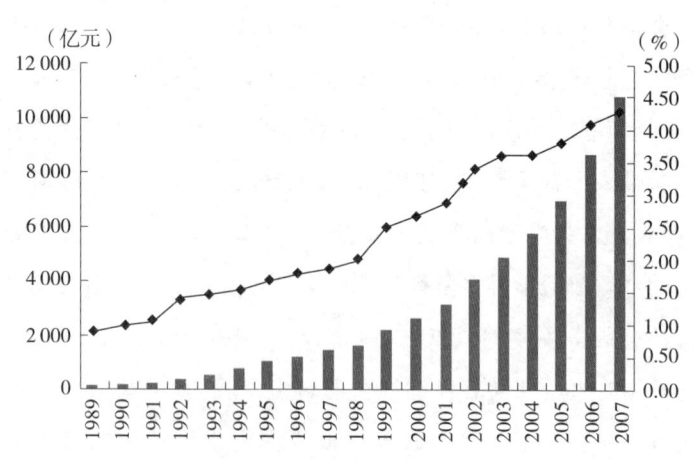

图3—1 社会保险基金收入规模及占GDP的比重
资料来源:《中国统计年鉴2008》,光盘版。

本节将回顾福利国家、社会政策发展的理论,从中抽取合用的成分用以分析中国社会医疗保险的发展。回顾将从社会政策及其发展的界定开始,逐次回顾工业主义逻辑、权力资源理论、国家中心视角等。回顾将围绕着这些视角的研究问题、机制逻辑和解释力的强弱等方面。回顾完这些视角之后,本章会根据它们与研究问题的契合性来构建分析框架。

3.1.1 分析对象的界定:社会政策、福利国家及其发展

为了行文清晰,本章首先界定文章的分析对象:社会政策、政

策发展。① Titmuss(1991:12)认为社会是指"人际关系中非经济性的因子",政策是"一系列指挥行动实现既定目标的原则。这个概念表示关于手段和目标的行动,它因而含有变革的意思:改变各种处境、制度、习惯和行为"。Skocpol 和 Amenta(1986)将社会政策定义为影响群体、家庭、个人社会地位和生活机会的国家行动。这一定义范围极为广泛,可以说将国家的大部分行动都涵盖在内了(比如国防、战争,尽管这两者非常明确地不属于社会政策范畴)。Baldock(2003)将社会政策定义为通过再分配达致福利结果的原则和实践,包括国家行为,也包括私人和志愿行为。总之,社会政策是指旨在提升社会成员福利水平的集体努力,而这既包括国家也包括非政府部门。

需要特别指出,福利国家、社会政策是两个重叠很多的术语,在本章中两者交替使用。Esping-Andersen(1999)对两者做过一个区分。他认为在福利国家产生以前,社会政策就已存在。实际上,在人们采取集体行动应对生活风险时社会政策就产生了,比如济贫法时期对穷人的救助。但是福利国家是19世纪末期俾斯麦在德国采取的现代社会政策之后才慢慢发展起来的。福利国家涵盖了一系列社会项目,但是它并不仅仅等于这些社会政策的总和。在更深层面上,它还暗含着国家和民众之间新型社会契约的形成,对公民社会权的承认和对阶级平等的关注等(Marshall,1977)。

尽管社会政策和福利国家不能划等号,但是日常的研究中,这两个概念所指涉的对象相当一致,都是指国家或社会所采取的降

---

① 本章的重点并非界定社会政策与相关概念,而是梳理社会政策发展的相关理论。因此,对社会政策与政策发展的定义不求面面俱到。

低风险、不平等、提供生活保障的社会项目(Amenta,2003)。本章并不侧重概念区分,这两个术语在文中将交替使用。

作为本节的主要分析对象,社会政策之发展所指何物？发展一词过分笼统,Lockhart(1984)对此概念进行了分解,他将社会政策的发展分为三种类型:

1. 政策采纳(Program Adoption):政策制定、实施的时间和原因。这一维度强调的是社会政策的起源(Origination)。

2. 政策的渐进变化(Incremental Change):政策运行过程中的修正、变动。这一维度侧重于社会政策的制度调整、渐进增长。

3. 投入程度(National Effort):整个国家在社会项目上的投入占社会总财富的比重。这一维度则是侧重于社会政策在经济意义上的分量。

洛克哈特的分解使得分析对象更为精细。① 下文所述的各个理论视角所针对的研究问题不一,但是核心的问题是:为什么有的国家社会政策发展早,有的国家发展晚？为什么国家之间社会政策的制度安排存在差异？为什么有的国家投入多,有的国家投入少？在下文我们会发现,不同的理论视角的解释力各有所长。它们从不同侧面揭示社会政策发展的机制。这些视角立基于不同的背景、观察、假设,因此它们适用的范围也有所不同。

对于本章而言,职工医保的扩面过程无疑属于洛克哈特所指

---

① 要补充第四个维度是紧缩(Retrenchment)。20世纪70年代后受石油危机影响,欧美国家经济陷入滞胀状态(Stagflation)。它们纷纷压缩福利支出,战后福利国家发展的黄金时期结束,走进紧缩状态(Mishra,1984)。按照Pierson(1994)的说法,与扩张过程相比,紧缩过程有独特的逻辑,因此不能简单视为扩张的反面。

的渐进变化这一维度,也就是扩面进程为什么在不同地区快慢不一?何种因素影响了各地之间的进度?下文将力图从理论文献中寻找线索。下文按照每个理论回答的问题、解释逻辑、评价来展开。

3.1.2 经济决定论:工业主义逻辑

1. 背景与问题

如果从范式转移的角度看,社会政策发展研究经历了若干次的范式转移(Kuhn,1970),其中工业主义逻辑被认为是福利国家发展理论的第一代(Skocpol and Amenta,1986)。这一视角要回答的问题、提供的答案是什么?解释力如何?

工业主义逻辑要回答的问题是为什么会有社会政策存在?为什么不同国家的社会政策发展差别会如此之大?例如在现实世界,我们既可以看到福利国家橱窗式的北欧国家,又可以看到一些低收入国家人民朝不保夕的状况。怎样解释这样的差异?

2. 逻辑

工业主义逻辑认为"经济增长是福利国家发展的最终原因"(Wilensky,1975;Wilensky and Lebeaux,1958)。福利国家的发展是现代化过程的一个产物(Huber and Stephens,2001)。工业革命以来,工业化、城市化、市场化等经济社会变迁催生了社会政策的发展,而这一宏大的历史进程对社会政策发展的影响可以归结为两个方面——供、需,以及其中所包含的几个机制。

首先,经济社会变迁对社会政策产生了需要。工业化使得劳动力从农业向工业转移;城市化使得人口从农村向城市转移;市场化使得人们的生活和收入越来越依赖市场交易。这些经济社会变迁过程带来了至少两方面的后果:其一,社会风险影响到人们的生活。劳动力本身也成为市场交易的对象，同时传统小区、家庭的功能受到削弱。因此农业社会无需担忧的养老、失业、工伤等问题开始影响人们的生活境遇。其二，工业化对熟练技术工人的需要促使政府重视劳动力的再生产，比如开始重视职业培训、义务教育等政策的发展。这是现代化进程为社会政策的发展提出的功能性需要（Functional Necessities）（Skocpol and Amenta，1986）。

其次，在供给方面，现代化又促进了经济、技术的发展以及国家能力的提高。这为再分配提供了必要的经济剩余，同时国家科层组织的发展使得国家汲取资源并分配的能力得到增强。因此，通过国家力量为公民提供福利成为可能。

总之，工业主义逻辑认为社会政策是现代化过程的产物，现代国家的成长为社会政策发展提供了必要的支持条件。因此，不同的经济发展程度可以解释各国之间在福利发展方面的巨大差异。

3. 评价

工业主义逻辑本质上是功能主义的解释。这一视角认为随着经济的发展，所有国家无论其意识形态、制度结构都会最终发展出相同的社会政策体系，因此它又被称为趋同论（Convergence Theory）。这与20世纪60年代主流的结构功能理论和现代化理论相呼应，也受到意识形态终结以及民主社会阶级斗争的影响（Bell，1962；Lipset，1983）。这一理论一经提出一度影响很大，很多学者以此为分析框架做了大量的经验研究（Cutright，1965；Rimlinger，1966；Wilensky，1975；Collier and Messick，1975），其对于分析20世纪40、50、60年代不同经济发展水平国家间的福利差异非常有效，特别是当因变量是非常宽泛的福利支出的时候（即前文所述之国家投入）。

但是这一视角也存在诸多缺陷。首先,发达国家内部的差异性难以解释。为什么德国经济发展水平低于英国,但是德国率先发展出体系化的社会保险制度?为什么美国经济在20世纪独占鳌头,但是其福利体系却远不及西欧各国完备,尤其是与北欧各国差距更大?①这些问题暗示:除了经济发展,还有别的因素对社会政策发展产生着影响。

其次,工业主义逻辑的相关研究大多采用集成化的变量(Aggregated Variable)(比如总体社会支出数据),因此忽略了政策设计、制度的细节(Esping-Andersen, 1990; Pampel & Williamson, 1988; Pampel and Stryker, 1990)。科里尔和梅西克的研究结果就对工业主义逻辑提出了质疑,特别是将社会支出作为因变量的做法(Collier and Messick, 1975)。侧重于集成化的变量使得工业主义逻辑缺少对微观行为基础的研究,它处理的都是宏观层面的概念。这对该理论的经验有效性提出了问题。

作为对社会政策发展提出解释的第一代理论,工业主义逻辑提供了一个宏大的解释框架。尽管在一定程度上可以解释社会政策发展的经济机制,但是其解释力还存在局限性,它的缺陷为其他理论的发展提供了空间。

4. 与职工医保的关联

作为世界上最大的发展中国家,中国的工业化、城市化、市场化过程落后于西方,然而这是一个仍在进行中的变迁过程。因此这是一个观察中国宏观变迁对社会政策发展影响的机会。中国的转型过程有两个维度的变异(Variation),首先是时间维度,其次是

---

① 这也是"美国例外论"在社会政策领域的体现(Hacker, 2002)。

空间维度。其一,时间维度。直到今天,在经过了 30 多年的高速发展之后,中国仍未能完成这一过程。2007 年,中国的农业人口仍有 72 750 万人,占人口总数的 55.06%。①转型仍未结束,而职工医保发展的过程也包含在这一过程之中。因此,可以历时地考察经济发展对职工医保的影响。本章截取了 1999—2005 年这一段,比较各省之间的发展差异对职工医保覆盖率的影响。

其二,中国经济发展的地区差异非常之大。以人均 GDP 为例,2007 年上海已经达到 65 600 元,而贵州只有 7 288 元,上海是贵州的 9 倍之多。②地区间的这种巨大差异将是考察转型对职工医保的另一条途径。

受工业主义逻辑的启发,本章将抽取经济发展、工业化、城市化等变量分析职工医保在各地、历年发展的逻辑。当然,如前所述,这些指标都是集成化的变量,只能帮我们从宏观结构上理解医保的发展脉络。具体的机制分析还需要更加细致的数据来分析、验证。

3.1.3 新马克思主义视角

1. 背景与问题

资本主义在 19 世纪末 20 世纪初开始从竞争型转为垄断型,资本与国家之间的关系更为密切。这一转型带来的功能需求通过政府制定的政策来满足。20 世纪福利国家兴起,资本主义体制有了新的发展趋势。这些变化促使新马克思主义学者重新整理分析思路,对福利国家进行系统的分析。在此政治、经济背景下,不断

---

① 《中国统计年鉴 2008》。
② 同上。

对资本主义进行批判的学者组成了新马克思主义学术圈。在社会政策领域的代表人物有 Claus Offe、James O'Connor、Ian Gough 和 Ralph Miliband 等。

新马克思主义视角所要回答的问题可以归结为：为什么以剥削工人阶级为本质的资本主义国家还要建立再分配性质的社会政策？至少从表面上看，两者的目标是冲突的。

2. 逻辑

新马克思主义学者认为福利国家的存在并不奇怪，因为它满足了资本主义发展的一些需要，尤其是缓解了发达资本主义国家中资本积累和社会合法性之间存在的深刻矛盾。资本主义尽其所能地榨取剩余价值、积累资本，严酷的剥削造成了严重的社会冲突，工人的反抗此起彼伏。充满社会冲突的资本主义无法永续发展。因此，作为资本家委员会的国家需要采取措施协调各方冲突，维护资本主义社会秩序。福利国家就是"稳定资本主义社会的一套装置"(Offe,2006:8)。

这套装置主要通过两条途径运作：合法化和社会再生产(Offe, 2006；Miliband, 1969)。首先，资本家通过一定的利益让步，保证工人的基本生活水平，淡化资本主义的剥削本质，从而削弱工人的反抗意识，以此来增加资本主义制度的合法性。其次，福利国家通过社会投资措施，培养技术熟练工人，实现工人的代际更新，从而保证有源源不断的劳动力供应。这就是所谓的社会再生产。

福利国家有其功能，但也不无后果，它往往解决了一些问题，又带来一些新的问题。首先是去商品化与商品化的矛盾。[1]福利

---

[1] 去商品化概念，见艾斯平-安德森(Esping-Andersen, 1990)。

国家通过一系列社会政策为工人提供生活保障,使其获得一定独立于市场生存的能力,其结果就是工人的独立性得到增强。有学者认为这会弱化工人的工作动机,甚至产生福利依赖问题(Murray, 1984)。这与资本主义体制运转所需要的勤奋工人形成了反差。其次,福利国家的扩张造成了日益严重的财政负担,进而导致不断上升的税负。这又与资本积累的功能需求产生了冲突,最终导致福利国家的财政危机(O'Connor, 1973)。再次,福利国家机构的扩张助长了官僚机构的膨胀。官僚机构施加于市场之上的管制和约束使得资本家所希望的"自由市场"越来越遥远(福利国家针对劳动力市场所作的规定即是一例,例如最低工资制)(Hayek, 2000)。

3. 评价

1970年后,随着福利国家危机的显现,新马克思主义学者对其不遗余力地展开了批判性分析。本质上,新马克思主义仍然是功能主义逻辑,它对福利国家的分析也是从资本主义体制上的矛盾性特征出发,从社会结构及其功能需求角度分析福利国家、社会政策的发展,视角独具一格,尤其是对资本主义与福利国家关系(相互依存但又充满矛盾)的观点深化了我们对福利国家的认识。

然而,这一理论也包含着若干缺陷。首先,新马克思主义视角大多长于概念架构而弱于精细化的因果机制阐述。艾斯平—安德森曾批评新马克思主义对一些基本问题缺少细致的界定,例如在研究工人动员方面,工人中的分化使得"什么条件下,什么样的工人可以被动员?"这一问题趋于复杂化,而新马克思主义视角并没有给出细致的答案(Esping-Andersen, 1990)。其次,由于缺少系统的跨国比较和实证研究,一些关键问题未能得到澄清,比如,劳资关系和市场过程是不是仅仅为资本主义所独有?随着经济发展,计划经济以及其他体制是否也有这样的问题?(Skocpol and Amenta,1986)如果更深一步探究,这个问题就是:资本主义是不是一切问题的根源(Everything to Blame)? 如我们现在看到的,计划和市场并不是社会主义和资本主义的本质区别,市场过程同样可以出现在社会主义国家。这些最新的变化值得新马克思主义学者进一步研究。

3.1.4 团结的力量:权力资源理论

1. 背景与问题

如上文所述,工业主义逻辑宏大的分析框架很难解释发达资本主义国家内部的差异。战后发达资本主义国家社会政策的发展并没有像工业主义逻辑预测的那样趋同。有的国家如美国尽管经济发达,但其福利的发展并不匹配。各国的社会政策之间存在着令人困惑的差异性。一些有意思的问题困扰着社会政策学者:为什么有的国家建立了普遍覆盖的社会政策体系? 比如斯堪的纳维亚诸国;为什么有的国家则以剩余型福利为主? 比如美国。解释这些令人困惑的现象成为权力资源理论(Power Resource Theory)的起点。Korpi 分析了工人的团结程度(wage earner unity)、动员能力与再分配结果的关系。他重新找回了被工业主义逻辑忽视的阶级和政党问题,认为政党仍然在利益调节和政治动员中起着关键性作用(Korpi,1983)。在此基础上,权力资源理论逐渐成形并成为福利国家研究的主导范式。

2. 逻辑

权力资源理论又称为社会民主模型(Social Democratic Model),它植根于改良主义社会民主思潮(Reformism Social democratic Thoughts)。这一流派认为通过渐进的议会民主道路可以实现资本主义到社会主义的过渡(Bernstein,1993;Esping-Andersen and Kersbergen,1992)。社会民主主义认为,通过增强工人的社会权和就业保障,可以促进社会团结、改善工人在市场中的弱势地位(Castles,1978)。

Marshall的公民权(Citizenship)概念是权力资源理论的另一个理论基础(Marshall,1977)。他认为公民权的发展经历了三个阶段:最初的公民权利(Civil Rights)是使公民摆脱人身依附、实现独立的权利,其本质是个人权利。政治权利(Political Rights),例如选举权和被选举权是公民权发展的第二步。最后,公民权利和政治权利的伸张会促进社会权利(Social Rights)的产生。如果将福利作为社会权利的一种体现,组织、团结起来的政治权利是社会权利得以实现的一个关键渠道。

权力资源是这一理论的关键概念,它是指"使行动者(个人或者集体)可以用来奖励或者惩罚其他行动者的特质"。考培区分了两种权力资源:资方的资本控制权和劳方的人力资本控制权。权力资源的比较可以从领域、边界、集中度、可转化性、稀缺性、实施成本等方面来分析。资本控制权和人力资本控制权的对比分析如表3—1所示。

表3—1 资本控制权和人力资本控制权对比分析

维度	资本控制权	人力资本控制权
领域(Domain)	广	窄
边界(Scope)	大	小
集中度(Concentration)	高	低
可转化性(Convertibility)	高	低
稀缺性(Scarcity)	高	低
实施成本(Cost of Implementation)	低	高

资料来源:Korpi,1983。

从上表可见,工人所拥有的人力资本处于劣势。然而,若以工会作为依托形成组织化的体系,工人就有可能改变弱势地位。随着选举权的普及,工人人数占优,从而有利于工人所支持的左翼政党获得选举胜利。左翼政党执政后,有利于工人的社会政策亦有较大的可能被制定、实施。因此,资本主义的社会政策发展程度取决于权力平衡偏向工人的程度(Esping-Andersen and Kersbergen,1992)。这就是权力资源理论的大致逻辑。考培分析了工人组织化的范围、集中程度和协调程度对社会政策的影响:在斯堪的纳维亚诸国,工会密度很高,而且形成了集中度很高的协调机制,因此工会形成了对资方的强力制约,具备了社会政策发展的有利环境。反之,在美国和英国,工会范围很低,集中程度也低,尤其是美国工会四分五裂,工人很难与资方抗衡,因此社会政策发展受到很多限制。考培认为,正是由于上述劳资双方权力资源的差异导致了不同国家在福利发展方面的差异(Korpi,1983),其结果是形成了以北欧为代表的高福利国家和以美国为代表的市场型福利国家。

3. 评价

权力资源理论提出以后迅速在福利国家比较研究中得到应用,积累了大量的实证研究成果(Cameron,1978;Stephens,1980;Shalev,1983;Hicks and Swank,1984;Hicks and Swank,1991;O'Connor and Brym,1988)。这些研究对发达国家在社会政策方面的差异给出了远比工业主义逻辑更为精致的解释。同时,尽管新马克思主义极为强调阶级冲突,但是它却一味强调福利国家服务于资本家的特质,忽略了工人在社会政策形成中的作用。权力资源理论的提出对此做了有益的补充。

权力资源理论风靡福利国家的另一个原因是它的概念操作性

强且数据充分。这些研究大多以西方富裕的民主国家为研究对象（具体是指OECD国家），个案数量少至几个，多则20余个。自变量大多集中在左翼政党实力、工会力量等方面。数据大多为横切面数据，但纵贯性分析也日渐增多（Korpi，1989）。这使得权力资源理论容易得到数据的检验，因此使理论有了较为坚实的基础。

尽管权力资源理论一度在福利国家研究中处于主导地位，但批评也随着研究的深入接踵而来。首先，权力资源理论很难解释欧洲社会项目的起源。社会保险是现代福利国家的重要组成部分，起源于俾斯麦时期的德国。此时，德国和奥地利等国不仅社会民主力量尚未成为有影响的力量，而且体制尚处于帝制时期。

其次，权力资源理论的线性思维使它忽略了政治生态在福利国家发展中的作用。其实，左翼政党在一些国家的胜利并不一定与其自身的力量有关，而是得益于这些国家中间势力和右派势力的软弱和分裂。鲍德温（Baldwin）在分析瑞典社会政策发展时发现，瑞典的社会政策发展很难用单一的社会民主力量来解释（Baldwin，1992）。Esping-Andersen认为，跨阶级联盟在福利国家发展中至关重要，瑞典就得益于左翼政党和农民的结盟（Esping-Andersen，1990）。

再次，权力资源理论的一系列假设均存在问题（Carnes and Mares，2007）。这一视角对劳资关系、工人和工会的内部差异性、左翼政党和工会的关系等方面都存在过分简单化的假定。权力资源理论认为，劳资双方是冲突的零和关系；它还忽略了工人与工会内部的差异性；另外，左翼政党与工会在现实中也并不总是盟友的关系。这一系列存在问题的假设使得权力资源理论存在很多漏洞，下文的雇主中心视角挑战了权力资源理论关于雇主的假定，从而发展出新的理论。

最后,权力资源理论研究对象仅限于 OECD 国家,而且其解释范围也基本上聚焦于福利国家扩张的特定阶段。因此,它很难解释发达资本主义国家之外的社会政策发展逻辑,例如新型工业国家、拉美国家福利的发展。此外,20 世纪 80 年代后福利国家进入紧缩阶段,这一时期社会政策的发展有其独特的机制,并非单纯是福利扩张的反面。权力资源理论的适用性受到限制(Pierson,1994)。

3.1.5 把国家找回来:国家中心视角

1. 背景与问题

多元主义和结构功能主义均以社会作为分析的中心,国家被假定为一个自由的竞技场,不同的利益群体互相竞逐(Fox, 1981; Janowitz, 1976)。这样国家就从分析视野中淡化、甚至消失。难道国家真的那么中立吗?国家中心视角则号召"把国家找回来"(Bring the state back in),它认为,国家既不是一个公共的平台,也不单纯为某些阶级服务。国家具有一定的自主性,国家的结构、能力、倾向性都对社会产生了深远的影响(Skocpol, 1985)。因此,国家中心视角所要回答的问题是:国家是如何影响社会政策发展的?

2. 逻辑

国家中心视角的关键概念包括:国家自主性(State Autonomy)、国家能力(State Capacity)和国家结构,其中最为重要的概念当属国家能力。国家中心视角在社会政策方面的研究基本上是在国家—社会关系的大框架下探讨政治与政策的相互关系。

国家和国家自主性 对国家的经典定义来自韦伯:由行政人员组成、在一定区域之内、垄断暴力并实施管治的机构(Weber,1968)。国家中心视角将国家作为关键的自变量,因此对国家的特征进行了细致的概念化。其中国家自主性是国家"追逐特定目标时,并不作为某些社会群体、阶级或社会利益的反应"(Skocpol,1985)。国家是否具有自主性关系到国家能否作为独立的行动者影响社会。海克洛对瑞典、英国等国家社会政策发展的研究发现,官员自行策划、起草社会政策的行动对这些国家福利体系的发展有不可忽视的作用(Heclo,1974)。国家自主性的概念有异于工业主义逻辑、新马克思主义视角和权力资源理论对国家的界定,增加了我们对国家行为的认识。

国家能力 国家自主性与国家能力密切相关。国家能力是国家自主性得以实现的条件:如果国家能力很弱,国家自主性即使很高也难以转化为行动。国家能力是国家"执行正式的目标的能力,尤其是当遇到强大的社会群体阻挠或者面临不利的社会经济处境时"(Skocpol,1985)。世界银行的定义则详尽一些:"(国家能力是)国家以最少的社会代价采取公共行动的能力。这一概念包括国家公务员的行政和技术能力,但又不仅于此。它还包括更深层次的制度机制,政治人物和公务员可以借此在一定的灵活性、规则和限制条件下去执行公共利益"(World Bank,1997:77)。国家能力的分析要复杂得多,因为它可以体现为很多不同的侧面,其测量标准各有差异,而且国家在不同政策领域的能力往往是不平衡的(Krasner,1978)。一般来说,国家的征缴能力(通常与财政能力相联系)、协调能力和行政能力是考察的重要维度。Mann 将国家能力分为强制力(Despotic Power)和建制力(Infrastructure Power),有异曲同工之妙(Mann,1988)。

国家能力对社会政策之发展至为关键。较强的征缴能力是社会政策所依赖的财政资源之保证。社会政策的执行也依靠体系化的公务员机构来具体实施。政策执行过程中遇到的阻挠和抵制则需要国家的强制能力。

国家结构 国家作为组织化的体系,其结构本身往往对社会产生潜移默化的影响。国家结构的分析主要包括国家权力组织方式和国家科层化程度(Bureaucratization)。国家权力的组织可以分为横向和纵向两个维度。无论横向还是纵向,国家权力均可以用集中程度来衡量。如表3—2所示,横向的集中意味着集权程度高,而横向的分散意味着权力分割程度高。纵向的集中意味着中央对地方有较大的控制权,反之纵向分散意味着地方政府的自主性比较大。对社会政策而言,集中或者分散的权力组织结构往往意味着不同的政策结果,这是因为国家结构与国家能力息息相关。国家结构不同,各级政府、政府与利益群体之间的力量对比不一样,因此博弈的结果往往也差异很大。

表3—2 国家结构分析维度

	集中	分散
横向(机构间关系)	集权	分权
纵向(中央和地方)	单一制国家	联邦制国家

首先,横向的权力集中程度会影响社会政策法案的制定、通过和执行。诸多部门都会对政策产生影响,如果权力分割于不同部门,那么政策的通过就会受到很多机构的牵制。Immergut研究了欧洲几个国家政治体制中否决点(Veto Points)对医疗政策的影响,展现了权力结构对社会政策发展的作用(Immergut,1992)。

其次,纵向的中央地方关系对政策发展亦有不可忽略的影响。中央政府推行的政策需要地方政府的配合。因此中央对地方的控制能力、中央地方事权和财权的划分都对政策的推行影响很大。

3. 评价

国家中心视角的贡献在于重新审视了国家在社会政策发展中的作用,修正了先前工业主义逻辑、新马克思主义和权力资源理论对国家作用的假定。国家自主性、国家能力和国家结构对社会政策发展的影响被考虑进来。这为理解社会政策发展补充了一套关键的变量:国家。国家中心视角自20世界80年代以来成为社会政策研究的又一主流范式,在学术界的影响力日益增强。

然而,国家中心视角也不无缺陷。该视角的一些关键概念难以量化,其中国家自主性的量化尤其困难(Shalev,2007);国家能力的测量指标也难尽一致。量化困难使得假设检验的难度增加,不利于理论本身的修正和发展。

4. 理论取舍

对于中国而言,国家从未走开。它始终占据着政治、经济、社会的焦点。在学术研究里,国家也从来没有被社会取代。正因为国家对于政策发展的作用,国家中心视角成为本章所倚重的理论之一。其中,国家能力又是本研究主要借重的概念。

如果将职工医保扩面的问题简化,我们知道政策执行主要涉及两类行动者:执行者(国家)和政策对象(各种单位、职工)。国家在制度建立过程中需要建立保险管理机构,从企事业组织中征收保险费,之后管理保险金并办理医疗费用的支付和补偿。因此国家的能力、策略对政策结果有显著影响。同时,政策对象的偏好、对政策采取的应对策略也会影响政策结果。可见,政策执行处于国家与社会的互动框架之中。

下文将从国家能力角度探讨国家对社会政策尤其是医疗保险的作用机制。作为一个应用广泛但是含义模糊的概念,国家能力涉及许多不同的层面和领域,比如内政和外交领域。在这些领域中,国家能力所包含的过程和机制并不相同,因此国家表现出的能力也不均衡(Skocpol,1985)。同时,抽象地谈论国家能力并没有太大意义(Weiss,1998)。下文将围绕政策执行来分析国家能力的有关内容:征缴/财政能力、行政能力、强制能力。

征缴能力/财政能力 汲取能力被认为是国家能力中最重要的一个部分(Almond and Powell,1966；Skocpol,1985)。没有稳定的收入流,政府不可能存在(王绍光,2002)。国家从社会中抽取财政资源形成国家的财政能力。财政能力依赖于国家控制的资源的数量、种类以及使用的灵活程度。征缴活动和财政活动分别由税务系统和财政系统承担,成为其他国家能力的基础。

征缴能力/财政能力对政策执行至关重要。对于兼具征缴性和再分配性的社会保险而言,更是如此。国家需要建立社会保险经办机构、招募办事人员、从企事业组织中征收保险费、补贴弱势群体参保及维持保险基金的运作平衡。这些活动都不可能离开强大的征缴能力/财政能力。

行政能力 机构、人力构成了国家机构的肌体。国家设立机构、招募工作人员去执行政策,机构和人力资源状况反映了国家行政能力的水平。机构的建设可以将国家随机的活动日常化(Routinization)(Jackman,1993)。国家可以借此收集信息、储备专业知识、积累管理经验,从而改善国家的治理能力。Weir 和 Skocpol(1985)对瑞士和美国农业政策的对比研究表明,政府在农业方面的行动依赖以往积累的经验和专业人才储备。此外,伴随着常设机构的建立,一系列约束性的规章会不断完善,从而使得政策执行者和政策对象之间的关系更加清晰、确定。例如,建立税务机关、确定税率,可以约束国家征税的种类和数量。制度化的水平对政府管治水平非常关键,它通过施加约束可以避免掠夺型国家(Predatory State)的形成(Weiss,1998)。

黄延中和杨大力研究了机构建设对中国人口控制政策的作用(Huang and Yang,2002)。全能主义的国家正在随着改革开展而日益衰退,转型中的国家采用了两种方法来推行这一不受欢迎的政策:群众动员和机构建设。群众动员并不完全奏效,因为群众对这一政策的抵制往往使得他们在运动中仅仅是表面服从而已。机构建设方面,20世纪80年代初建立的计划生育委员会不断扩张,逐渐形成了系统的政策执行机构。计生委系统不仅有助于政策之推行,而且使得强制性的行为减少。他们的数据显示,机构建设(专业计生人员的比重)与国家强制干预(强制绝育手术的数量)存在负相关。

对于转型中的中国而言,新问题不断涌现,例如食品安全、安全生产、社会保险等。以往的机构难以胜任这些新的议题。因此通过更新机构、扩充人员来增强国家行政能力成为应对挑战、解决问题的必由之路。

强制能力 新政策的实施往往意味着利益的调整。政策执行中,利益受损的群体往往会抵制政策。国家要遇到许多的违规、抵制甚至搭便车行为(Free Rider)。因此,除了日常的行政能力(主要负责政策执行)之外,国家必须掌握一定的强制能力、手段,以确保政策能够执行。以职工医保扩面为例,劳动行政部门及其下属的社会保险经办机构负责医保的日常运作。但是扩大覆盖面和日常运行中违规行为非常常见:拒不参保;隐瞒职工人数、只给部分职工参保;隐瞒工资收入、人为减少保险费的缴纳及拖欠保险费。因此,国家需要一定的强制能力确保政策的执行。劳动监察机构实际上承担了这一职能。通过授权,它们对违规的单位和个人拥有警告、处罚的权力。

国家的强制能力以国家垄断暴力为基础(Weber,1968;Mann,1988)。但强制手段并不限于暴力,而是有不同的方式和强度。方式可以有罚款、吊销执照、行政处分等。方式和强度会影响强制的效果,例如在煤矿事故监管中,温和的措施和过低的罚款使得煤矿企业对安全事故置若罔闻:1997 到 2000 年煤炭安全事故最高罚款额仅有 50 000 元(Wang,2006)。可见,为确保政策的执行,国家必须保证有效的强制能力。

以上论述了政府财政/征缴能力、行政能力和强制能力的概念以及跟现实情境的一些关联。这些概念为我们分析医保扩面中国家的作用和角色提供了很有价值的分析视角。

3.1.6 性别关系视角[①]

1. 背景与问题

尽管女权主义、性别视角自 20 世纪 60 年代以来在社会科学中独树一帜,但是在社会政策、福利国家研究中,对性别的关注则

[①] 严格来讲,性别关系和女权主义并非一个概念。前者强调客观的研究男、女之间的社会关系关系。后者并不仅限于学术层次,往往还包含通过社会运动为女性争取权利、实现男女平等的含义。本章的分析主要基于前者。

是70年代以后的事。之前的福利国家研究大多忽略性别关系这一变量。①这与福利国家本身所暗含的模式有关：福利国家假定男人在外挣钱养家、女人在家整理家务（Male Bread Winner Model）(Lewis，1992)。第二次世界大战后，福利国家所实现的全部就业也仅限于男性。随着性别关系话题的不断升温，90年代后，性别关系与福利国家的关系成为研究的热点之一（Williams，1989；Williams，1995）。1994年专门的刊物《社会政治》(*Social Politics*)创立，更显示性别关系视角与主流福利国家研究开始了对话。

当性别视角的学者检视社会政策各个项目时，发现了一些有意思的现象：与男性相比，女性更可能是社会救助的接受者，而男性更可能被涵盖在社会保险项目内。与之相关的是，社会救助项目通常与一些负面的社会标签相联系（也称为福利污名），而社会保险则不存在这样的问题。此外她们还发现，女性的工作大多处于劳动力市场的低端：技术低、薪酬少、不稳定，而男性则占据了与之相反的高端市场。透过这些现象能够提出的问题是：为什么会存在上述差异？这些问题促使性别关系视角的学者对福利国家所包含的性别内涵进行反思。

2. 逻辑

性别关系、福利国家之间存在一种交互的影响关系。一方面，性别关系及其话语的变化影响了福利国家、社会政策的定义和发

---

① 一个例证是《福利资本主义的三个世界》出版后曾受到性别研究学者的很多批评。1999年艾斯平-安德森在《后工业经济的社会基础》(*The Social Foundations of Postindustrial Economy*)中，将性别关系、家庭经济纳入分析框架。

展。另一方面,福利国家所实施的政策也在形塑着性别关系。为了清楚表述,本章将两者关系分为两部分:(1)性别关系作为自变量;(2)性别关系作为因变量。

性别关系作为自变量 当性别关系作为自变量时,我们将性别关系作为一股社会力量,它对福利国家的发展有着不可忽视的影响。

首先,性别关系的论述影响了福利国家的定义,进而影响到政策发展的侧重点。在福利国家发展早期,父权制是性别关系的主导话语,大部分社会政策的设立直接或间接地反映了男人挣钱、女人持家的模式。以家庭津贴为例,早期它是通过男性就业者以家庭为单位发放的。后来,传统的性别关系模式受到挑战,这在一定程度上促成了若干有利于女性的社会政策的出台,例如北欧国家出台了日托服务等家庭友好政策(Family Friendly Policy),帮助女性平衡工作和家庭的矛盾(Orloff,1996)。

其次,在现实世界中,女性及其组织作为政治参与者对政策议程和政策后果产生了影响。斯考切波分析了20世纪20年代前后,美国白人女性组织在不利的环境下,通过有组织的政策倡议促成了以保护母亲、儿童和士兵为特色的母性主义福利国家(Maternalist Welfare State)(Skocpol,1992)。皮德森分析了英法两国在福利国家早期,女性团体政治策略的差异和劳资力量的对比对两国家庭政策的影响(Pedersen,1993)。可见,女性并非单纯的政策接受者,她们可以运用组织化的力量影响社会政策的决策和实施。这是性别关系对福利国家发展产生影响的又一体现。

性别关系作为因变量 当性别关系作为因变量时,福利国家作为一种普遍性的干预力量,对性别关系的很多侧面都有影响,造成了男女之间在生活机会方面的差异。

首先,福利国家作为调节者,其政策取向影响了性别关系的状态。以就业为例,福利国家不同的政策倾向对女性就业有显著的影响。例如,德国社会政策旨在维护传统的社会秩序,不鼓励女性就业,因而带有浓厚的保守色彩。这与北欧国家发展公共部门、扩大女性就业的政策形成了鲜明的对比。税收政策、家庭政策、社会项目的给付结构等都可以成为福利国家施加影响的工具。以社会项目的筹资为例,社会保险通常需要稳定的就业和较长时间的供款。较之男性,女性的工作更容易中断,而且很多女性从事非全日制工作。这使得相当一部分女性很难获得保险待遇。

其次,福利国家也是机会提供者。福利国家本身是一个庞大的雇主,它所包含的公共服务部门为女性提供了大量的就业岗位。这一方面为女性提供了更多的工作机会,但是也形成了劳动力市场的分割:女性工作于公共部门,一定程度上形成对公立机构的依赖。与此同时,福利国家及其提供的公共服务为女性的就业提供了支持条件,比如日托服务使得妇女可以兼顾工作和家庭。这一点在北欧福利国家中体现较为明显。

总之,透过机会和服务的分配,福利国家影响了男女在劳动参与率、工作性质、收入水平、贫困发生率等方面的差异。①尽管福利国家总体上改善了女性的福利,使性别朝平等的方向发展,但是仍有部分性别关系学者认为,男女不平等只是从私人领域转移到了

---

① 这些差异可以归结为女性个人的自主性程度,即不依赖丈夫和国家可以维持生活的程度,体现了女性从男性主导的社会秩序下解放的程度(参见 Orloff, 1993)。

公共领域。

3. 评价

性别关系视角为我们理解福利国家、社会政策之发展提供了新的洞见。它使我们重新审视了福利国家暗含的男性主导模式，由此促进了支持女性的家庭友好政策的发展。同时，学者们将女性组织的政治社会活动纳入分析框架，为我们理解社会政策的形成过程提供了新的变量。

这一视角也存在若干缺陷。首先，性别关系视角虽然非常关注女性所承受的不平等待遇，但是它是否可以代表所有女性的利益？答案为否。因为女性本身并非一个统一的整体。教育程度、种族、年龄、宗教、阶级、职业等社会因素将女性分割为许多差异很大的次群体。目前的性别关系视角被质疑仅仅反映了白领、中层女性的利益（George and Wilding，1994）。因此，未来的研究需要更加细致的分析策略。

其次，性别关系视角内含平等与差异的矛盾（Equality versus Difference）。正如部分性别关系学者所要求的，男性、女性之间应该实现平等，同工同酬、家务共同分担。但是，她们的另外一项诉求则与之相悖：差别（Difference），即男女要差别对待。一方面要平等，另一方面又要给女性以特殊待遇，社会政策在处理这些矛盾的诉求时难免左右为难。

再次，男性与女性之间是否是零和的冲突关系？男女之间是否如女权主义所声称的，男性是主宰者、女性是被奴役者？这一论断显然也存在问题，如果性别之间仅仅是冲突，那么这种关系肯定无法维持。婚姻和家庭等历久的社会制度并不支持这些论断。

3.1.7 把资本家找回来:雇主中心视角

1. 背景与问题

从 20 世纪 90 年代起,社会政策研究中逐渐发展起一个对雇主进行重新分析的研究思路。这一思路的出发点是批判以往理论中的两个假设:其一,将社会政策视为阶级问题,工人阶级是福利国家和社会政策的支持者、捍卫者,而雇主则是反对者。对雇主来说,社会政策会减少企业利润、降低企业用工的灵活性。其二,雇主与工人之间是零和的冲突关系,他们在社会政策问题上针锋相对、矛盾不可调和。

雇主中心视角挑战了这两个假设,因为以这两条假设为基础的理论无法解释一些令人困惑的问题:就雇主的态度而言,为什么 19 世纪 80 年代后德国很多私人企业都建立了企业保险,而不是剧烈反对?另外,同样是私营企业,为什么技术密集型的企业倾向于支持社会政策,甚至自行设立福利制度,而劳动密集型的企业则抵制社会政策?进一步,在支持社会政策的雇主中,为什么有的雇主倾向于普遍覆盖的项目,有的倾向于自行设立单独的项目?这些问题提醒学者们有必要重新分析雇主的偏好,以及雇主在社会政策发展中的策略反应。Swenson 分析了雇主的若干反市场行为(Swenson,1991),而 Mares 的研究是迄今为止这一视角最为系统的表述(Mares,2003)。

2. 逻辑

雇主中心视角要解释的主要问题是:以利润为首要考虑的资本家(雇主)中,为什么有的雇主支持社会政策?他们的偏好受哪些因素的影响?

玛睿思提供了一个分析雇主偏好的模型。她提出了以下自变量:雇主对政策项目的控制程度(Firm's Control)、公司劳动力的技术强度(Skill Intensity)、风险发生率(Risk Profile)和公司规模(Firm Size)。雇主的偏好可以表示为如下:

$$U(R,C) = \lambda(公司规模,技术水准)C + \lambda(风险发生率)R$$

雇主支持社会政策并非是出于慈善目的,而是因为社会政策的某些功能符合其自身利益。

首先,社会政策可以帮助雇主解决工人技能培养方面的市场失灵(Market Failure in Skill Formation)。工人技术之积累需要时间、培训,如果没有较好的回报,工人自己提升技术水准是一种冒险行为:(1)投入资金和精力的同时要承担因接受培训而无法工作带来的收入损失;(2)一旦失业,投入时间、资金提高技术的工人较一般工人损失更大。社会政策则可以在一定程度上帮助雇主解决这个问题:其一,雇主可以通过社会政策给技术熟练的工人更优厚的待遇,形成熟练工与非熟练工的收入阶差,例如有的雇主在社会保险待遇上对熟练工和非熟练工区别对待,从而刺激工人提升技术水准;其二,社会政策可以帮助设立技术资格之认定,从而扩大熟练工人的就业机会。

其次,不同行业的风险发生率也影响雇主对社会政策的偏好。工伤事故发生频繁的行业(如煤炭业、采矿业),倾向于设立统一的保险项目,以分散单个企业的风险。否则,一次严重事故足以让一个中小企业破产。而风险较小的行业(例如服务业),则反对建立统一的保险项目,因为这只会增加企业负担(事故很少发生,获得补偿的机会很小)。这种基于风险发生率的算计,同样是从雇主自身利益出发的。

第三，公司规模与对项目的控制程度也影响雇主对社会项目的态度。大公司雇员多，财力也较为雄厚，雇主多倾向于成立个别化、更为灵活的项目为雇员提供福利。他们不愿参加统一的项目，因为这些项目往往覆盖面广，无法顾及企业自身的特性。统筹程度较高的项目意味着雇主为自己的员工设立较高的待遇。小公司则倾向于参加由行业协会或者国家组织的项目，小公司规模小，单独设立项目管理成本高。同时，雇员数量少意味着风险分担的范围小，抗击风险的能力也差。

3. 评价

雇主中心视角尚处于发展中，它的贡献在于重新审视了以往若干视角的假定（雇主反对社会政策），提出了新的分析思路。玛睿思等人的模型丰富了我们对雇主偏好的认识。这一视角的缺陷是其分析对象主要针对社会保险项目，因此对此范围之外的社会救助项目缺少解释力。部分的原因是，社会救助项目通常由国家直接提供，因此雇主在其中很难扮演关键角色。此外，由于这一视角尚处于发展时期，目前还缺少充足的经验研究对其假设进行验证。

3.1.8 社会政策发展理论小结：理论之取舍

1. 理论发展的逻辑

围绕如何解释社会政策的发展这一核心问题，学者们提供了丰富的理论视角，知识发展呈现出逐步精细化的趋势。本书总结了自20世纪60年代至今的6个视角：工业主义逻辑、新马克思主义、权力资源理论、国家中心视角、性别关系视角和雇主中心视角。

这6个视角均侧重政策发展的某个要素:工业主义逻辑侧重经济社会变迁的宏观过程;新马克思主义则揭示了资本主义福利国家的阶级本质;权力资源理论分析了工人力量、劳资关系对福利国家的影响;国家中心视角侧重国家自主性、国家能力以及国家结构对社会政策的作用;性别关系视角分析了社会政策与性别关系的相互作用机制;雇主中心视角对雇主的社会政策偏好做了精致的分析。这些不同的视角为我们勾画了一幅包含结构、行动者、行动策略的社会政策发展图景:经济、社会的深刻变迁需要集体的努力来应对风险,在这一过程中工人和雇主相互竞争,他们的力量对比、行动策略通过国家体现为政策实践。

这些视角不仅为我们认识社会政策的发展逻辑累积了洞见,而且理论本身的发展过程也很有启发。新的视角往往是在重新审视、挑战已有理论的基础上发展起来的。比如,国家中心视角认为国家并不一定是特定阶级集团的代言人,这一点与新马克思主义有所不同。性别关系视角重新审视了福利国家暗含的男性主导模式。雇主中心视角则挑战了权力资源理论关于雇主反对社会政策的假定。视角之间的竞争和更替使得我们对于社会政策发展的认识不断得到修正和深化,完整的图景正在形成之中。限于篇幅,本书对上述理论的述评不可能面面俱到,只能择要而述。这些理论和经验资料既是以往研究的终点,也是未来研究的起点。

值得注意的是,以上理论均是在西方发达资本主义国家的边界条件下发展起来,主要是 OECD 国家,这无疑带有浓厚的西方色彩(Walker and Wong, 2004; Olsen and O'Connor, 1998)。发展中国家社会政策发展的研究则像16世纪的地图一样,连基本的轮廓都没有(Carnes and Mares,2007)。然而,发展中国家社会政策的发展既需要理论的指导,同时其丰富的政策实践也为理论发展提供了大量的分析素材。尤其是在20世纪70年代后西方福利国家陷入危机,全球化、老龄化给西方福利国家带来就业、经济竞争力、政府财政等方面的沉重压力,整个福利模式不断受到质疑和反思(Mishra,1984)。发展中国家的政策发展提供了修正既往理论视角、政策模式的宝贵机会,因此将成为重要的学术生长点。

中国自20世纪50年代开始就陆续建立了社会主义福利体制。历史上,中国的合作医疗曾受到世界卫生组织和世界银行的赞誉,并被推荐给广大发展中国家。改革开放以来,福利体制处于持续的重构之中。经过30年的改革重建,中国的社会政策体系已经初具规模。以人数计,大多数社会项目的覆盖人数都举世无匹。新建的新型农村合作医疗制度到2009年年底已经覆盖8.4亿人,这可能是世界上最大的社会项目。城镇社会保险规模也相当惊人,到2009年年底,社会保险基金总额为15 975.2亿元。[①]如此广泛的涉及范围和如此大规模的资金征缴都需要系统的知识支持。

历经30年的探索,中国社会政策的发展积累了许多宝贵的经验,其独特的发展道路和经验需要总结和提炼。这一方面可以为本国的政策实践提供理论支持;另一方面中国社会政策发展的经验也可以为理论发展提供新的启迪。

---

① 新华网:"快讯:去年五项社会保险基金总收入15 975.2亿元",2010,http://news.xinhuanet.com/politics/2010—01/22/content_12855479.htm。

2. 理论取舍

以上理论能否用于解释职工医保的覆盖面之扩展？本书采纳了工业主义逻辑、权力资源理论、国家中心视角，舍弃了新马克思主义理论。具体原因如下。

工业主义逻辑和国家中心视角这两个理论的可用性并不存在很大疑问。工业主义逻辑所包含的诸多机制实际上已经存在于中国的经济社会发展过程中。自1978年以来的中国改革实际上就是农村人口涌入城市（城市化）、工业取代农业成为主要经济支柱（工业化）、市场在配置资源中的作用从边缘走向主流（市场化）。这一进行中的过程提供了观察的经济变迁对社会政策发展影响的好机会。由于国家在经济政治社会事务中的核心作用，国家中心视角同样可以用于解释以职工医保扩面为例的社会政策发展过程。

权力资源理论的适用性存在一定疑问。因为从政治体制来讲，中国不具备西方的权力制衡、竞争性选举的民主体制；中国没有宪政框架下的反对党派、独立的工会、竞争性的选举等关键的变量。[1] 因此权力资源理论分析中国的情况时，可能会有一些质疑。[2] 但是这一理论提供了分析劳动者和雇主的独特视角，值得我们借鉴，以分析中国劳动者和雇主的特征对社会项目发展的影响。

---

[1] 在中国，工会按照共产党的行政序列组织而成。尽管工会具有社团法人资格，它们仍然属于国家机器的一部分。全国总工会由中共中央书记处领导。"中华全国总工会、地方总工会、产业工会具有社会团体法人资格。基层工会组织具备民法通则规定的法人条件的，依法取得社会团体法人资格。"（《中华人民共和国工会法》，http://www.acftu.net/）。

[2] 即使同样是民主政治的美国，学者们也认为难以应用，因为美国政治中缺少一个统一的工人运动和社会民主政党（Amenta et al., 2001）。

尤为重要的是，中国目前的政经形态（详见第四章）已经慢慢出现可供分析的变量，例如私营部门工会的产生。作为工人组织，私营部门的工会已经出现了些微的独立性（冯同庆，2009）。本书将检视这些变化对于工人权益（具体说是保险福利）的作用。

本书并没有采用新马克思主义。原因如下：首先，中国在意识形态上坚持传统的马克思主义，由列宁主义政党掌控权力，因此中国不属于新马克思主义分析对象的范畴。虽然转型中的中国虽然开始具备一些资本主义的要素，但是经济上国有成分曾经主导经济、私人产权不够明晰等因素使得用新马克思主义分析中国无疑不太适用。

其次，新马克思主义的概念难以量化，几乎看不到采用新马视角来做统计分析的实证研究。大部分研究仅仅停留在理论表述的层面，缺少系统的经验研究支持。奥菲的《福利国家的矛盾》即为一例，通篇是作者的玄思，很少有表格、看不到统计数据（Offe，2006）。细究起来，作者的想法充满漏洞。仅有的经验研究也仅仅是个别国家的质化研究，缺少跨国间的比较：高夫之于英国、欧康那之于美国等亦有类似问题。

性别关系视角和雇主中心视角未被采用的原因是数据。其中，性别关系视角很难找到适用的数据来检验。现有的可以查到的宏观数据，例如城镇就业人口中的女性比例、妇联组织状况都很难作为有效的变量。雇主中心视角未被采用的主要原因是数据不适用。本书所用数据是以省/年为分析单位的宏观、集合数据。由于目前很难找到以雇主为分析单位的微观数据，因此这一视角尽管非常精彩，但无法用实证资料去检验。

值得注意，现有理论均是在西方发达资本主义国家的边界条件下发展起来,具体讲是 OECD 国家。这无疑带有浓厚的西方色彩(Walker and Wong,2004)。如表3—3所示,这些理论的研究对象大都在狭窄的范围内:西方、经济发达、民主体制、市场经济、资本主义。而这些范围之外的发展中国家是否可以用这些理论解释?答案并不那么确定。有学者指出发展中国家社会政策发展的逻辑像16世纪的地图一样,连基本的轮廓都没有,尚需要进一步的研究(Carnes and Mares,2007;Mares and Carnes,2009)。

表3—3 福利国家研究的边界

边界之内	边界之外
西方世界	非西方世界
发达国家	发展中国家
民主体制	非民主体制(专制王国、威权国家等)
资本主义国家	社会主义体制
市场经济	非市场经济,如计划经济

资料来源:作者归纳。

鉴于上述理论的适用范围,本书力图在更广的范围内检验这些理论。

3.2 分析框架和假设

作为一项再分配性质的政策,医疗保险项目从设计到建立都包含着国家和社会的互动。尤其是在制度扩展期,国家需要从社会中汲取资源、建立管理机构、进行医疗费用的支付和补偿。作为最为重要的一环,吸引政策对象参保、扩大覆盖面的过程中,国家和社会的互动尤其频繁、深入。本节将从国家和社会关系的视角将上一节中的各个理论、概念整合成为一个完整的分析框架。

3.2.1 国家和社会关系:一个整合性框架

扩大覆盖面是一个极为复杂的过程,涉及方方面面的利益相关者。社会科学的研究需要对纷繁的现象进行简化。从扩面过程中我们可以抽取出三个利益相关者:国家、雇主和劳动者。这三者是医保扩面的主要参与者(当然也是其他保险扩面的主要参与者)。这三者都是在一定的经济社会背景下互动的。通过这样的简化和组合,我们可以将零散的理论和变量串联起来,组成一个具有一贯性的分析框架。而经验研究的目的就是将上述三方的因素清晰地呈现出来,分析其对政策结果所产生的特定影响。

可以从以下角度去分析政策发展(具体是医保覆盖面的扩展)的影响因素:宏观结构因素、国家(政策执行者)、雇主相关因素、劳动者相关因素。

首先,宏观的结构性因素。这是工业主义逻辑所贡献的机制。无疑,经济、社会的发展水平在结构上塑造了国家和社会互动的可能渠道。以工业化、市场化、城市化为例,这三个指标的不同取值决定了国家和社会的很多特征。工业化、城市化程度的高低决定了劳动力转移的程度。如果一个国家大部分居民都在附加值低的农业中就业、居住于地广人稀的农村地区,那么国家所能汲取的资源(比如税收)就会非常有限,而且政策执行的成本会很高(因为国家需要在广袤的地区里传达指令、调配资源)。① 同样,市场化的程度会影响国家和社会的关系。低市场化的环境下,私有化程度比较低,国

---

① 设想到中国很多偏远地区连交通都成问题,可以想象到政策执行的难度。

家掌握着大多数的资源。因此国家执行政策时所遇到的阻力就会小于市场化程度高的国家。①

其次,国家中心视角为我们提供了分析国家的一系列概念工具。其中,国家能力的概念最为重要。国家抽取税收、建立财政制度,方可有资源来进行社会政策建设。政策之推行也依赖于国家设立的一系列机构(例如社会保险经办机构)。在政策遭遇抵制时,国家的强制能力可以应对这些挑战。

再次,在雇主和劳动者方面,劳资关系非常值得研究。这是权力资源理论所带来的启示。劳动者、雇主的力量对比、组织状态以及互动渠道都对政策结果产生影响。雇主方面,由于缺乏充足的数据,分析仅限于几个因素,包括:雇主的支付能力和支付意愿。在劳动者方面,本书将分析劳动者的利益保护机制和就业状态,包括劳动争议仲裁、工会密度以及就业状况(是否在非正规部门就业)等因素。这些因素将影响职工医保的覆盖率。

总之,在宏观的经济社会变迁的背景下,本书试图通过分析国家及其政策执行机构、雇主因素、劳动者因素等变量来分析职工医保扩面的过程。

3.2.2 假设推演

承接上文的分析框架,下文将根据理论推演出几个概括性的假设。

首先,对中国而言,工业化、城市化、市场化过程压缩进行。这

---

① 当然,市场化可以有很多维度,在此仅仅是以计划经济作为市场经济的反面,将私有程度视为市场化的一个指标。

一交织的过程提供了观察经济社会变迁与社会政策发展关系的宝贵机会。按照理论,工业主义假设可以表述为:

假设 1:经济发展程度越高,职工医保覆盖面越高。

其次,政策执行者为了达到政策目标,需要增加政策的吸引力、克服政策实施中遭遇的阻力和抵抗。对于国家而言,职工医保等社会项目的执行者往往是国家,具体体现为政府机构。政府执行政策的效果受其能力的限制。其中财政能力至关重要,因为财力的丰沛程度决定了政策执行机构的完备程度,也影响了政府增加政策吸引力、克服抵制力量的能力。政府可以利用财力健全社会保险经办机构,使政策执行有强大的支撑网络。此外,政府通过补贴来帮助困难企业参保及维持基金正常运行。最后,劳动监察力量会强制那些抵制政策的对象执行政策。鉴于国家能力对于政策发展的重要性,假设可以表述为:

假设 2:国家能力越强,职工医保覆盖面越高。这一假设又可以细化为:

假设 2.1:政府的征缴能力越强(财力越丰沛),职工医保覆盖面越高;

假设 2.2:社会保险经办机构越健全,职工医保覆盖面越高。

假设 2.3:劳动监察能力越强,职工医保覆盖面越高。

再次,现行的保险供款体制下负担最重的是雇主,它们需要支付大部分的保险费用。因此雇主的支付能力和支付意愿会对覆盖面有影响。例如困难国企的职工虽然对职工医保没有抵制,但是他们的雇主却没有能力为他们缴纳保险金。外资企业基于利润、市场考虑,往往对职工医保等社会保险项目采取抵制态度。一些研究发现外资企业不愿意参加医疗保险(杨宜勇,2001;Meng et al,2004:69)。另外,根据一项全国调查,2003年,私营企业和外资企业中仅有34.7%的职工参加了职工医保(杨建京,2004)。根据以上理论和事实,假设如下:

假设3.1:国外直接投资数额占GDP比重越高,职工医保覆盖面越低。

假设3.2:亏损国企的比重越高,职工医保覆盖面越低。

作为一项再分配的社会项目,受益最大的是劳动者。对于劳动者而言,参加医保意味着获得更有保障的医疗服务。因此,参保意愿不存在问题。而且由于医疗报销是实时消费,无需像养老保险那样累积资金进行"平滑消费"(Consumption Smoothing)(Barr,2004)。因此,我们可以假定劳动者都希望参加医疗保险。但是,劳动者的就业形态、劳动权益保障机制是否健全会对他们的参保状况产生影响。例如,非正规部门就业的劳动者在参保方面可能会有障碍。他们普遍缺少正规的合同、工作不稳定、薪酬低且流动性高。在劳动者参保权益受损时,权益保护机制的运作会影响职工医保的覆盖面。因此,在劳动者方面,假设生成如下:

假设3.3:劳动者权益保护机制越有效,职工医保覆盖面越高。

此外,在制度设计和运行方面,有两个因素值得考虑。其一,社会保险费的征收机构。目前中国有17个省通过地方税务机关征收社会保险费,其余地区通过社会保险经办机构来征收。地方税务机关的优点在于机构建设完善、人力以及信息丰富(即资源丰富)。但是保险费之征收并非地税机关的本职工作,而且社会保险费性质上是"费"而非"税"。这使得地税机关在征收时存在"激励不足"的问题。社会保险经办机构专为社会保险的事务而设,因此它不存在激励不足的问题。但是经办机构的人力、信息都相对不足,所以陷入了"激励充足但资源不足"的问题。这在公共管理领域是一个比较经典的难题,即政策执行到底是由已有机构来做呢,还是另设一套机构来做。这个问题在理论上也与国家视角有关,因为地税机关和经办机构的选择、分工都能体现出地方政府居中协调的能力。本书力图检验一下究竟哪个机构更有利于职工医保扩面,生成一个探索性的问题:

问题 4.1:地方税务机关和社会保险经办机构作为保险费征收机构,哪一个更有利于医保扩面?

此外,制度运行的绩效会对未参保人群产生或正或负的影响。如果制度运行良好,则未参保的人群会被吸引参加。因此职工医保的管理水平、制度运作的效率会对覆盖面产生影响。根据这些情况,生成假设4.2。

假设 4.2:职工医保制度运行越好,职工医保覆盖面越高。

综上,宏观的经济社会发展过程、国家及其政策执行机构、劳动者和雇主因素等因素都将用来分析职工医保的覆盖面。

3.3 本章小结

理论是我们理解现实的信息简化装置,它可以帮助我们将纷繁复杂的现象组织起来,提供简洁而深入的洞见。本章回顾了关于社会政策发展的理论,包括工业主义逻辑、新马克思主义理论、权力资源理论、国家中心视角等。[①] 从这些理论中,我们抽取了关

---

① 这当然不是所有的福利国家理论,但是它们是最相关的理论。Esping-Andersen 的体制理论(Regime Theory)适于跨国比较,并不适于中国的各省比较。而且很多评论文章里并没有提到体制理论。这个理论能否成为独立的一代范式(Paradigm)还值得观察。

键的概念和因果机制,并在此基础上形成了可检验的假设。从而为下文的经验分析提供了必要的基础。最终,职工医保的覆盖面将从以下方面去考察:宏观的经济社会发展过程、国家及其政策执行机构、雇主和劳动者因素等。

第四章 研究方法与量化分析结果[①]

To be is to be a value of a variable.

——Ludwig Wittgenstein

本章将上文的观察、理论、假设转化成为可检验的变量和指标,共分三个部分:第一节介绍纵贯方法,侧重于本书使用的面板方法(Panel Method);第二节介绍研究问题和变量的操作化,介绍了各个变量的操作化;第三节介绍数据的来源和收集过程,并介绍官方数据、第二手数据使用中需注意的问题;第四节为量化分析的结果,包括描述性结果和面板数据结果;第五节讨论了上述量化结果的意义和不足之处。

4.1 纵贯研究方法

本书采用量化方法,依靠一个拟合而成的数据库进行分析(统计模型见第 4.4 节)。数据的结构是面板数据,即对同一批观察对象进行重复观测。面板数据属于纵贯研究的一种。下文就介绍一下纵贯研究和面板数据。

[①] 本章量化分析结果发表于 *Social Science and Medicine*, Vol. 73, No. 4, 2011, pp. 550—558。

4.1.1 纵贯研究的含义和类别

广义上的纵贯研究(Longitudinal Studies)是指观察时点大于一的研究设计,即同一观察对象至少有两次观察,因此也被称为历时研究。与之相对的是横截面的研究(Cross-Sectional Study)。如表4—1所示,研究数据至少包含两个维度:空间与时间(Space and Temporal Dimensions)。空间维度是指研究的覆盖范围,具体讲是个案的数量。时间维度是观察次数,可以分为一次性观察和跟踪性观察。空间和时间维度可以将研究设计分为:个案研究、横截面研究、时间序列研究(Time Series Study)和面板研究方法(Panel Study)[①]。

表4—1 按时空维度划分的研究方法

观测次数 \ 个案数目	少	多
一次(=1)	个案方法	横截面研究
多次(>=2)	时间序列研究	面板研究方法

纵贯研究的种类

如果以观察次数多与一来概括,纵贯研究包括如下几种:趋势研究(Trend Study)、同期群研究(Cohort Study)、面板研究方法(Panel Method)、时间序列研究(Time Series Study)、事件史分析(Event History Analysis)和生命历程研究(Life Course Meth-

---

① Panel Method 在中文世界没有统一的翻译。现有的翻译有:面板方法、面板方法、追踪方法等。本文采用面板方法的译法。

od)。狭义的纵贯研究一般是指面板研究方法,它的特点是针对同一批观察对象进行多次历时的观察。下文将针对面板研究方法的优势、缺陷作介绍。

4.1.2 面板研究方法的程序与评价

数据收集方法

面板研究方法主要通过以下几种方法收集数据(Trivellato, 1999):

1.面板调查(Panel Survey)。这是最常用的一种方式,调查者运用抽样方法选定一个样本,然后定期进行问卷访谈。历次调查所得数据就组成一个面板数据库。面板调查是最典型的数据收集模式。但是,面板调查耗费巨大,这阻碍了它被采用的范围。目前大多数研究者使用的数据大多来自国家或大型研究机构采集并共享的面板调查数据库。

2.回溯调查,即仅进行一次调查(横截面),但是调查过程中请受访者回忆以往的关键信息。这些信息收集整理后即组成面板数据看。回溯调查的成本较低,但是最大的问题是受访者的记忆偏差无可避免。尤其是当需要回忆的信息离调查时间较远时,记忆问题更加突出。

3.二手数据合成,即将官方统计数据等二手数据按照研究兴趣输入数据库组成面板数据。随着政府统计数据以及其他数据越来越丰富,这种方法日益受到研究者重视。此法简单、经济,成本效益较高。但是问题在于:其一,二手数据的可靠性无法保证,因为收集者与研究者并非同一人;其二,缺失值问题,由于二手数据并非特意为研究者所准备,所以经常发生所需的数据无法找到,但是没用的数据一大堆的情况;其三,二手数据尤其是政府统计数据大多是宏观层面的数据(例如 GDP、失业率、福利开支),它们可以用于分析宏观的制度、结构,但是研究结果缺少微观数据的支持。

4.以上几种方法的组合。

面板研究方法数据收集过程有若干技术问题需要考虑(Kalton and Citro,1993):

1.调查时间长度。尽管需要考虑所覆盖的时间范围越长,所获得的数据越宝贵。但是长时段调查中的经费、样本损耗等问题必须予以考虑。

2.调查间隔时间。一部分面板研究方法每年调查一次,有的每月、每半年调查一次。间隔时间的确定应该根据研究问题的性质来决定。例如追踪毕业生的工作情况,显然在前一两年内间隔时间要短一些,因为这段时间内,新毕业的学生流动性很大、极有可能转职。而4—5年后,间隔时间可以放长一点。另外,间隔时间的长短也要考虑受访者的记忆情况,如老人就不宜间隔过长。

面板研究方法的优势与劣势

与截面数据相比,面板研究方法具有以下优势:

1.面板数据可以将一个个时间点(Snapshots)连缀成动态的过程(Dynamic Process),因此面板研究方法比截面数据能更好处理动态的变化过程(Frees,2004)。因为面板研究方法有了时间维度,因此可以通过持续的观察来分析现象的动态演化。这使得分析社会过程成为可能。其中事件发生次序以及长期的发展趋向是截面数据无法获得的。

2.在统计上,面板研究方法数据可以更有效率地进行参数估计(Hsiao,1985)。由于重复观察使得个案数量成倍增加,从而使自由度(Degree of Freedom)上升。困扰时间序列数据的共线性问题可以得到缓解。跨国比较研究中的"小 N 问题"可以得到解决(Hicks,1994)。一个样本量为 1 000 的面板研究方法,经过五次调查之后,其个案数目将增加到 5 000(未考虑个案的损耗)。个案数目的增加为精密的统计模型提供了必要条件,研究者可以借此检验复杂的理论。

3. 面板数据通过控制个体差异可以获得更加可靠的统计结果(Wooldridge,2006)。在截面数据中,相关关系(Covariation)是通过比较个体间的差异来实现。但是,个体间的差异很难被所有的自变量所涵盖。因此,总有一些不可控制的变量干扰统计结果。虽然可以通过增加自变量的方法来减少干扰因素,但是单纯增加自变量有两个后果:其一,统计自由度下降,这对于个案数目比较少的数据库来说是个极大的不利消息。其二,自变量过多会使得理论变得臃肿不堪,违反了"简约"的原则。过多的解释变量使得研究者很难抽出最关键的因果关系。

面板数据的变异主要来源于两个方面:个案之间的差异,同一个案在不同时间点上的差异。特别是对后者的考察使得研究者可以更好地控制干扰变量。例如,比较中国省级单位之间的医疗保险覆盖率(因变量),我们可以分析人口规模、工业化、城市化、财政能力等因素的作用(自变量)。截面数据的做法是比较各省之间各个变量的不同来分析覆盖率差异的来源。但问题是中国各省之间的差异性非常大。我们无法穷尽省与省之间究竟在哪些方面存在差异,例如我们比较北京和贵州的覆盖率,其差异可能来自我们的自变量,比如财政能力、城市化水准。但是它完全可能来自我们未知的因素,比如两地居民的价值观、历史遗留问题。在无法控制所有差异的情况下,面板数据的做法较侧重在同个个案内不同时间点差异的比较,例如,贵州 1999 年到 2005 年之间的变化。这样做的好处是,我们可以大致假设自变量之外的因素没有变化或者变化不大。这样使得比较的结果更有一致性。

尽管面板研究方法具有上述优势,它的劣势也是不容忽视的(Duncan and Kalton,1987):

1. 耗费巨大。尽管面板研究方法可以采取回溯调查、整合二手数据的方法,但是最主流的面板数据还是要靠连续的大样本调查来获得。面板数据比截面数据提供更多的信息,但是采集数据的工作量也相应增加几倍。而且历次调查的组织协调、数据整理和保存需要一个常设机构来完成。这些都使得面板研究方法非常昂贵,通常要有国家和基金会的长期支持方可维持。

2. 样本流失。随着时间推移,面板数据的样本会有损耗的问题。损耗来自于受访人拒绝访问、搬迁以致无法联系、自然死亡或者受访人不再适合访问等。样本之流失会带来一下问题:(1)数据的连续性受到损害,因为部分个案的数据从此中断;(2)重新增补样本会增加成本;(3)研究者要警惕样本的损耗是否有选择性偏差(Selection Bias),比如有一类受访对象同时拒绝访问将会不仅意味着样本的代表性受到损害,而且很可能有结构性的原因使得这一类受访对象采取了共同的应对方式:拒绝访问。这会损害样本的代表性。

3. 调查效应。处于面板研究之中的个案随着时间推移有可能形成一种对调查的反应。例如,他们可能会倾向于将自己的收入报低,或者隐瞒某些信息。这会造成不可控制的误差。

但对本书而言,耗费巨大、样本流失、调查效应的问题都不存在。因为所用数据库是从各类统计数据中萃取出来,省去了进行大型调查的成本。同时,由于观察对象是集合层次(Aggregated Level)的省份,并非个体意义上的个人,因此样本不会流失,也不存在调查带来的反应。这是本书所具备的优势条件。但是,本书也不可避免地存在其他问题,如数据质量、可及性等(具体见第三节)。

总之,面板研究方法的优势和劣势都值得研究者关注。细心的研究者会在实践中认真权衡、仔细比较,以获得最佳的研究数据。

4.2 研究问题及变量操作化

4.2.1 研究问题

本书的研究问题是:职工医保的覆盖率受什么因素影响?为什么职工医保在有的省份发展迅速,但是在有的省份则进展缓慢?对于本书而言,职工医疗保险覆盖面的扩面的进程是第三章中"社会政策发展"的一个具体化表述。尽管"发展"一词含义广泛,但对一个新制度而言,成长为一定规模、扩大覆盖率是首要的发展目标。

本书将以基本医保的覆盖面作为因变量(Dependent Variable),检视经济发展、国家能力和劳资双方特征以及制度运行对基本医保的影响。这些变量都对应了第三章所回顾的社会政策发展理论,包括工业主义逻辑、国家中心视角、社会民主模型等。

中国虽然是一个集中化的国家(Centralized State),但是20世纪70年代末改革以来中央政府逐渐向地方放权。在维持中央权威的前提下,地方政府拥有发展经济、政策执行的灵活空间。地区之间的竞争和发展不平衡随之而来(张五常,2008)。

中国各地区在经济社会发展水平上变异极大(联合国开发计

划署驻华代表处,2005)。东、中、西地区之间,沿海省份与内陆省份之间,经济水平差异很大。此外,由于中国经历了30年的高速增长,同一省份在不同时间点的经济发展水平也变化很大。除了经济,各地区在财政能力、政府绩效等方面也有较大差异(黄佩华、迪帕克,2003)。总之,地区之间的差异为本书提供了宝贵的变异性(Variation)。

地区间的差异可以从省级、地级、县级等层次来比较。本书将省级行政单位作为分析单位,理由如下:

1. 省级政府是制定和执行社会政策方案的关键点。在中央政府的政策发布后,各省均会按照各省的实际情况制定规划和实施方案。在职工医保实施过程中,中央政府给省级政府诸多授权。省级政府决定辖区内职工医保的很多事项,例如缴费率、某些群体的参保强制情况(如个体户)以及保险费用的征缴机关(由社会保险经办机构或者地方税务机关征收,但省内必须统一)。因此,各省之间会存在可资研究的变异性(张光、杨晶晶,2007)。但省内的制度设计则相对统一。省内相当于统计学上的"组内",省际则相当于"组间"。本书以比较组间差异为主。

2. 从中国目前的数据储备看,省级数据最为齐全和系统,因此有可能拼接出政策发展的图景。地级市的数据远远没有省级数据丰富,如果以地级市或者县作为分析层次,缺失值(Missing Value)会非常多,从而影响分析。

4.2.2 因变量

基本医保的覆盖率定义为:当年参加基本医保的人数/(当年城镇就业人数+离退休人员)。职工医保的目标人群是:

> 城镇所有用人单位,包括企业(国有企业、集体企业、外商投资企业、私营企业等)、机关、事业单位、社会团体、民办非企业单位及其职工,都要参加基本医疗保险。乡镇企业及其职工、城镇个体经济组织业主及其从业人员是否参加基本医疗保险,由各省、自治区、直辖市人民政府决定。(国务院,1998)

离退休人员无需交纳保险费但可享受职工医保待遇,因此需要将他们计入目标人群。基本医保以就业为基础,失业人员、无业人员并未包含在内。它的强制范围是所有用人单位的"职工"。根据《关于印发社会保险费征缴暂行条例宣传提纲和失业保险条例宣传提纲的通知》的解释,职工是指:

> 所有与用人单位有劳动关系的个人,即不仅包括正式职工,也包括临时工;不仅包括户籍关系在当地的职工,也包括户籍关系在外地的职工;不仅包括城镇职工,也包括农民工;不仅包括中国籍职工,也包括外国籍职工。(劳动和社会保障部,1999:194)

可以说,这一定义基本上跟城镇就业人口的含义相差无几。

由各省自行决定的非强制部分措辞则不一样:"从业人员"。这包含了众多的灵活就业人员、农民工等社会群体。这些群体并不属于正式的职工。因此,覆盖率的计算方法有两种:宽口径和窄口径。宽口径的计算以参保人数为分子,当年城镇就业人数加离退休人员作为分母。窄口径的以参保人数为分子,当年城镇正规就业人数加离退休人员作为分母。

本书采用宽口径演算法,理由如下:

首先，数据的限制。现有数据关于灵活就业人员的不够系统和准确。而城镇就业人数则是一个具有延续性的数据。

其次，尽管各省自行决定乡镇企业及其职工、城镇个体经济组织业主及其从业人员是否参加基本医疗保险。随着制度的发展，越来越多的省份把基本医保向非正规就业人群（甚至非就业人群），以实现广泛覆盖。因此，以城镇就业总体人数作为基数估算符合制度发展的现实和趋势。

再次，从统计角度讲，宽口径可以使各省之间的数据具备可比性。各省份的职工医保制度覆盖范围略有差异，而且同一省份不同时间的覆盖范围也可能有差异。因此，从简化的角度，统一采用宽口径的计算方法可以使得各省在相同标准下比较。

4.2.3 自变量

经济发展、国家和劳资双方特征等变量将通过一系列的指标予以测量。

首先，本书将经济发展水平作为控制变量，用以控制经济发展对职工医保发展的影响。[①] 这一变量将用人均 GDP（Gross

---

① 在分析因变量（Y）与自变量（$X_1, X_2, \cdots$）间的关系时，我们通常需要考虑控制其他因素对因变量的影响。例如，如果要研究肥料对农作物的作用，我们需要将土质等因素考虑进来，必须对土质相同或相近的土地进行比较方可得出可靠的结论。在此，土质就成为控制变量。在描述因变量和自变量之间的关系时，我们也通常有一个前提条件：其他条件相同的情况下（Everything Being Equal）。在这里，其他条件就是控制变量。在本书中，经济发展程度用以控制中国地区间发展水平的差异。正如土质，在经济发展水平不同的省份，职工医保政策发展的条件是不一样的。例如在江、浙、上海、北京等地，经济发达、财政实力雄厚，职工医保可能会发展迅速。而在贵州、西藏，经济发展水平低，财政主要依靠转移支付，职工医保可能发展缓慢。因此，我们需要控制经济发展对政策发展的影响，以使各省之间的比较更加可靠。

Domestic Product,下文简称 GDP)作为测量指标。

依据工业主义逻辑的机制,第三章的理论假设可以推演成为以下可以验证的假设:

人均 GDP 越高的省份,其职工医保覆盖面越高。

其次,对国家的测量涵盖了国家能力和社会保险费征收机构、制度运行等三方面。其中国家能力将被将从三个方面进行测量:财政能力、执行力、强制力。

1.各省的人均财政支出用来测量财政能力,即财政支出/省总人口。王绍光、胡鞍钢(1994)曾用政府财政收入占 GDP 比重来测量政府的征缴能力。本书采用人均财政支出的指标,理由是财政支出更能反映出政府拥有的财政资源总量,它不仅包含财政收入,而且还包括地方政府的借贷、中央政府的转移支付等其他收入来源。相对于财政收入占 GDP 的比重,采用人均财政支出的指标可以更直接的测量政府手中可用的资金数量(张军,2008)。充足的财力是政策顺利执行的保障。在职工医保发展中,充足的财力可以保证进行广泛的政策宣传、补贴困难群体、维持医疗保险基金的平衡。

2.各省人均社会保险经办机构经费将被用来测量行政能力:社会保险经办机构经费/(当年城镇就业人数+离退休人员)。①

---

① 各省的人均财政支出以省总人口为分母,而各省人均社会保险经办机构经费和人均劳动监察经费以当年城镇就业人数加上离退休人员为分母。这样做的理由是:财政支出适用范围覆盖范围很大,并不单单针对城镇人口,所以要以总人口为分母。反之社会保险经办机构经费和劳动监察经费均是为劳动、社会保障事务服务,因此其目标人群可以确定为城镇就业人数和离退休人员。

因为社会保险经办机构是医保政策的执行者,经费的充分程度是其工作能力的一个重要决定因素。社会保险经办机构之设立和发展是制度建设(Institutional Building)的具体体现。制度建设使得国家建立了与社会群体的制度化互动渠道。体系化的机构不仅可以使得政策更有效地渗入到社会之中,而且可以规范政府的施政行为。因此,社会保险经办机构网络的建设将是职工医保扩面的一个重要保证。①

3. 强制力采用人均劳动监察经费的指标测算。政策的实施往往意味着利益的调整。利益受损者往往会抵制政策的实施。因此,必要的强制手段对政策执行非常关键。劳动保障行政部门设有劳动监察机构,用以处理劳动纠纷、社会保险执法方面的事务。《劳动监察条例》规定"用人单位参加各项社会保险和缴纳社会保险费的情况"属于劳动保障监察范围(国务院,2004)。本书中,强制力采用人均劳动监察经费来测量。充足的经费意味着人员齐

---

① 社会保险经办机构经费:行政能力。政府的行政能力体现为人力和办公经费是否充足,因为只有配备足够的人力,并拨付充足的经费,办事机构方可正常运作。因此,行政能力的考察可以从人力和经费两个方面来考察。本书采纳了人均社会保险经办机构经费的指标,理由如下:(1)经费比人力更加全面。经费在此处是指社会保险经办机构总体的花费,其中包括人力成本(工资、补贴等)、办公设备、办事经费(例如宣传活动)。因此,人均经费的指标不仅可以反映人力是否充沛(人力充沛的地方工资数额大),还可以反映出社会保险经办机构在日常运作中所能利用的其他资源的程度,例如经费充足的地方可能会在办公条件方面有优势,例如更加完备的计算机、数据库建设等。总之,以经费为指标更加全面有效。(2)经费数据齐全,可以形成连续的数据库。人力数据则断续、零散,如果采用会有很多缺失值,从而影响分析的有效性。

备、检查设施完善。①

根据国家中心视角的理论,以上可以产生如下假设:

人均财政支出越高的省份,其职工医保覆盖面越高。

人均社会保险经办机构费用越高的省份,其职工医保覆盖面越高。

人均劳动监察经费越高的省份,其职工医保覆盖面越高。

再次,雇主和劳动者特征。首先,雇主方面。雇主的支付能力和支付意愿将影响它们的参保情况。两类雇主将被检测:困难国有企业和外资企业。由于困难国有企业经营状况差,它们很难为其职工缴纳医保费用,这对职工医保的扩面有负面影响。实际上解决困难企业职工参保问题是让地方政府相当头疼的一件事情(王东进,1999)。职工医保实施的头几年恰好与国企转制、脱困的时间重合。这给医保的扩面带来了负面影响。由于困难国企人数难以获得,本书采用亏损国企的比重对这一情况进行测量。②

---

① 劳动监察机构是负责监察劳动和社会保障事务的专门机构。与行政能力一样,强制能力同样也可以从经费和人力两个层面去测量。本书采用了人均经费作为指标,其原因跟上文所述的行政能力相同:首先,经费反映的信息更全面;其次,经费数据齐全,而人力数据不全,仅2005年上半年有分省的劳动监察人员数据。然而,根据作者对劳动和社会保障部一位官员的访谈,劳动监察机构的经费并不完全来自财政拨款,而是有其他收入来源,例如罚款、没收等预算外收入。预算外收入是不计入财政拨款。这可能会对经费测量法带来一些偏差。

② 困难国企的指标曾考虑过停业企业数量和国有企业亏损计划补贴额,但这两个指标都有缺陷。前者无法区分所有制,后者则受很多其他因素影响:国有企业补贴数量往往与该地区分配资源的政治实力、政府财力有关,并不完全反映企业经营状况。

外资企业职工平均年龄较低、流动性高,基于利润考虑,他们对医保扩面态度消极。据国家统计局调查,2003年各类型非公有制企业中仅有34.7%的职工参加了医疗保险(杨建京,2004)。同样基于数据可及性,外资企业的测量采用国外直接投资(FDI)占GDP比重。① 这一测量可以反映地区间外资的规模。同时,由于各地积极招商引资,发展经济,因此地方领导人往往为了吸引外资而接受投资商提出的某些要求,例如社会保险、环保方面的豁免。基于以上机制,外资的规模可能与社会保险的覆盖面负面相关。

在劳动者方面,我们主要考察其组织状况对其获得医保的影响。劳动者通过组织,可以壮大力量,获得跟资方谈判的能力。在现实中,工会是唯一合法的工人组织。在法律上,工会也负有保护工人利益的责任。因此,工会密度将被作为测量指标来考察劳动者的组织状况。工会密度测算如下:参加工会的人数/城镇就业人数。②

根据权力资源理论(社会民主模型),结合劳资双方的特点,有以下假设:

---

① 之所以没有同时采用各群体就业人数比重的指标,是因为同时使用四个相似的人数比重指标容易在统计上造成共线性。

② 工会密度是Korpi(1983)权力资源理论的一个重要变量。本章采用工会密度来测量劳动者组织化程度。理由如下:首先,尽管中国工会被批评缺少独立性,但它仍然担负着保护工人权益的角色。而且据第六章所述,在政治敏感性低的议题上(例如保险福利),工会可以积极地为工人利益服务。工会是中国工人最大、最成体系的组织,其数据十分全面。其次,民间的组织缺少系统的数据,我们很难依靠这些组织来反映工人的组织化程度。再次,国际上的研究也采用工会密度这个指标,例如Korpi(1989)的研究。

困难国有企业比重越高的省份,其职工医保覆盖面越低。

FDI 占 GDP 比重越高的省份,其职工医保覆盖面越低。

工会密度越高的省份,其职工医保覆盖面越高。

最后,社会保险费的征收机构也是一个很关键的问题。为了检验究竟是地税机关还是社会保险经办机构更有利于保险扩面,本书建构了一个哑变量(Dummy Variable),那些采用地方税务机关征收保费的省份取值为"1",其他为"0"。这样可以通过统计来看两种情况的分别。由于这是一个探索性的问题,地税机关和社会保险经办机构都有可能表现出色,所以不能生成假设。

国家的各项能力和努力会体现为制度运行的绩效。作为一项不断扩张、调整的制度,其运行绩效将影响参保率。具体而言,如果职工医保运行高效,参保者获得的医疗保险待遇很高(反映为报销率),这一制度将会对其他参保者产生很大的吸引力。反之亦然。由于缺少各地报销率的数据,本书采纳基金结余率来测量制度运行的效率。这一测量的合理性在于:如果医保基金沉淀很多,参保者获得的收益就低。反之亦然。实际上,医保基金沉淀率过高的问题被屡屡提及(顾昕,2009)。这一指标可以反映经办机构管理基金的效率,也可以部分反映参保者所获得的医疗补偿。其计算方法是:(基金收入－基金支出)/基金收入。其中,基金结余分为当年结余和累计结余,本书采取的是当年结余率。因为它更能反映当期的基金管理效率。累计结余则受到历史状况的影响。

由此生成假设:当年基金结余越高的省份,其职工医保覆盖面越低。

以上是变量的操作化结果和由理论推演出的假设。各变量的测量如表 4—2 所示。本书的数据来源于各类统计年鉴。

表 4—2　变量操作化与资料来源

变量		测量	计算方法
覆盖面		职工医保覆盖率	参保人数/(城镇就业人数＋退休人数)
经济发展水平		人均 GDP	GDP/省总人口
国家能力	财政能力	人均财政支出	财政支出/省总人口
	行政能力	人均社会保险经办机构费用	社会保险经办机构费用/(城镇就业人数＋退休人数)
	强制力	人均劳动监察经费	劳动监察经费/(城镇就业人数＋退休人数)
政策对象	外资企业	国外直接投资(FDI)占 GDP 比重	FDI/GDP
	困难国企	亏损国企的比重	1－国有企业盈利面
	组织状况	私有部门工会密度	私有部门参加工会的就业人数/私有部门就业人数
政策设计与制度运行	社会保险费征缴体制	保险费征收机关之选择	1＝地方税务征收;0＝社会保险经办机构征收
	制度运行	医保基金结余率	(当年基金收入－当年基金支出)/当年基金收入

4.3　数据收集与数据品质

4.3.1 官方统计数据在研究中的使用

本书数据主要来源于官方统计数据。对研究者而言,官方统计数据(Official Statistics)属于第二手数据,它是指由政府机关或所属的机构定期收集、公布的统计信息。官方统计数据在社会科

学中应用广泛,其用途可以分为三个方面(Stockwell,1965):

1. 背景信息。官方统计数据可以为具体的研究提供背景信息,从而有利于具体研究结果的定位和解读,例如经济增长、人口结构等宏观信息往往可以帮助理清具体研究与宏观经济社会变迁的关联。
2. 辅助信息。官方统计数据可以用于补充其他管道所获信息,通过比较不同来源的信息,可以验证数据的可靠性,也可以起到补充说明结论的作用。
3. 检验假设。系统、一致的官方统计数据可以用于验证理论模型。本书就利用官方数据来对社会政策发展理论的若干假设进行检验。

使用官方统计数据可以节省研究经费。因为从官方发布的年鉴、年报上收集数据,远比大规模的调查要经济。此外,由官方统计数据拟合的数据库容易积累,因为政府机构总会定期(通常以年为单位)更新数据。因此,数据库建立后可以根据历年数据予以扩充、形成纵贯数据库。这对于研究长时的社会过程、社会趋势大有助益。

无可否认,官方统计数据的使用也存在若干问题:

1. 官方数据通常涉及面广,但是深度不够,学术研究大多要求"窄而深"的数据。因此,官方数据使用者通常找不到自己需要的数据或者找到的数据完全不适用。
2. 研究者无法控制官方数据的收集过程,因此很难对它的品质做准确的估计。尽管官方数据的收集和整理均由专业统计机构操作,但是过程中的人为、技术等误差难以评估。
3. 保密性(Confidentiality)、同意权(Consent)和版权(Copy-

right)是官方统计数据使用中无法回避的问题(ICPSR, 2005)。这些问题影响了官方数据的可得性。

具体针对职工医保的研究而言,数据之收集和使用受到很多限制。

首先,指标的选取受数据可及性的影响。官方统计数据的长处在于覆盖面宽,较有连续性。但是针对具体的研究问题,则数据往往不够。这也是运用第二手数据进行研究的一个局限。本书已经在可能的范围内尽力寻找最合适的指标、数据。本书大部分的指标都经过了认真的论证和甄选。尽管如此,有些变量可以用更好的指标予以测量,但是限于数据只好采用次优选择。

其次,数据的层次。本书采用省/年作为分析单位。但实际上职工医保在大多数地区实行地级市/县统筹,因此以地级市或者县为分析单位更合适。但是目前地级市和县的社会保险数据极不充分。本书只好退而求其次,选择以省为分析单位。

再次,时间范围。本书选取了1999—2007年作为分析的时间范围。1999年是职工医保全国推广的第一年,2007年是可以获得系统资料的最近一年。

4.3.2 数据收集过程

本书的数据主要来自官方公布的统计数据,主要来自《中国统计年鉴》、《中国劳动统计年鉴》、《中国劳动与社会保障统计年鉴》、《地方财政统计资料》、《中国财政年鉴》、《中国会计年鉴》、《新中国五十五年统计资料汇》等。

数据收集过程如下:

1.确定变量(Variable Construction)。第一步是将理论假设涉及的概念操作化为变量。

2. 搜集录入数据。根据操作化定义，研究者搜集统计年鉴中的对应数据、经过编码输入数据库。

3. 检查记录（Double Check and Documentation）。数据录入后，研究者要检查如下内容：缺失值、打字错误、不一致的数值、数据转化中的计算错误、统计软件相容问题造成的数据错误等。此外，研究者还要记录数据收集的全过程：各项数据的来源、它们的时间范围、计算单位、新变量生成的过程、缺省值的处理方案、所用的软件、数据收集人员的名字等。

本书采用 Panel Method，本研究分析单位是省/年。时间范围是 1999—2007 年。① 以此计算，全国计有 31 个省级单位，追踪时间为 9 年。

4.3.3 数据品质

尽管使用官方统计数据可以节省研究资源。但是作为二手数据的一类，官方数据的品质需要做认真的鉴定。中国的统计数据可靠性受到很多学者的质疑。自 1978 年以来，中国经济奇迹吸引了全世界的注意，但是质疑之声也一直没有停止。其中，怀疑的对象主要集中在经济增长有关数据上。*China Economic Review* 在 2001 年组织了一期专刊来讨论中国经济数据的可靠性。

质疑者认为中国的官方数据通常受政治因素的影响：领导人

---

① 1999 年是基本医保在全国推广的第一年，1998 年及以前城市医疗保险处于试点状态。2005 年是目前变量资料可得性最高的最近时间点。虽然 2006、2007 年的数据陆续公布，但是不同年鉴出版的时间并不同步。这使得散落在不同年鉴中变量难以找齐。

希望实现经济增长目标,而中低层官员为了显示政绩、提升职位,也可能虚报数据。蔡永顺发现农村干部编造数据问题很严重(Cai,2000)。Rawski(2001)发现,利用其他方法(如能源消耗、收入)计算的 GDP 与国家统计局公布的数据有不小的出入。因此,质疑者不仅找到了数据造假的动机,而且发现了部分的证据。

Holz(2003)对中国的产出、经济增长数据进行了令人叹为观止的考证。① 其结论是整合性的全国数据基本上是可靠的。官方数据中存在的不一致并非源于数据伪造。Chow(2006)也肯定中国的官方数据基本可靠。Holz 指出:首先在法律上,伪造数据是违法的。在《统计法》颁布之后,官方已经加强对数据的稽核。其次,并没有直接的证据显示国家统计局在伪造数据,相反,国家统计局及其下属机构正在努力改善数据收集和整理的技术水准。官方也需要可靠的数据用以科学决策。再次,官方数据中存在问题并非中国独有,其他转型国家和发展中国家也存在。中国官方数据问题的来源大致有:

1. 社会变迁速度快,使得统计指标难以反映迅速变化的社会现实。因此很多指标无法进入统计范围,从而出现低估、忽略等偏差。
2. 中国目前的统计队伍不够专业化、技术手段有限,而且统计网络覆盖面不够广。
3. 统计指标前后调整,导致信息同名异义。这使得不了解统

---

① Holz(2003)的考证极其细致,令人叹为观止。这篇文章并非仅仅一个考证而已,而是一个实质性的学术贡献,因为 Holz 将困惑性问题转变为比较确定的结论,其他学者可以从中获益。

计指标内容的学者会得出错误结论。上文中罗斯基的问题就来源于此。

作为对上述三条原因的例证,中国个体私营经济的发展信息最初并没有得到很好的统计,就是因为早先的统计指标大多针对公有制经济设计、统计信息传递体系也大多设在国有企业。因此,非公有制企业的数据不够完全。

对于本书而言,量化分析主要侧重于城镇,因此避开了数据品质不可靠的农村。此外,本书使用的指标除 GDP 外,大多是财政、人事编制等统计指标。这类信息可靠性比较高,因为财政拨款、人员配备等数据都被详细记载并由政府机构的会计系统统一报送。总之,数据质素并不是本书的问题所在。

4.4 量化分析结果

4.4.1 描述性结果

本小节提供了各变量的描述性结果,主要包括:均值和方差以及相关矩阵。通过描述性结果,我们可以大致了解各个变量集中和离散的范围。

表 4—3 展示了各变量的均值和方差。我们可以看到职工医保的覆盖率逐年升高,方差虽然逐年降低,但绝对值仍然很大(2007 年为 0.11)。这说明各地之间覆盖率的差异仍然不小。

作为工业主义逻辑的变量,经济发展(人均 GDP)的均值和方差都逐年升高。这说明各地之间的经济差距越来越大。这些差异成为分析职工医保扩面的一些背景性变量。

表 4—3 各变量描述性结果

年份 变量	1999 均值	1999 方差	2000 均值	2000 方差	2001 均值	2001 方差	2002 均值	2002 方差	2003 均值	2003 方差	2004 均值	2004 方差	2005 均值	2005 方差	2006 均值	2006 方差	2007 均值	2007 方差
覆盖率	0.07	0.16	0.17	0.17	0.36	0.17	0.46	0.15	0.51	0.13	0.56	0.11	0.59	0.09	0.65	0.10	0.69	0.11
人均 GDP	7.55	5.10	8.04	5.11	9.29	6.60	10.27	7.37	11.74	8.37	13.92	9.85	16.13	10.86	18.52	12.10	21.84	13.75
FDI/GDP	0.27	0.39	0.26	0.36	0.24	0.33	0.21	0.22	0.21	0.22	0.20	0.19	0.20	0.19	0.20	0.19	0.20	0.20
亏损国企比重	0.57	0.10	0.54	0.09	0.55	0.09	0.53	0.09	0.53	0.08	0.55	0.09	0.54	0.08	0.50	0.08	0.47	0.08
工会密度	0.57	0.09	0.68	0.11	0.78	0.15	0.84	0.17	0.75	0.16	0.78	0.17	0.81	0.18	0.88	0.21	0.95	0.25
政府财力	0.94	0.72	1.08	0.75	1.38	1.01	1.62	1.22	1.79	1.38	2.08	1.57	2.54	1.86	3.00	2.01	3.75	2.46
行政能力	7.06	3.79	10.71	4.96	15.25	6.16	17.39	7.01	19.41	8.42	20.82	7.32	25.21	9.05	26.01	7.45	28.78	11.91
强制能力	0.43	0.42	0.29	0.26	0.28	0.25	0.39	0.36	0.48	0.35	0.56	0.38	0.68	0.46	0.97	0.66	1.77	1.02
税务机构征收保险费(1=是)	0.00	0.00	0.03	0.18	0.23	0.43	0.26	0.44	0.26	0.44	0.26	0.44	0.32	0.48	0.32	0.48	0.32	0.48
医保基金结余率	-0.01	1.15	0.35	0.22	0.42	0.17	0.37	0.13	0.13	0.09	0.24	0.13	0.23	0.09	0.28	0.09	0.30	0.08

注:人均 GDP、政府财力的单位为千元,行政能力(人均社会保险经办经费)、强制能力(人均劳动监察经费)单位为元。

国家方面 在国家能力的测量指标上,财力、行政能力和强制能力这三个指标的均值都逐年升高,方差增大。说明虽然总体上各省的国家能力正在上升,但是各地之间的差距在变大。在社会保险费的征收机构上,由地方税务机关征收保险费的比重逐年升高,在2005年这一比例已经超过50%。基金结余率并没有一致的上涨或下跌趋势,不过2000年至2002年这三年是最高的,都超过了35%。之后几年,这一比例也在20%左右。总体而言,结余率还是偏高。

劳资双方 困难国企的比例一直比较稳定,略有下降;方差也比较稳定,一直在0.08—0.10。这说明这一指标的变异量较小。FDI占GDP的比重处于下降趋势,方差也在减小。工会密度有波动,但基本上处于上升趋势,方差也在扩大。

总之,各变量呈现出不同的变化趋势、变异量,正是这些变异展现出扩面的动态过程。需要承认的是,由于本书所涵盖的时间仅有七年,有的变量在时间维度上变异量不大,例如亏损国企比重等。这可能会影响模型的结果,因为变动不大的自变量和变动大的因变量容易形成虚假的关系。

4.4.2 估计方法与统计模型

在面板数据中,由于有时间维度,我们可以将观察变量之外的误差分为两类:一类是随时间变动的,另外一类是不随时间变动的(例如各省的地理位置[①])。

---

① 中国幅员辽阔,地理位置(东部、中部和西部)能够解释一些差异,例如经济发展程度。

$$Y_{it} = B_1 x_{it} + a_i + u_{it} \tag{1}$$

在(1)式中,误差项 a_i 是不随时间变化变动的,也称为(Case Specific Variations)。u_{it} 是随时间变动的误差。

面板数据的优势在于它可以通过技术处理将第二类误差消除。处理方法有两类:其一,用后一年减去前一年,以此类推。这样做会将这些误差消除掉。这种方法叫做一阶差分(First Difference)。另外,可以通过固定效应(Fixed Effects)模型。它是把历时的个案计算均值,然后将每个历时的个案减掉均值,从而也可以把那些不随时间变化的变量给消除掉。这种办法也叫内部转化(Within Transformation)(Wooldridge,2006)。

然而,一阶差分往往损失第一年的数据,造成观测值变少。固定效应模型对数据的利用效率不高。除此之外,还有随机效应(Random Effects)模型。它可以克服前两者的缺陷,而取其长处:不需要损失第一年的数据,同时利用数据也比较有效率。

但是,采用固定效应模型和随机效应模型需要满足一个条件,即误差项跟自变量不能相关。检验方法是 Hausman 检验(Hausman,1978)。在本书中,Hausman 检验结果是显著的(Prob > chi2 = 0.0012)。这说明随机效应模型不适用,因此本书采纳了固定效应模型。

本书的统计表达式为:

$$Y_{it} = \beta_0 + \beta_1 x_{it1} + \cdots + \beta_k x_{itk} + \alpha_i + \mu_{it}, i=(1,\cdots,31);$$
$$t=(1999,\cdots,2007) \tag{2}$$

其中 α_i 和 μ_{it} 是两部分误差:即随时间变化的误差(μ_{it})和不随

时间变化的误差（α_i）。其中 i 代表各个观测对象，即各个省，取值范围是 1 到 31。t 是指时间，取值范围是 1999 到 2007。Y_{it} 是指 i 省在 t 年的职工医保覆盖面。x_{it1}，…，x_{itk} 是指一系列自变量。β_k 是我们所关心的统计系数。

本书所用的软件是 STATA 第十版。[①]

4.4.3 统计结果

本书采用的是面板数据研究方法，模型只选择首先是在固定效应和随机效应之间进行选择。上文已经交代了选择固定效应模型的理由。

部分变量间相关性太强，这可能会导致共线性的问题（例如人均 GDP 与人均财政支出）。因此，最好将互相之间相关性太强的变量放置于不同的模型之中，以避免因变量相关带来的共线性问题。同时，各个理论视角的单独作用也值得分别讨论。因此，在总体模型之前，本书将各个理论涉及的变量单独放在一起（表 4—4 中模型 1—4）。之后，所有变量被放在一起进行分析，用以观察所总体分析结果。将所有变量放在一起的好处是可以控制很多因素，从而使得各个自变量与因变量之间的关系更加纯粹。

表 4—4 展示了固定效应的结果。在模型 1—4 中，大部分变量与假设一致。经济发展（人均 GDP）跟覆盖率是正面相关，验证了工业主义逻辑所推演出的假设。

[①] 参见:www.stata.com。

表 4—4　固定效应模型结果(Fixed Effects Model)

	模型 1	模型 2	模型 3	模型 4	模型 5
经济发展					
人均 GDP(千元)	0.0247*** (0.0019)				0.0073** (0.0033)
国家能力					
财政能力:人均财 　政支出(千元)		0.0528*** (0.0135)			0.0383** (0.0170)
行政能力:人均经 　办机构经费(元)		0.0136*** (0.0015)			0.0070*** (0.0014)
强制能力:人均劳 　动监察经费(元)		−0.0106 (0.0209)			−0.0463*** (0.0179)
政策对象					
FDI 占 GDP 比重			0.2694*** (0.0798)		0.0954 (0.0633)
困难国企比重			−0.4801** (0.1878)		−0.1502 (0.1519)
工会密度			0.9906*** (0.0700)		0.5405*** (0.0684)
政策设计与绩效					
地方税务机关征收 　保险费(1=是;0=否)				0.3640*** (0.0513)	0.1030*** (0.0338)
医保基金结余率				0.0364 (0.0320)	0.0206 (0.0190)
R^2—组内					0.7281
R^2—组间					0.5035
R^2—总体					0.6508

　　注:显著性标准:*** $p < 0.01$;** $p < 0.05$。

　　国家因素(政策执行者)　国家能力、社会保险费征收机构等几个指标大部分都符合假设的期待。其中国家财政能力和行政能力都与覆盖率成显著的正面关系。其他条件不变,人均财政支出每增加 1 000 元,职工医保覆盖面上升 5.28%。这印证了国家财力对医疗保险发展的作用。这一结果在 0.001 水平上显著,这可能与排除了人均 GDP 的干扰作用有关。人均社会保险经办机构经费与职工医保覆盖率正相关,显著水平是 0.001。如果控制其他变量,社会保险机构经费每多一元,对应的职工医保覆盖率增加 1.36%。这可以反映出政策执行机构对政策的推广的作用巨大,印证了国家行政能力在政策执行的关键角色。奇怪的是,劳动监察机构经费则与假设相悖,它与职工医保的覆盖率负面相关。但是结果并不显著。这一奇怪的结果可能来源于两方面的原因:一方面是测量误差,人均劳动监察经费可能难以完全反映劳动监察力量的强弱。这主要是因为一些地区由于财政紧张,只好允许劳动监察机构通过罚没、行政收费等手段筹集经费。这些渠道获得的资金属于预算外收入,并不计入财政下拨的劳动经费中。[①]更好的测量指标是劳动监察员的数量,但迄今为止,根据笔者的搜索,官方未公布劳动监察员的分省数据(仅有 2005 年上半年数据)。

雇主和劳动者(政策对象) 模型 3 中,困难国企比重、FDI 占 GDP 比重和工会密度都不显著。这与权力资源理论推演出的假设相吻合。尤其是工会密度在模型 5 中仍然显著:在其他因素不

---

① 例如,据一份在网上搜到的《二〇〇四年上半年太原市小店区劳动监察(科)大队工作小结》,其中写道:"为了解决劳动监察经费的问题,经局领导研究,张建平区长同意,于 2004 年 1 月 14 日下发了《关于加强劳动用工管理的补充规定》小店劳社[2004]2 号,在劳动监察大队配合劳务市场规范企业的用工过程中,从市场所收费用中提取 20% 作为劳动监察的补充经费,使得劳动监察工作得以正常开展。"(太原市小店区劳动监察(科)大队,2004)

变的情况下，工会密度每增加 1％，职工医保的覆盖面将增加 0.54％。这说明，目前中国的工会对于维护工人的利益还是有一定作用的。这一结论也挑战了那些认为中国工会仅仅是一个摆设的说法。客观而论，中国工会虽然牢牢地被官方控制，但一定范围内(例如职工不提出政治性要求)它仍然是职工维护利益的一条渠道。尤其是 20 世纪 90 年代以后工会发生了一些积极的变化，例如在私有部门建立工会、基层工会直接选举、允许农民工加入工会等，更使得工会在保护劳动者利益方面有作为的空间。外国投资(外资雇主)和困难国企在模型 5 中不显著。这使得很难推测它们的作用。

制度设计与绩效 在社会保险费征收机构上，统计结果显示地方税务机关比经办机构更有效率。其他条件不变，那些采用税务机构征收的省份其覆盖率平均要比其他省份高 21.26％。可见，税务机构完善的机构网络大大有利于职工医保扩大覆盖面。在模型 4、5 中，作为反映制度运行的指标，职工医保基金结余率跟覆盖率关系不显著。

综合起来，当所有变量都放入模型时(即模型 5)，人均 GDP、财政能力、行政能力(人均社会保险经办机构经费)、工会密度的结果印证了前文假设，它们均与因变量(职工医保覆盖面)有着正面且显著的关系。另外，地方税务机关征收保险费的地区覆盖率比其他地区高 10.3％。这些结果有助于理解医保扩面的影响因素。

4.5 讨论：研究贡献以及待解决的问题

下文总结了本章的贡献以及存在一些漏洞和难题。本章将有助于我们理解为什么20世纪90年代后中国医保覆盖率一直处于下降趋势(直到2004年才有转机)。如第一章所指,20世纪90年代之后医保覆盖率下降,到2003年有接近一半的城镇居民没有医保。如果将农村居民计入,没有医保的比例则更高(第一章图1—4所示)。造成这一局面的原因有很多,其中最主要的原因是新旧制度并未顺利地交替。

中国的医疗保障制度大致分为城乡两个部分。农村的合作医疗制度在2004年前一直未有起色,这使得有7亿—8亿农民在医保覆盖之外。这是造成90年代后中国医保覆盖率低的主要原因之一。在城镇,1999年之前公费医疗、劳保医疗是主要的制度安排,这两项制度覆盖着城镇就业人口及其家属。然而,随着市场化改革的深入,这两项制度尤其是劳保医疗逐步难以为继。从1999年起,职工医保开始取代这两项制度。

然而,新旧制度的交替造成了很多漏洞。其一,职工医保只覆盖就业人口(即职工),不再像公费医疗和劳保医疗那样对家属进行保障,这使得大批的城镇非就业人口被遗漏在保障范围之外。直到2007年城镇居民基本医疗保险开始试点建立,这个问题才开始解决。

其二,职工医保的覆盖范围过于集中于正规部门,例如国有部门、大型企业等。而如第六章第一节(6.1.2)所述,从20世纪90年代初开始中国城镇就业出现了一股非常明显的非正规化:非正规就业人口大量增加,如农民工、自雇人员、小型企业务工人员。非正规就业人员流动性高、工资低、劳动合同签约率低,这使得他们参加医保的难度很大:对他们个人来说,收入低、少有劳动合同意味着难以缴纳保险费用;对于国家而言,非正规就业者流动性高且收入不稳定意味着难以管理。总之,职工医保集中于正规就业人口,但中国有越来越多的人在非正规部门就业,这使得医保难以达到全面覆盖。

职工医保只覆盖就业人口、且过分集中于就业人口中的正规就业人口,这使得职工医保扩面速度缓慢。1999年至2002年,职工医保从7.9%扩展到32.4%,速度上算迅速。这是因为这期间纳入覆盖面的主要是正规就业人口,如国家机关、事业单位、国有企业等。在这部分人口中扩面相对容易。然而,2002年到2005年,四年间覆盖率仅增加了10.1%,年均只有2.5%。速度可谓缓慢。缓慢的扩面速度造成的结果是有大量的人口迟迟得不到医保的覆盖。

除此之外,就方法而言,本书利用面板数据动态地追踪了职工医保政策的实施过程。经济发展、国家能力和社会群体对政策执行的影响被置于一个动态的过程之中。与横截面的分析相比,面板方法可以进行重复观测,从而获得更可靠的分析结果。因此这有助于挖掘职工医保发展的动力、机制。

其次,本书的结果有的验证了我们的常识,但有的又挑战了我们习以为常的观点。本书分析了经济发展、国家能力、政策对象对职工医保覆盖面的影响。国家财力和行政能力对政策的执行至关重要,尤其是其执行机构(社会保险经办机构)起着基础性作用。然而其软弱的强制能力弱化了保险的强制性。另外,在社会保险费的征收机构之选择上,本书的结论可以为一场持续十余年的争论画上句号:税务机关征收保险费更利于扩大覆盖面。最后,劳动者的组织性(工会密度)对覆盖面也有很显著的影响。这使我们重新认识工会对保障工人权益的作用。以上结果显示了政策执行过程的复杂性。

再次,医疗保险是社会保险项目的子项目,本书也有助于我们对其他社会保险发展的认识,例如养老、失业、工伤保险等。社会保险是社会政策的重要组成部分。然而在经济发展至上的环境下,它们都属于一般性的软政策。在目前的官员考核体制下,经济发展、社会治安、计划生育等一票否决制的政策是地方政府最为关注的政策(Edin,2003)。[①] 社会政策不仅不创造财富,而且要消耗地方财政,因此如果中央压力不大,地方政府一般会倾向于消极执行。这不难理解为什么自20世纪80年代改革以来,社会政策的发展一直滞后于经济发展。只要这种激励结构不变,社会政策的发展就很难得到实质性的重视,往往"只有政策宣示,缺乏贯彻力度"(王绍光,2008)。

理论方面,本章利用中国的数据检验了西方、发达、欧美国家中发展起来的福利国家和社会政策理论。这是一个拓宽理论解释范围的尝试。

但本章还有一些问题需要解决。

首先,相关关系和因果关系。本章所计算的相关系数可否当成现实存在的因果关系?恐怕未必。因果关系的确定需要一系列复杂的条件,单靠统计结果是难以确定的。即使两个变量存在显著的关系,我们也无法断定两个变量何者为因、何者为果。

我们可以通过做回归分析来发现相关关系,然后用思想实验

[①] 一票否决制是中国大陆对官员考核的一个制度。如果地方官员在一票否决的政策上表现很差,那么无论他们在其他方面表现多好也会受到严重质疑,参见:向俊杰(2008)。

的方法来推测因果的方向。本章的结果对于我们了解政策发展过程有帮助,只不过需要在合理的范围内做推断。

其次,质化资料的补充。量化研究的统计数值并不等于现实世界的运作逻辑。统计分析在对现实过分简化的过程中牺牲了大量丰富的细节。对这些结果的理解如果脱离了现实世界往往没有任何意义。将变量间的关系还原为现实世界的社会过程,统计模型所揭示的关系才变得易于理解。职工医保推广过程中不同行动者之间偏好的差异、策略的选择会呈现极为精彩的博弈过程,例如中央与地方、不同机构、政府和政策对象之间。因此,要理解中国社会政策的发展机制,还需要进行扎实的质化研究。

第五章 重写社会契约:社会保险改革背景的追溯性分析[①]

在前几章分析的基础上,本章将从更基础的层次上分析以医保扩面为代表的社会政策发展所面临的政经形态。本章提出了一系列与扩面有关的、有张力的问题来激发思考。全章共分四节。第一节从中国近 30 年来经历的变迁开始,主要回顾了自 1978 年以来中国经济私有化进程以及非正规就业带来的后果,尤其是对社会政策的影响。问题是国家对社会的控制力日渐削弱会导致什么后果?第二节分析了医疗保险管理体制的变迁。单位制瓦解后,社会保险制度开始从单位保险向社会保险过渡,社会保险管理机构开始发育。问题是这种处于新旧交替中的管理方式能否有效地履行功能?第三节分析了在经济社会变迁背景下工人权益(特别是保险权益)的保障机制,主要包括劳动监察机构、工会组织等几重机制的设置及其运作。相关的问题是这些机制能否保障工人的权益(尤其是社会保险)?第四节为小结。通过这一系列的诘问,本章力图将职工医保的扩面置于一个丰厚、复杂但不乏条理的背景之中。

---

① 本章部分内容发表于《中国公共政策评论》第 6 卷(岳经纶、郭巍青主编,上海人民出版社 2013 年版)。

5.1 从体制内到体制外：所有制结构和就业形态的变化

前几章所论述的扩面过程发生在中国经济社会巨变的背景下。自1978年以来，中国开始放松管制、权力下放，发展市场经济。这些政策带来经济长达30余年的持续增长。中国的政治、社会局面也随之变迁。私有经济成分的发展壮大是其中最为显著也最关键的变化之一。本节将从所有制结果变化过程角度来分析职工医保扩面前后所面临的结构性变迁。

5.1.1 各类所有制形式的消长及其社会政策后果

一段来自网友"连兵"的评论：①

> 我对90年代开始的国有资源所有制改革颇感兴趣，因为在这场变革中我们家的几个亲戚的生活发生了一些改变。在同一家工厂工作的小姨和三姨下岗了，而当处长的舅舅却成了新公司的股东、经理，拿着高薪，享受年终分红，领完18个月失业保险金的工人在我们熟悉的街道和不知名的角落开始艰难的生计，我们没有更多的专门调查，这是我能感受到的生活变化。（个别标点有所改动，其他一切依照原文——引注）

所有制结构变化的过程

这位网友描述的国企改制其高潮发生在20世纪90年代中后

---

① 吴晓波(2006)。

期。这一改制属于中国自1978年开始的所有制结构调整的一个部分。私有部门(在本书中主要是指私有经济部门)是指公有部门以外的经济社会成分。从经济上讲,私有经济主要包括私营经济、个体经济、外资经济以及合资经济中的外资成分。私有部门的成长并非单一来源,大体上有两类:其一,新增量;其二,存量转化。新增量是指1978年经济改革后新成立的乡镇企业(其中不少是私营企业或后来转为私人企业)、个体户、私营企业以及引进外资建立的外资独资企业、中外合资企业、中外合作企业。20世纪80年代私有经济成分大部分以隐藏的形式存在,比如以集体企业注册的乡镇企业。这是因为当时私营企业注册的法规并不完善。①

存量转化是指公有制企业的转化,包括国有企业和集体企业的转制、股份制改造等,但主要是国企改制。在数据中的反映就是私营企业在1997年后的大幅增加。对此,《激荡三十年:中国企业1978—2008》的作者吴晓波(2006)评论道:

> 在1998年前后三年,大批集体和中小国营公司一夜之间转牌为私人公司,也就是说,国家政策资源通过某种隐晦的方式产生了转移。一种扭曲的、不公平的政策被又一次以非公平的方式反向扭曲。

规模

经过30年的发展过程,私有经济已经在整体经济中具有举足

---

① 曾经收购IBM个人电脑业务的联想集团实质上是一家在香港注册的外资企业(Huang,2008:1—5)。

轻重的作用。以就业为例，私有部门就业不断增加。如图5—1所示，1995年城镇私有部门就业仅为4 685万人，比重仅为24.54%；到2007年，人数增长到22 208万人，占到整体就业人口的75.67%。可以说，私有部门就业已经成为主要的就要渠道。

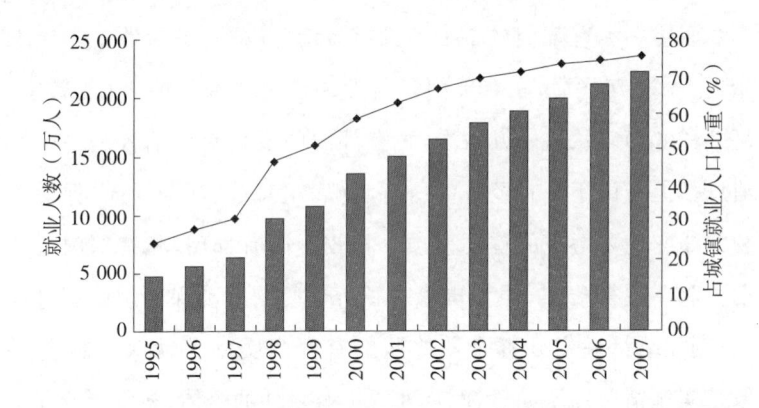

图5—1 中国城镇私有部门就业人数及比重，1995—2007

数据来源：《中国统计年鉴》，历年。

注：城镇私有单位就业人数＝城镇就业人数－国有单位就业人数－集体单位就业人数。私有单位就业比重算法＝城镇私有单位就业人数/城镇就业人数。

私有经济的增长具有广泛的经济社会后果。总体来说，劳动力市场因私有化而变得更加灵活。国家对这些经济成分的控制力下降，因此社会的独立性增强。私有部门的雇主在赚取利润的同时繁荣了经济、增加了就业岗位。劳动者在国有部门之外有了新的就业选择，这是私有经济带来的积极因素。

国家 跟国有经济不同，私有经济所拥有的资源归私人所有。除非依据法律，国家没有权力征用、侵占或剥夺。而实际运营中，私有经济也享有比国有经济更大的自主权：管理者由资产所有者出任或任命,工作人员则从劳动力市场上雇用而来。而在国有部门,国家可以控制国有部门的人事权、分配权。可见,国家对私有部门的控制力要弱得多。在此情况下,如果劳动者利益受到损害,国家在保护劳动者的时候在私有部门遇到的阻力要大于国有部门。

雇主 私有部门的成长增强了劳动市场的灵活性。实质上20世纪90年代后,私有部门是就业岗位的主要贡献者(胡鞍钢、赵黎,2006)。从这一方面看,私有部门的成长对劳动者是一个好消息。但是由于私有经济的所有者(雇主)以利润为导向,保险福利并非它们要考虑的首要事项。相较于国有部门,私有部门的劳动福利要差得多。① 虽然国家对私有部门的劳动保险制度有过规定,例如政策规定外资企业比照国有部门实施劳动保险制度。② 但是实施情况并不如意,而且外资企业之外的个体、私营企业保险福利更差。可以说,在私营部门工作的劳动者是处于非常真实的市场情境之中。工伤、劳资纠纷屡见不鲜,甚至违反人权的血汗工厂也屡屡见诸报端。

劳动者 普通人在公有制之外有了选择机会,从而改变了以往计划体制下统包统分的做法。然而,劳动力也在经历一个"再商品化"的过程。因为私有部门的工作无论就其稳定性、还是福利水准,都无法与先前的国有部门相比。加之国家控制力放松,劳动者权益被侵害的现象屡见不鲜。

社会保险是最重要的劳动权益之一。根据2005年1%人口

---

① 虽然外资企业的工资水平一度较高。但是这也主要限于较高层次的白领阶层。普通的体力劳动者供职的小型外资企业待遇并不高。

② 参见:上海市人大常委会(1994)。

抽查数据,私有经济参保情况普遍要比国有部门差。如表5—1所示,失业保险的参保率整体为20%,但个体工商户和私营企业仅为3%和11%;基本养老保险整体参保率为32%,但个体工商户和私营企业仅为11%和24%。基本医疗保险方面,个体工商户和私营企业参保比例仅为24%和36%,也低于平均水平(41%)。这可以说明,社会保险在私有部门的执行情况并不理想。

表5—1　2005年各所有制企业的参保情况

企业类型	就业人口	失业保险		基本养老保险		基本医疗保险	
		参保人数	参保率	参保人数	参保率	参保人数	参保率
总　计	3 005 537	605 284	0.20	975 443	0.32	1 239 401	0.41
国有及国有控股企业	538 686	360 829	0.67	448 030	0.83	426 409	0.79
集体企业	185 824	51 650	0.28	89 327	0.48	96 976	0.52
个体工商户	1 153 565	30 746	0.03	129 406	0.11	280 340	0.24
私营企业	907 848	101 198	0.11	214 416	0.24	325 826	0.36
其他类型单位	219 614	60 861	0.28	94 264	0.43	109 850	0.50

数据来源:国务院全国1%人口抽样调查领导小组办公室、国家统计局人口和就业统计司(2007)。

计算方法:参保率=各保险参保人数/就业人数。

注:由于本表中的就业人数包含城乡,而这几项保险主要针对城镇就业人口,因此计算出的参保率要低于实际水平。

综上,私有部门因其运作的独立性、利润最大化的动机,可能是社会保险扩面的一个不利因素,尤其在国家控制力降低的情况下更是如此。

5.1.2 体制的容纳能力:非正规就业的增加

与私有部门兴起相伴生的另外一个现象是非正规就业的大量增加。劳动人口不仅仅是走出公有制,进入私有部门,更有一部分走出正规就业体制,成为官方所称的"灵活就业人员",即非正规就业人口。这种状况实际上是旧有体制容纳能力降低的一个标志,显示传统的公有制经济已经无法容纳越来越多的就业人口。这是中国就业形式的一次深刻变化,也为社会政策的发展提出了新的问题。下文结合所有制形式分析一下就业形式对医保扩面的影响。

什么是非正规就业?

就业人口可以粗略分为正规就业和非正规就业。前者主要包括在国有、集体、合资、外资等较正规部门工作的人员(统计上称为"职工")。他们通常有较稳定的劳动合同、人事关系等。与之相对应是非正规就业人群。国际劳工组织在《1991年局长报告:非正规部门的困境》中,将非正规部门定义为"发展中国家城市地区那些低收入、低报酬、无组织、无结构的很小生产规模的生产或服务单位"(ILO,1991)。[①]主要包括小型或微型企业类、家庭企业以及独立的服务者。

中国非正规就业的来源和规模

中国非正规就业源于20世纪80年代发展起来的个体和私营经济、90年代从农村转移到城市的劳动力以及90年代中后期国企改革所产生的下岗失业人员。80年代初城镇里有大批待业青年,为了解决就业问题,国家出台政策允许他们自己创业。在农村,随着整体经济管制的放松,个体户、私营企业随之发展起来。不过,这一部分人群在80年代仅占很小的比重(1989年仅有651万人)。90年代市场化改革大行其道。个体私营经济蓬勃发展,

---

① 另外一个相关概念是非正规部门就业。非正规就业与非正规部门就业相比,前者外延更大,因为它是以就业状态而不是就业部门来界定的,因此也包括正规部门中的非正规就业。

其比重不断增加,1999年两者相加已经有3 467万人,占城镇就业人口的16.5%。

同时,20世纪90年代中后期国有企业改革中裁员产生的三四千万下岗失业人员也有部分汇入非正规就业。据《中国私营企业大型调查1993—2006》披露:所调查企业中雇用的下岗职工的中位数为6人,占到了总员工数中位值(24人)的25.0%(中华全国工商业联合会,2007)。工商联调查企业中雇用的下岗职工的中位值为14人,占总员工数中位值(60人)的23.3%。

从农村迁入城市的农民工是非正规就业的另外一个重要来源。目前农民工的规模超过一亿(岳经纶,2007:301)。同样根据《中国私营企业大型调查1993—2006》,所调查企业中雇用的农民工的中位数为12人,占到了总员工数中位值(24人)的50.0%。工商联调查企业中雇用的农民工人数的中位数为30人,占到了总员工中位数(60人)的50.0%(中华全国工商业联合会,2007)。

这几方面加起来,使得非正规就业的规模越来越大。据胡鞍钢、赵黎(2006)估算,非正规就业人口目前已占城镇就业人口的一半。[①] 而私营经济与个体经济是吸收非正规就业的主要渠道。

如图5—2所示,从1989年到2004年,中国的非正规就业从边缘位置增长为城镇就业人口的一半还多。2004年为15 339万非正规就业人口,大大超出9 499万正规就业人口。这一变化给社会政策的实施带来很大的影响。

[①] 胡鞍钢、赵黎的估算方法问题在于他们把私营企业和个体就业人口统统纳入非正规就业,实际上他们之中有相当部分不是非正规就业的。这涉及非正规就业的定义。

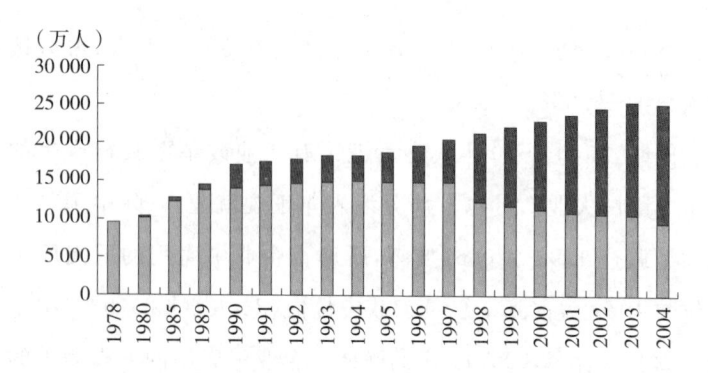

图 5—2 城镇非正规就业增长趋势

数据来源:胡鞍钢、赵黎(2006)。

非正规就业人口的社会保险状况

我们来看非正规就业对社会政策的后果。与统计在册的职工相比,国家对非正规就业的控制能力非常弱。因此伴随着非正规就业比例的增加,国家可控的人口数大幅下滑,而难以掌握的人口数目成倍增加。反映在政策层面,社会保险的扩面难度越来越大。

非正规就业人口的问题在于:他们特别需要社会保险,因为他们面临失业、收入中断、疾病的风险更大。然而他们大部分并没有社会保险。同时,在这一人群中推广社会保险成本非常高,原因如下:(1)分散:大部分非正规就业人员工作在规模小的单位里。以私营企业为例,目前中国的私营企业平均雇工仅 11 人左右。这样使得政策执行(例如医保扩面)操作成本很高。(2)缺少劳动合同:因此劳动者在争取权益时处于被动地位。(3)流动性高:因此对于累积性的养老保险而言,扩面非常困难,尤其是农民工群体。这个问题的解决依靠将来城乡社会保障体系整合之后。

在非正规就业人口中推广社会保险是许多国家都面临的难题。在中国,情况更是如此。姚宇(2007)根据中国社会科学院经济研究所"收入分配"课题组 2002 年数据计算出非正规就业人口中各种社会保险覆盖面(表5—2)。从表中可见,非正规就业人口获得社会保险的比例非常低。最高的是养老保险不过只有14.9%,有些项目覆盖率甚至不超过1%(如B类个体就业者的医疗保险和自由职业者的失业保险)。

表5—2 非正规就业人口社会保险覆盖面

非正规就业类型	养老保险		医疗保险		失业保险		住房公积金	
	人数	参保率	人数	参保率	人数	参保率	人数	参保率
A	540	11.3	338	7.07	316	6.61	414	8.66
B	104	2.18	45	0.94	21	0.44	98	2.05
C	68	1.42	49	1.03	36	0.75	45	0.94
D	712	14.9	432	9.04	373	7.8	557	11.66

数据来源:姚宇(2007)。

注:A为临时工、小时工、季节工、劳务工;B为个体、私营、家庭作坊就业者、自我雇佣就业者、独立服务型就业者;C为自由职业者;D为所有非正规就业者。

李军峰(2006)发现,非正规就业人口不仅在社会保险方面与正式工差别很大,其他福利服务上也非常悬殊。如表5—3所示,在病假工资、产假、住房补贴、带薪休假等方面,非正规就业人群跟正规就业者相差非常悬殊。

表5—3 非正规就业人口的福利

福利项目	正式工	临时工、钟点工、零工
公费医疗或医疗保险	68.95	10.69
退休金或养老保险	82.33	11.03
失业保险	36.12	3.33
工伤保险	43.25	17.09
病假工资	69.27	17.88
产假/孕期保健工资	76.69	13.11
住房补贴/住房	50.44	6.67
带薪休假	47.96	12.14

数据来源:李军峰(2006:186)。

另据《中国私营企业大型调查 1993—2006》,私营企业参加医疗保险的仅为被调查企业的 33.4%,参加养老保险的仅 8.7%,参加失业保险的仅 16.6%,而且这仅仅是企业层面的统计,实际上在那些参保的企业里雇主只为很少的雇员投保(中华全国工商业联合会,2007)。① 参加医疗保险的雇工仅占被调查企业全年雇用工人总数的 14.5%,参加养老保险的仅为 22.7%,参加失业保险的仅为 6.0%,比例相当低。

总之,非正规就业人口规模和比重不断增加,实质上反映的是体制的容纳能力。公有制经济以及国家主导的投资拉动型经济发展模式已经难以持续地吸纳日益膨胀的劳动力队伍(Huang,2008)。结果是越来越多的劳动者只能在低福利、低工资的非正规部门寻找生计。这对他们的工作安全、社会保险都有显著的负面效应。

5.1.3 逐渐松弛的国家控制力

私有部门崛起和非正规就业人口扩张,显示国家社会关系发生了显著的变化。改革前,国家几乎包含了社会,国家对企业、职工都有着强有力的控制。而改革使得国家对企业、劳动者的控制逐渐削弱。

首先,改革前国家是绝大多数企业单位的设立者和所有者,甚至可以说国家控制着企业的生和死。国家创立企业,并且用财政资源补贴亏损企业,从而使得企业的生存不受经营状况的影响。

---

① 这是雇主们应对保险检查的一个手段,他们往往只能核心成员(例如高级主管)缴纳保险费。尽管这样,统计意义上这样的企业也算做已经参保。

其次,人事方面。国有企业都有一定的行政级别,厂长书记也被视为国家干部。政府可以通过行政命令来推行政策。工人的招聘、录用都由劳动部门统一调配,并不存在双向选择的劳动力市场。再次,企业的经济活动在国家计划指导下进行,例如资源调配、生产指标都由国家规定。企业并没有多少自主权(科尔奈,2007)。

改革后,国家也放松了对国有企事业单位的控制。国有企业面临的预算约束也日益硬化,它们获得了自主经营的权力,但是也需要自负盈亏、独立经营。甚至很多事业单位也慢慢走向自收自支。劳动合同制的推行也使得企业用人有了很大的灵活性。另一方面,市场化使得个体、私营和外资经济蓬勃发展。这些经济组织与国家并没有行政隶属关系,其生产经营、人事任命都非常独立。这样,国家之外的社会空间慢慢发育起来,国家社会的边界逐渐清晰。国家对企业的控制能力,尤其是对私有部门企业的控制能力不断受到削弱。

而同时,非正规就业也弱化了国家对社会的控制能力。在传统的国有部门中,职工从工作单位获得收入、福利补贴甚至身份。职工要在单位中参加政治学习、接受运动式活动的动员。可以说这种组织方式非常方便国家控制劳动者。Walder(1996)曾描述了职工对单位、国家的全面依附。

但是大量非正规就业的存在使得国家的控制有了灰色地带。国家很难弄清楚这部分人口的规模、属性,也很难按照自己的意志去改造这部分人口。①

---

① 正是单位制的衰落使得中国政府力图用发展新的社会控制机制,比如以社区为基础的机制。

这些变化已经在政策实践中已经有所体现。中国政府与国有集体企业曾经有非常稳定的关系，以此来收集信息、监督企业行为、确保企业服从政策安排（Duckett and Hussain, 2008）。但是，国有集体企业转换所有制使得这种联系受到侵蚀。在个体私营企业中，相当一部分规模小、工人流动性高而且存在大量的非正规就业（无劳动合同），这使得劳动保障部门难以确定工人人数、收入水平，从而给社会保险的执行带来很多困难。

以上是职工医保扩面所面临的所有制变迁和就业形态变迁。

5.2　从单位到社会：社会保险管理机构的演变

镇江市的一位退休教师家中保存着三件不同时代的医保管理卡：纸质医保专用卡、医保IC电子卡和医保CPU智能卡（范国富，2004）。这三张卡折射了1994年后医疗医保管理体制的变迁。在1994年以前，医疗保险（公费医疗和劳保医疗）主要是由各个单位自行管理，跨单位的医保关系很少见。镇江市是率先进行医保体制改革的城市，十几年来医保体制逐步从单位过渡为社会保险管理体制。不同时代的医保卡见证了医保社会化的改革过程。

本节将以医保为例说明社会保险管理体制的变迁及职工医保扩面所面临的制度背景。从20世纪80年代开始，社会保险的管理责任逐渐从单位移交到社会保险经办机构。尽管不同险种、不同地区的进度并不一样，但是它们经历的过程大致相似。社会保险管理机构从无到有、处于不断整合、调整、增长中，它能否承担起新的使命？

5.2.1 免费医疗的管理机制

在计划经济时期,免费医疗包括针对公务员、事业单位职工、大学生的公费医疗和针对全民所有制企业工人的劳保医疗(详见第二章第三节)。两者是独立运作的医疗保障项目,其管理模式分别如下。

公费医疗的管理 公费医疗本质上是一种类似于国家医疗保险的制度(孙树函,2002)。它的经费主要来源于财政拨款,按照人头和每年的医疗费核准定额支付,各地之间略有差异。数额逐年增长,1961 为人均 20 元,到 1993 年已经是人均 150 元,而实际花销额还要更高一些。征收的保险费由公费医疗管理委员会管理。该委员会一般设在卫生部门或财政部门,负责统筹、协调医疗服务提供者和医疗服务使用者。《公费医疗管理办法》规定:

"地方各级人民政府应设立由政府负责人以及卫生、财政、组织、人事、医药、工会等部门负责人组成的公费医疗管理委员会,以卫生部门为主,统一领导各级公费医疗工作,并设置办事机构,配备相应编制的专职管理人员"。同时"享受公费医疗人员的所在单位应设置公费医疗管理机构,配备专职或兼职人员",具体负责医疗费用报销等事宜(卫生部、财政部,1989)。

公费医疗在机关事业单位内部有一定统筹功能,因此设有跨单位的协调机构,但具体的业务大部分由单位自己负责。各级公费医疗统筹机构(即公费医疗管理委员会)后来移交劳动和社会保障部门,成为职工医疗保险管理机构的前身。以海口市为例,《海口市志》载:"自 1995 年 7 月 1 日起,海口市贯彻实施《海南省城镇从业人员医疗保险条例》。当年 9 月 1 日,海口市公费医疗管理工作正式移交给海口市社会保障局。新的社会医疗保障制度取代了旧的'公费'、'劳保'等医疗管理模式"(海口市地方史编纂委员会,2004)。内蒙古自治区也于 1999 年将公费医疗管理机构移交给劳动保障部门,组成医疗保险管理机构的班底(内蒙古自治区人民政府办公厅,1999)。同期,其他省份也进行了类似的机构整合。

劳保医疗的管理 如第二章所述,劳保医疗在 1969 年之前的管理由各级工会和企业行政负责,因此劳保医疗是有统筹共济功能的社会保险。但是在文化大革命的混乱中,工会被取消,劳保医疗成为各单位自行负担、自行管理的单位保障。直到 20 世纪 80 年代末,各单位的劳保医疗面临越来越大的财务压力,具备一定社会统筹功能的大病统筹才开始试点(见第二章)。劳保医疗经历了从工会管理到单位自行管理的转变,直到最终被职工医保所取代。

5.2.2 医疗保险经办机构的形成和实际扩面过程

初期的设想和实践 1988 年中央政府开始关注医疗保障制度,医疗制度改革研讨小组起草的《职工医疗保险制度改革设想(草案)》中对医疗保险的管理机构有如下设想:

> 在中央设立一个医疗保险机构或社会保险管理委员会,负责协调、指导医疗保险事宜。建议委员会主任由国务院一

位国务委员兼任,副主任由卫生部、财政部、劳动部、体改委各出一位负责人担任,委员会成员由人事部、全国总工会、国家医药管理局、物价局等单位各出一名负责人参加。委员会下设一个办公室,作为常设机构,负责制定医疗保险政策,组织医疗保险改革等工作。办公室可设在卫生部,有固定编制,人员可以公费医疗管理部门为基础,从卫生、劳动、人事、财政、工会等有关部门抽调。(医疗制度改革研讨小组,1993)

这可以说是对中国社会医疗保险管理机构的较早构想。

在现实世界,代表着社会医疗保险改革方向的大病统筹在20世纪80年代末兴起,从丹东、四平、黄石、株洲等地扩散到全国各地。1992年和1993年实行退休人员医疗费用社会统筹的县市分别为88个、134个(劳动部、国家统计局,1993;1994)。大病统筹具备社会共济的功能,因此需要设立跨越单位的保险管理机构。劳动部(1992)在《关于试行职工大病统筹医疗费用社会统筹的意见》中规定:"实行以县(市)为单位大病医疗费用社会统筹的,由劳动部门所属的社会保险管理机构负责组织管理。"中国城镇职工医保的管理机构由此发端。

两江试点中的医保管理机构 1994年开始的两江试点是现行的职工医保的前身。它们的管理机构是什么呢?《镇江市职工医疗制度改革实施方案》里对医疗保险管理机构的设置有如下规定(国务院,1994):

> 市政府成立镇江市职工医疗制度改革试点工作领导小组……下设办公室;各县(市)区成立相应的组织机构,具体负责试点

的组织、协调和指导工作……按照政事分开的原则,成立镇江市职工医疗保险管理委员会,由体改、财政、劳动、卫生、人事、社会保险、物价、医药等部门参加。管理委员会下设办公室,负责日常行政管理工作。组建镇江市职工医疗保险基金管理中心,将社会保险局基金管理科,公费医疗办公室和社会劳动保险管理处大病医疗保险科予以合并。职工医疗保险管理中心可从医疗保险基金中提取不超过2%的管理费。市职工医疗保险基金管理中心负责经办全市医疗保险业务……在县(市)建立相应的职工医疗保险管理委员会和职工医疗保险基金管理中心,负责本地区医疗保险工作。

可见,镇江的职工医保管理机构是由此前的公费医疗和大病统筹管理机构合并而成。这也是1998年后大多数省份采取的模式。镇江的职工医保管理机构主要职责是:负责医疗保险基金的筹集、运营和管理,编制医疗保险基金预决算,负责对定点医院和处方外配点的资格确认和检查监督等事务。

九江市的管理有所不同,《九江市职工医疗社会保险暂行规定》的条文如下(国务院,1994):

> 按用人单位性质划分职工医疗社会保险管理范围,行政、事业单位由各级行政事业单位职工医疗保险机构管理,企业由各级社会保险事业管理局管理。

实际上这沿袭了公费医疗和劳保医疗的分割,只不过各自的人群内部实行了统筹管理。这样的管理体制最终还是合并为统一的医疗保险管理体制。

在1999年后,职工医保在全国范围内推行。公费医疗和劳保医疗逐渐被这一新制度取代。医保的管理机构也开始合并。如上文所讲,各省纷纷将公费医疗管理机构移交给劳动保障部门,并且从其他部门抽调人力,组成新的医保管理机构。新的医疗保险经办机构逐渐建立起来,并且在扩面过程中起了决定性的作用。

5.2.3 从单位走向社会:社会保险经办机构的成长

包括医保在内,一直以来社会保险的管理分散于各个政府部门:人事部门承担机关事业单位工作人员的社会保险工作,民政部门承担农村牧区社会养老保险职能,卫生和财政部门承担公费医疗管理职能,20世纪90年代处于试点中的职工医疗保险(包括大病统筹)一般由新设的医疗保险制度改革领导小组负责管理。可见,社会保险的管理处于各部门分割的状态之中。

社会保险经办机构的建设则是统一保险管理机构的有益尝试,其起源可以追溯到1986年,根据《国务院关于发布改革劳动制度四个规定的通知》:"要加强劳动人事部门的组织建设,相应地建立劳动争议仲裁和社会劳动保险机构,并充实和加强劳动服务公司。"(国务院,1986)

1986年开始的劳动合同制改革代表着用人制度中的铁饭碗被打破,用人方面开始有一些市场化的元素。单位与工人之间开始建立明显的、有限的契约关系。而之前由单位全部负责的保障待遇也开始向显性的社会保险过渡。《国营企业实行劳动合同制暂行规定》规定:"国家对劳动合同制工人退休养老实行社会保险制度",工人也开始承担交款责任(不超过本人标准工资的3%)。(国务院,1986)由此衍生出社会保险业务:劳动合同制工人之退休养老工作"由劳动行政主管部门所属的社会保险专门机构管理,其主要职责是筹集退休养老基金,支付退休养老费用和组织管理退休工人"。失业保险的演变也大致如此。由此可见,劳动行政主管部门所属的社会保险专门机构和劳动服务公司成为社会保险最初的管理者。①

虽然社会保险经办机构在20世纪80年代开始设立,但是发展还相对缓慢,开始还主要面向养老保险业务。20世纪90年代后为了应对社会保险发展的需要,各险种的经办机构才陆续发展起来。在经费方面,1998年社会保险经办机构的经费支出为33.5亿元,到2005年增长到76.4亿元。

以上数据都反映出社会保险经办机构的规模在扩张。这是单位制瓦解之后社会保险走向社会统筹的必由之路。正如第五章的数据分析所示,社会保险经办机构在扩面过程中起到了基础性的作用。充足的人力是完成管理事务的前提,但是目前全国的医保管理人员仅有三万余人。他们负责着接近两亿参保者的医保事务,其工作负荷可想而知。这种超负荷的状况被称为"小马拉大车"(杨燕绥,2007)。

图5—3展示了1991年到2007年社会保险经办机构的成长趋势。1991年全国有3 286个经办机构,工作人员为25 702(主要是养老保险机构和人员),到2007年机构达到7 434个,工作人员增加到129 000,增幅较大。

---

① 不过,最初的管理工作还是依托于企业。

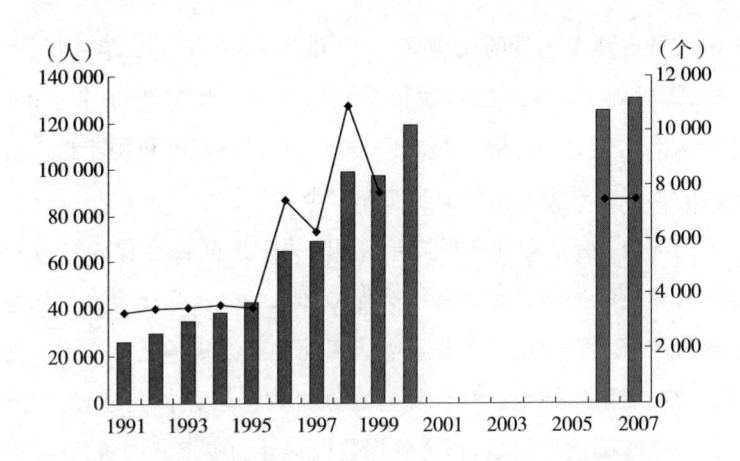

第五章　重写社会契约:社会保险改革背景的追溯性分析　　161

图 5—3　社会保险经办机构和人员的增长,1991—2007

数据来源:地方财政统计资料,历年;《2006年社会保险状况》;《2007年社会保险状况》。未找到2001—2005年数据,因此空缺。

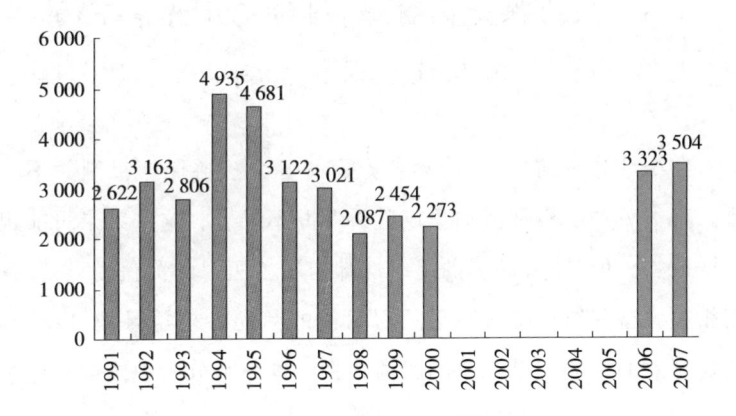

图 5—4　养老失业医疗三项保险参保人数和社会保险
经办机构人员数比值

数据来源:《中国统计年鉴》,历年。未找到2001—2005年数据,因此空缺。
计算方法:工作人员与参保人员之比例=参保人员数／工作人员数。

虽然工作人员绝对数量增长较大,但如果从每位经办人员平均承担的工作量角度来看,情况没有太大改善。如图5—4所示,工作人员占参保人员的比例除 1998 年到 2000 年这三年较低外，从 1991 年到 2007 年,很难说情况有所改善。其中 2006 年、2007 年的比例还呈上升趋势。2006 年、2007 年每位经办机构工作人员对应的参保者数量是分别达到 3 323 个和 3 504 个。

2006 年,劳动和社会保障部发出《关于加强社会保险经办机构能力建设的通知》(劳动和社会保障部,2006)。强化经办机构建设成为政府主管部门的工作重点。目前的经办机构还存在力量薄弱、分割、零散等问题。社会保险经办机构仍然在扩充建设之中。作为一项基础性的设施,作为管理数以亿计的参保者的机构,社会保险经办机构的建设还需要投入更多的资源。

5.3 从他保走向自保:纠纷充斥背景下的工人权益保护机制

在统计分析结果里,劳动者方面的各个权益保护机制并不一致。其中劳动监察和劳动争议胜诉率并不显著。这些结果可能跟数据有关。但是,劳动者的组织性却与职工医保的覆盖面显著、正面相关。这些结果提醒我们反思目前的劳动者权益保护机制:哪些是有效的？哪些是无效的？为什么？本节将分析中国劳动监察机构和工会的组织和运作。

中国的经济增长令世界瞩目。但是劳动者权益保护却显示出与经济发展不和谐的状况。拖欠工资、社会保险、血汗工厂、工伤甚至劳工生命(矿难)等现象层出不穷(Chan,2001)。经济发展的成果并不能体现到劳工收入、生活水准的提高。这是一种涸泽而渔、饮鸩止渴式的发展方式,其可持续性面临严重的考验。

伴随着市场化而来的是劳动争议的爆发式增长。如图5—5所示，从1996年到2009年十几年间，中国劳动争议案件增长了十四倍，从48 121件增长到达684 379件之多。劳动争议数量的暴涨反映出劳资关系的紧张局面。这关系到官方所重视的社会稳定，更关系到普通劳动者的切身利益。其中，涉及社会保险的劳动争议更是一路高攀，十年间增长5倍。社会保险案件稳定地占据了30%的劳动争议份额，成为除劳动报酬之外最容易产生争议的劳动权益。

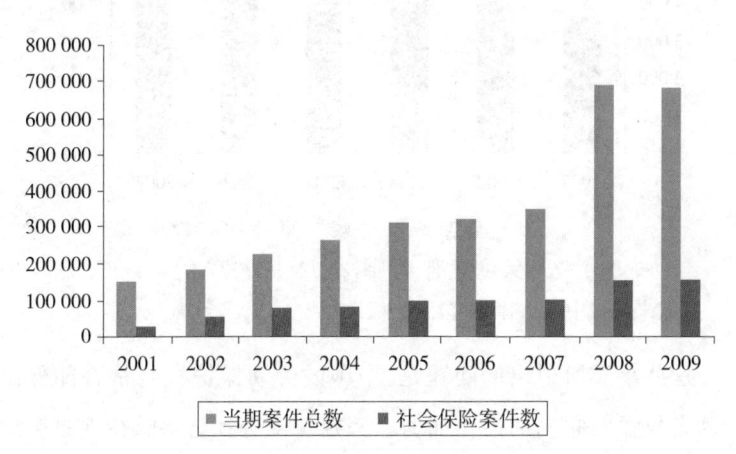

图5—5　中国劳动争议案件(含社会保险争议)，1996—2009

数据来源:《中国劳动统计年鉴2008》，光盘版。

中国并非没有劳动保护机制，实际上劳动法律比较完备(Cooney,2007)，只是这些机制的运作可能有问题。现行体制下，维护工人权益主要依赖以下渠道:劳动部门和工会及它们所属的劳动争议协调机构。运作不佳的劳动保护机制使得劳动者对劳动行政机构工作越来越不满。根据《中国法律年鉴》数据，2002年到2007年全国法院行政一审案件统计中对劳动和社会保障部门的诉讼数量和比例一直处于上升趋势,这 6 年内从 2002 年的 3 587 件到 2007 年的 7 839 件,比重从 4.44% 升至 7.72%(图 5—6)。

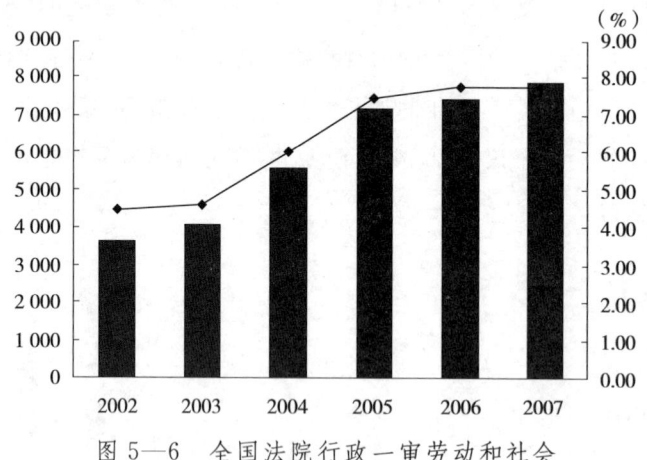

图 5—6 全国法院行政一审劳动和社会保障案件统计,2002—2007

数据来源:《中国法律年鉴》,历年。

这些事实所引出的问题是:中国的劳动保护机制是否能保障劳动者权益?它们的运作如何?医疗保险等社会保险待遇是劳动保护的重要内容,本小节将聚焦于劳动保护的机制和有效性,从而为分析医保扩面提供背景信息。

5.3.1 劳动监察及其作用发挥

纷繁复杂的劳动工资、劳动合同、社会保险、女工童工、血汗工厂等事项一直占据着官方、学界和舆论的注意力。但在讨论中,很少有人关心与这些问题直接相关的劳动监察机构。到现在为止,系统讨论中国劳动监察的文献极少,也没有文献分析这一体制的运作状况(岳经纶、庄文嘉,2009)。无论这种忽略是有意还是无意,都不能淡化劳动监察机构的重要性。本小节将回顾劳动监察机构的历史发展、组织结构以及它在社会保险发展中的作用。

劳动监察机构成立的过程　　1949年后,劳动监察最早起源于1950年5月政务院批准的《中央人民政府劳动部试行组织条例》和《省、市劳动局暂行组织通则》。这两份文件指出监督、指导各产业部门和企业劳动工作的职责由劳动部门担负。1956年国务院发布了劳动保护"三大规程",要求各级劳动部门必须加强经常性的监督检查工作。① 劳动监察制度由此发端。但是这一制度并不规范,单靠行政权施行,既无足够的法律支撑,也没有更多的监察、处罚以及法律救济渠道。

改革开放后,国务院于1983年5月批转原劳动人事部、原国家经委、全国总工会《关于加强安全生产和劳动安全监察工作的报告》,提出:

> 劳动部门要尽快建立、健全劳动安全监察制度,加强安全监察机构,充实安全监察干部,监督检查生产部门和企业对各项安全法规的执行情况,认真履行职责,充分发挥应有的监察作用。(国务院,1983)

从此,劳动监察建设提上日程。

---

① 这三个规程为:《工厂安全卫生规程》、《建筑安装工程安全技术规程》和《工人职员伤亡事故报告规程》。

1994年颁布的《劳动法》为劳动监察提供了正式的法律地位，该法规定："县级以上各级人民政府劳动行政部门依法对用人单位遵守劳动法律、法规的情况进行监督检查，对违反劳动法律、法规的行为有权制止，并责令改正。"（第八届全国人民代表大会常务委员会，1994）随后，中央机构编制委员会办公室、劳动部发文要求各地"建立专门从事劳动监察工作的机构，负责劳动监察执法工作"（中央机构编制委员会办公室，1994）。至此，系统性的劳动监察体制监察正式启动。各种规章相继颁布，劳动部不断督促各地进展，并提出1995年年底基本建立全国劳动监察体制（劳动部，1995）。但实际上这一任务到现在还没有完成。

1994年《劳动法》规定的劳动监察机构职责相当广泛。2004年颁布的《劳动保障监察条例》再度明确了劳动监察机构的职责，其中包括法规监督、劳动合同、童工、女工、工作时间、工资标准、社会保险、职业介绍等事项。可以说，劳动监察机构负担了大部分的劳动保护内容（国务院，2004）。

劳动监察机构的组织　在纵向组织上，劳动监察机构可以分为五个级别。中央层面，人力资源和社会保障部内部设有劳动监察局，这是最高层级的劳动监察机构。[①] 省级层面，各省劳动厅设有劳动保障监察处和劳动保障监察总队。地级市在劳动局设有劳动保障监察科或劳动保障监察支队。县级政府设有劳动保障监察股或劳动保障监察大队。乡镇、街道层次大部分都没有设置机构，

---

① 拟订劳动监察工作制度；组织实施劳动监察，依法查处和督办重大案件；指导地方开展劳动监察工作；协调劳动者维权工作，组织处理有关突发事件；承担其他人力资源和社会保障监督检查工作。

部分地区设有劳动管理所或办事处或劳动保障监察中队。可见，劳动监察机构的设置是严格按照行政机关的层级设置的。这种制度安排的后果就是劳动监察机构往往受到地方政府制约，而缺少独立性。

横向组织维度是指劳动监察机构的内部有不同的分工。以湖南省为例，该省的劳动监察部门分为监察、仲裁、信访三个部门。湖南省级劳动保障监察总队下设三个直属支队：一支队负责劳动力市场、职业中介、职业培训和就业准入制度实施方面的监察并提出证据和案件初步调查报告；二支队负责劳动合同管理、劳动关系处理、工资基金管理方面的监察并提出证据和案件的初步调查报告；三支队负责各项社会保险的参保登记、社会保险费征缴方面的监察并提出证据和调查报告（湖南省劳动和社会保障厅，2002）。

但是越到基层，人力越紧张，所以内部分工越不明显。很多基层劳动监察机构的工作人员数量不足以进行明确的分工。这也限制了他们的工作能力。

劳动监察机构发挥作用的影响因素 不断上升的劳动争议和纠纷显示目前的劳动监察体制并没有发挥太大的作用。弱势的劳动监察无法为社会保险强制性地提供可靠的保证。究竟什么因素影响了它的作用之发挥？下文将从人力资源、管治结构和执法工具方面来分析劳动监察的弱势。

首先，人力不足、规模不够。如表5—4所示，从1998年到2006年，中国劳动监察机构的规模增长并不大。绝对数量上看，虽然监察员数量有所增长（1998年为34 000人，2003年为43 000人），但是专职监察员增长缓慢：2002年为17 000人，

2006年为22 000人。① 机构数量则没有增长,甚至还有下降:1998年有3 330个劳动监察机构,2006年则仅有3 201个。这说明基层劳动监察机构的建设并未有明显进展。② 相对数量上看,从业人员和监察员的比例始终居高不下,基本维持在17000∶1的水平之上。可见,劳动监察机构的机构设置和人力配备远远不够。

表5—4 1998—2006年中国劳动保障监察机构与人员统计

年份	1998	1999	2000	2001	2002	2003	2004	2005	2006
从业人员(万人)	69 957	70 586	71 150	73 025	73 740	74 432	75 200	75 825	76 400
劳动监察员(人)	34 000	40 000	41 063	40 000	37 000	43 000	NA	NA	NA
从业者与监察员比例	20 576∶1	17 647∶1	17 327∶1	18 256∶1	19 930∶1	17 310∶1	NA	NA	NA
机构数(个)	3 330	3 091	3 152	3 174	3 196	3 223	3 277	3 201	3 201
平均每个机构拥有监察员数(人)	10.2	12.9	13.0	12.6	11.6	13.3	NA	NA	NA
专职监察员(万人)	NA	NA	NA	NA	1.7	1.9	1.9	2	2.2
专职监察员占监察员比例	NA	NA	42.8%	NA	45.9%	44.2%	NA	NA	NA
主动检查用人单位户次(万户)	NA	NA	NA	NA	98	110.7	115	119	141
平均每位专职监察员主动检查用人单位户次(次)	NA	NA	NA	NA	57.7	58.3	60.5	59.5	64.1
年检(万户)	NA	NA	NA	NA	102	117.2	100	96	122
平均每位专职监察员年检户次(次)	NA	NA	NA	NA	60.0	61.7	52.6	48.0	55.5

数据来源:岳经纶、庄文嘉,付印中。

① 主要是兼职监察员。其中《劳动监察员管理办法》规定:"县级以上各级人民政府劳动行政部门根据工作需要配备专职劳动监察员和兼职劳动监察员。专职劳动监察员是劳动行政部门专门从事劳动监察工作的人员,兼职劳动监察员是劳动行政部门非专门从事劳动监察工作的人员。兼职监察员,主要负责与其业务有关的单项监察,须对用人单位处罚时,应会同专职监察员进行。"

② 中国大约有2 000个县,500个地级市,粗略估计目前的3 201个劳动监察机构大多集中在县级及以上层级,尚未辐射到基层。

人力不充足的后果是劳动监察职能难以得到发挥。目前每年主动检查的用人单位数量仅为141万户,而平均每位专职监察员年检的工作量为55.5户次。很多地区在执行监察任务时甚至无法满足至少两名监察员的要求。劳动监察力量的不足可能是劳动监察薄弱的一个重要原因。

其次,与地方利益冲突。由于地方政府负责提供劳动监察的经费和人力,因此它的话语权最重。当地方政府招商引资、牺牲劳动者权益时,劳动监察机构难以有所作为(Taylor,Chang and Li,2003)。在目前这种考核体制下,地方的经济发展是地方官员考虑的首要目标。劳动监察不利于吸引外来投资,因此地方政府普遍限制劳动监察力量。可以说,目前劳动监察的这种发育不完善的状况既是地方政府无意发展的结果,又可能是有意忽略的结果。

按照《劳动监察条例》,劳动保障监察所需经费列入本级财政预算。这一属地化管理的规定产生的影响是:地方政府的财力状况往往决定了劳动监察的经费情况。财力紧张的地区往往象征性设立劳动监察机构,但实际不起什么作用。

再次,老虎没牙:劳动监察部门执法手段有限。根据《行政处罚法》,行政部门可以利用以下手段来执行法律:警告、罚款、没收违法所得、没收非法财物、责令停产停业、暂扣或者吊销许可证、暂扣或者吊销执照、行政拘留以及法律、行政法规规定的其他行政处罚等。

但是劳动监察部门仅能利用其中的一些低层次手段(Cooney,2007)。《劳动监察条例》、《社会保险基金征缴规定》等法规规定:"用人单位向社会保险经办机构申报应缴纳的社会保险费数额时,瞒报工资总额或者职工人数的,由劳动保障行政部门责令改正,并处瞒报工资数额 1 倍以上 3 倍以下的罚款。"此外,"骗取社会保险待遇或者骗取社会保险基金支出的,由劳动保障行政部门责令退还,并处骗取金额 1 倍以上 3 倍以下的罚款;构成犯罪的,依法追究刑事责任"。

可见,劳动监察部门主要的权限是警告、罚款等较低层次的执法手段。他们并不能执行责令停业、吊销许可证等更严厉(因此也更有威慑力)的法律工具。因此,劳动监察的强制性受到削弱。

总之,从机构建设、管治结构、执法手段等方面看,劳动监察机构的发展都受到限制。这使得中国目前的劳动监察机构难以发挥劳动保护的作用。

5.3.2 工会的作用

在西方,左翼的工会组织是一股强大的政治力量。工会通过动员工人进行集体行动来抗衡资方(O'Connor and Olsen,1998)。中国拥有世界上最大规模的工会,但其性质、独立性却争议很大。无论是以工会密度(Trade Union Density),还是工会会员而言,中国的工会的规模在世界上都是罕见的。中国工会的规模随着职工数量的增加而不断增长。如图 5—7 所示,2007 年中国工会拥有 19 329 万会员,占城镇职工总数的 95%,占城市就业人口的 66%(国家统计局,2008)。

对于中国工会的性质、作用,一直有两派不同的观点。西方学者一般认为中国的官方工会并不是独立工会。而在中国劳动者眼里,工会的所用也饱受批评。1992 年、1997 年全国总工会的调查显示,对工会的不满比例很高(全国总工会政策研究室,1999)。另一派的观点认为,工会可以代表工人的利益,为工人维

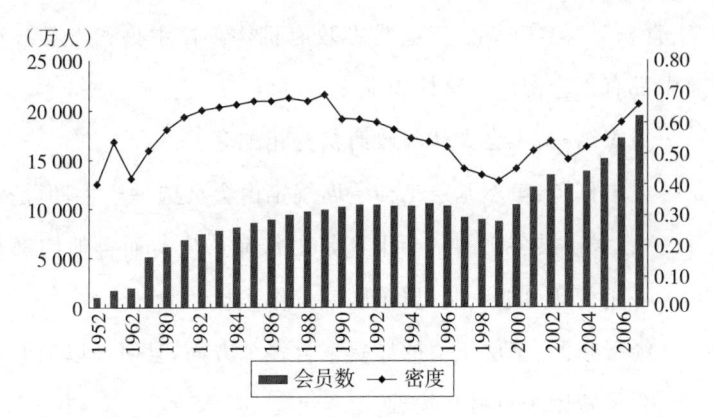

图 5—7　中国工会组织情况，1952—2007

数据来源:《中国统计年鉴 2008》。

注:工会密度＝工会会员数/城镇就业人数。之所以分母没有采纳职工人数是因为从 2001 年起工会会员数已经远远超过职工数,因此算得的工会密度会大于 1。

护权益(Zhang,1997)。尤其是 20 世纪 90 年代以来中国工会有了一些新变化。法律、组织、维权实践等方面,工会正日益转变为一个工人权益的维护者。本小节将围绕这一争论展开,将着重分析工会的双重角色和对工人维权的意义。

· 争议中的工会

由于工会是准政府组织,中国工会的独立性一直争论很大。依据《中国工会章程(修正案)》规定:"中国工会是中国共产党领导的职工自愿结合的工人阶级群众组织,是党联系职工群众的桥梁和纽带,是国家政权的重要社会支柱,是会员和职工利益的代表。"[1]就其性质而言,工会属于群众组织,与团委、妇女联合会合

---

[1] 中华全国总工会网站:http://www.acftu.net/template/10004/file.jsp?cid=69&aid=81124。

称"工青妇"。但实际上,工会是准政府机构。在中央省市县各级政府中都有工会部门。这体现在:

- 组织结构:工会大体与政府机构相配套。
- 人事任免:虽然基层工会主席规定由会员选举产生,但是中央、省市县各级的工会干部是由任命产生。而且他们都是采用行政事业编制,属于国家工作人员。①
- 经费来源:基层工会的经费来自多个方面,县级及以上的工会经费则来自财政拨款。
- 职能:如《章程》所示,工会是"党联系职工群众的桥梁和纽带,是国家政权的重要社会支柱"。工会被认为是中国共产党用以笼络和控制工人、避免出现独立工会的工具。

虽然1978年以前就曾有建立独立工会的要求,工会对政府的依附性在计划经济时期并没有引起太大的反对(Perry,1994)。这主要是因为这一时期国家、劳资双方并没有根本的利益冲突。按照这种理论,工会代表工人抵抗资方的功能就无所依了。毕竟各种福利都由国家和企业提供,其中劳动保险还是通过工会来运营管理。用波兰尼(Polanyi,2001)的话说,劳资关系嵌入在非市场的经济机制,没有脱嵌(Disembeddedness)。此时,工会并没有陷入角色冲突。

而且在20世纪50年代建立起的劳动保险制度中,工会实际上是保险的经办机构。《劳动保险条例》规定,实行劳动保险条例的企业,由企业行政或资方按月缴纳企业全部职工工资总额3%

---

① 工会干部的一个来源是每年一度的国家公务员招聘。

的劳动保险金。开始的两个月,保险金全数上缴中华全国总工会,做统筹使用;从第三个月起,全额的30%上缴总工会,其余的70%归基层工会调配使用。劳动部和全国总工会制定的《各企业劳动保险基金会计制度》,基层工会组织设立独立会计,建立簿记与财务管理。

1954年,全国总工会《关于劳动保险金掌管使用办法的规定》,明确基层工会留用70%部分的开支范围(安徽省地方志编纂委员会,1998):

1.劳动保险条例规定的各项待遇;2.职工去疗养院、休养所疗养、休养的伙食补助与路费补助;3.基层集体劳动保险事业的开办费、设备费和经常费补助;4.基层开展文体活动的费用补助。剩余部分按月上缴所属省、市(包括省辖市)工会或劳动保险经费独立管理的产业工会作为调剂金。各级工会成为包括劳保医疗在内的各种保险福利的主要管理者。

20世纪60年代中后期,工会在文化大革命中被取消。劳动保险待遇由企业自行发放。1969年财政部《关于国营企业财务工作中几项制度的改革意见》,国营企业一律停止拨交劳动保险金,各项劳动保险费用,改在企业营业外列支(财政部,1983)。劳动保险完全成了企业行为,而失去了社会统筹的功能。工会从此停止管理劳动保险。

总之,在计划经济时期,工会并没有陷入严重的角色冲突之中。相反,它承担了大量的为工人传送福利的职责。

变化中的工会

1978年后,中国开启市场化改革。工会的角色、作用、定位随之变化。改革中,与市场经济不适应的一些制度安排逐渐被取消，其中包括国企重组改制、打破铁饭碗。[①] 对工人而言，劳动合同制取代了固定工的"铁饭碗"，甚至待业（或失业）出现了；按劳分配取代了大锅饭，雇主和劳动者的双向选择取代了统包统分；劳动保险制度也逐步开始改革。在公有制单位之外，资本主义式的雇佣关系（或者说是剥削和被剥削的关系）建立起来。总之，国家—单位—劳动者的关系格局发生了剧烈的变化。它们之间的利益不再高度统一和一致，而是开始充斥着矛盾和冲突。

这种背景下，工会在法律上的定位和实践中的操作都有一些新的变化。

首先在法律上，工会的职责开始出现一些新的变化。尽管工会从1969年之后就淡出社会保险事务，它在20世纪80年代之后的社会保障改革中的作用还是不可忽视。工会担负着多项维护职工利益的职能，内容涉及劳动争议协调、劳动合同监督和劳动法律监督等；参与协调劳动关系和调解劳动争议；帮助和指导职工与企业、事业单位行政方面签订劳动合同；劳动保护与监察；职工管理与服务，等等。

1992年《工会法》规定："地方劳动争议仲裁组织应当有同级工会代表参加。"中华全国总工会颁布了《工会参与解决劳动争议

[①] 1984年5月，国务院发布了《关于进一步扩大国营工业企业自主权的暂行规定》，提出在10个方面扩大企业的自主权，人事劳动管理权和工资奖金使用权成为其中的两项主要内容。1987年7月12日，国务院发布《国营企业实行劳动合同制暂行规定》，要求在企业新招的工人中推行劳动合同，合同期满后企业可根据需要续延或终止合同。1987年9月，原国家劳动人事部在"全国搞活固定工制度试点工作会议"上要求，在国营企业推行"优化劳动组合"，并允许企业辞退所谓"富余职工"。

的试行办法》,这一规定在 1995 年又得到了加强(中华全国总工会,1995;王向民,2008)。

20 世纪 90 年代中后期的国企改制过程中,工人利益不断受到侵害。对此,国家经贸委、劳动和社会保障部等几部委与中华全国总工会(2002)联合下发《关于国有大中型企业主辅分离辅业改制分流安置富余人员的实施办法》规定职工代表大会承担的职能是:对企业改制分流方案的审议;审议通过安置职工和安置职工的资产处置等有关事项(国家经济贸易委员会、财政部、劳动和社会保障部、国土资源部、中国人民银行、国家税务总局、国家工商行政管理总局、中华全国总工会,2002)。这使工会在国企改制中担负着保护工人权益的作用。

2001 年全国人大对《工会法》作了许多修改。其中"维护职工合法权益是工会的基本职责"的规定进一步将工会的维权功能凸显出来(全国人民代表大会常务委员会,2001)。同时"职工代表大会制度"和"集体合同制度"作为工会维权的两个基本手段得到明确。

由此可见,在法律上,工会承担了保护劳动者利益的职能。而在实际上,工会介入劳动争议的程度也在不断增加。如表 5—5 所示,从 1997 年到 2007 年,工会参与处理劳动争议工作从 72 594 件增长到 318 609 件,2007 年数量是 1997 年的 4.39 倍,不过调解成功率大幅下降:从 1997 年的 65% 降至 2007 年的 19%。调解委员会中的工会和职工代表数也一直处于高位,历年几乎都在 40 万人以上。这说明工会在劳动争议协调中的参与程度在不断增加。

表 5—5　历年劳动争议调解委员会受理
劳动争议件数及工会介入情况

年份	受理劳动争议数	调解成功数	成功率	工会和职工代表数(人)
1997	72 594	47 528	0.65	765 053
1998	152 071	112 659	0.74	16 957
1999	113 381	81 234	0.72	16 128
2000	135 003	80 617	0.60	695 831
2001	N/A	N/A	N/A	N/A
2002	253 813	57 907	0.23	440 376
2003	192 692	51 781	0.27	551 586
2004	192 119	54 537	0.28	426 460
2005	193 286	42 036	0.22	464 977
2006	340 193	63 020	0.19	528 528
2007	318 609	59 163	0.19	677 609

数据来源:《中国劳动统计年鉴》,历年。

注:最后一栏 1998 年和 1999 年数字仅为工会代表数。

工会另有两点值得注意的变化:其一,工会在私有部门大举扩张、允许农民工参加工会;其二,基层工会开始直选。这些变化在悄悄地给陈旧的工会体制注入新鲜元素。

中国的工会虽然与政府关系密切,但渐进的变化一直都在发生。20 世纪 90 年代的市场化改革使得职工人数减少,同时非公有制经济成分迅速发展,而私有经济中的工会组织却没有建立起来。因此,工会规模在 1993 年到 1997 年一度有下滑趋势。同期,随着中国成为世界工厂,中国工人状况、劳资纠纷状况频出,众多压榨工人的血汗工厂没有受到有效的约束(Pun,2005)。在此背景下,中华全国总工会在 1995 年发文,要求在私营和外商投资企业中建立工会组织(中华全国总工会,1995)。从 1999 年起,全国总工会关于以贯彻《劳动法》为契机和突破口进一步加强外商投资企业工会工作的通知,甚至规定了指标,发誓要在2000年之前在80%的"新建企业"(非国有企业的统称)中建立工会组织。从90年代末开始工会会员数开始回升并超过历史水平,2007年工会会员已经达到19 329万人。

2003年9月的中国工会第十四次全国代表大会报告中第一次提到"一大批进城务工人员成为工人阶级的新成员",工会开始积极吸收农民工参加工会(张伟,2009)。据报道,2003年全国有3 400多万农民工加入了数以百计的打工地城镇工会组织。另据官方统计,到2007年9月底,全国已发展农民工会员6 197万人,约占农民工总数的51.6%。① 尽管官方的这一举动可能旨在阻止农民工组织独立工会,但较之前的被排除状态,农民工加入工会是一个进步。

与之相伴,私有部门内新设工会、基层工会的民主选举也在大范围进行。工会民主选举的动力可能来自于劳资协商、政府主导、外部力量推动(王金红,2005)。陈佩华(2007)研究过锐步(Reebok)港台鞋厂和福禄鞋厂的工会选举,发现新工会成立后在维护工人权益方面起到一定作用,其中就包括使得"管理方同意给普通工人买社会保险,并逐步过渡到按工作年限买团体保险"。冯同庆(2009)对福建锐步工厂的研究也透露出同样的信息。尽管工会的选举仍然存在着诸多不完善之处,但是它无疑为劳动者维护权益提供了一条渠道。一项针对私营企业的调查发现,有工会组织的企业里,工人的工资福利水平要高于其他没有工会的企业(中华全

---

① "我国半数以上农民工参加工会",http://news.yntv.cn/category/4010601/2007/10/19/2007—10—19_501191_4010601.shtml。

国工商业联合会,2007)。

总之,经历了私有部门建立工会、允许农民工参加工会,以及基层工会的民主选举等变化,中国工会正在出现新的、比较积极的变化。对工会来说,这是一个改善声誉、调整角色的好机会。对劳动者而言,这意味着体制内出现了一条可以利用的维护自身权益的机制。

夹缝中的角色冲突

中国工会一方面听命于政府,一方面又肩负着保护劳动者利益的作用。这使得工会陷入角色冲突。学术争论中往往把工会或者归为政府的附庸,或者认为它们可以代表工人利益。但实际情况远非这种二元论所能概括。陈峰指出工会对工人的态度取决于工会的国家角色和社会角色是否冲突(Chen,2003b)。在不冲突的情况下,例如如果工人个体性的、偏重经济方面的利益诉求,工会可以承担。但在冲突十分明显的情况下,例如工人组织结社(Association)等政治性的诉求,工会会站在国家一边。可见,工人利益诉求的性质和方式会影响工会作用的发挥。陈峰将工会的作用分为三类:代表、调解和阻止,分别适用于冲突性低、中、高的情境下。这三种情境的代表是法律纠纷、集体行为和独立组织。

陈峰的分析更为精致,我们可以看到清晰的机制和适用条件。拿社会保险来说,这本质上是一种经济利益,并不涉及结社问题。因此,我们可以预期工会可能会起一定的作用。而实际上工会的积极作用也得到了经验证据的支持。这说明,在一定条件下,作为社会主义体制一部分的官方工会也可以起到保护劳动者权益的作用。工会并非仅仅是一个摆设。

5.4 本章小结

本章回顾了职工医保的扩面所面临的政经背景,第四章的一些发现提供了丰富的脉络信息。中国在过去的30年所有制结构、就业结构都有很大的变化。私有部门发展迅速,已经成为就业的主要渠道。转型过程中,体制外的非正规就业占据了很大比重。这削弱了国家对企业和劳动者的控制,也弱化了国家推行政策的能力。同时,在社会保险的管理上,超越单位的社会保险经办机构开始成长起来,但是还不够完善。社会保险的治理水平也有待提高。市场经济下,劳动者的权益经常受到侵害,目前的劳动者权益保护机制中劳动监察机制比较弱小,难以发挥作用。工会方面出现了一些新的积极变化,已经有别于过去纯粹的官方工会形象。总之,职工医保的扩面过程需要置于国家和社会关系背景下才有可能被充分理解。

下篇 社会保险的治理

在第六章至第十章,我们将转入对社会保险治理机制的分析。社会保险的治理涉及方方面面的因素和诸多关键问题。本篇将探讨以下几个问题:(1)社会保险费征缴体制的设计(第六章);(2)自愿性社会保险项目的筹资可持续性(第七章);(3)社会保险项目的再分配效果(第八章);(4)现收现付制社会保险基金的管理(第九章)。上述问题涉及筹资机制、可持续性,基金管理和社会保险项目的经济社会后果,可以反映社会保险治理中的若干(当然并非全部)重要议题。最后,为了回应前言中"社会基础设施受到忽略"的问题,第十章系统梳理了目前学界争论较多的议题,主要是经济发展与社会政策的关系。通过系统回顾,本篇认为社会保险等社会保障支出不应被视为非生产性的花费,它们具备社会投资性质。只有系统化地建设社会政策体系,我们才能实现经济和社会的良性、平衡发展。

第六章　中国社会保险征缴体制的跟踪研究[①]

本章转入对社会保险治理状况的分析，首先分析的是社会保险的筹资机制。筹资是社会保险制度运行的基础，而筹资机构的选择是社会保险制度设计的关键环节。在中国社会保险费征缴体制中，地方税务机构和社会保险经办机构并存，形成二元征缴局面。新通过的《社会保险法》也未能终结征缴主体之争。为什么这一权力分散格局得以延续十余年？究竟由谁征收社会保险费更有利于社会保险体制的发展？基于对十余位政府官员的访谈，本研究认为两种征缴方式各具优势，但是与征缴相对应的权力以及征缴所带来的资金流和人事编制才是双方相持不下的背后动因。此外，本研究追踪了1999—2008年各省征缴主体的变迁，并构建了一个历时十年的面板数据库。统计分析发现，地方税务机构征收社会保险费更有利于扩大社会保险覆盖面，有利于促进社会保险基金收入增长。作为独立的经验研究，本文分析结果有助于终结长达十余年的征缴主体之争；同时，部门利益的分析框架也可应用于对其他政府机构的分析。

[①] 本章发表于《中国社会科学》2011年第3期。

6.1 引子:一个悬而未决的条款

1999年国务院颁布《社会保险费征缴暂行条例》,其中第一章第六条规定:社会保险费征缴机构,国务院授权各省自行在地方税务和社会保险经办机构之间进行选择,但省内需要保持统一。[1]到2009年为止,地方税务机构(下文简称地方税务)陆续接手了18个省份的社会保险费征缴任务,其余13省份仍由社会保险经办机构(下文简称社保经办)负责。中国社会保险费二元征收已经延续了十几年。

2010年10月,历经三年四审方获通过的《社会保险法》本可结束二元征收局面。然而,几经波折后,该法第七章第五十七条规定:社会保险费实行统一征收,实施步骤和具体办法由国务院规定。尽管与先前草案中的"社会保险费的征收机构和征收办法由国务院规定"相比已经有所进步,不可否认,问题仍然悬而未决(耿雁冰、谢文兴,2010)。

为什么这一争论持续十余年仍未有定论?这一久拖不决的争论背后牵涉着怎样的部门利益?究竟由谁征收社保费更有利于社会保险的发展?这些问题至今缺少系统的分析。中国的社会保险项目之规模举世罕有其匹:2009年,仅城镇基本养老保险参保者就达2.36亿人,基本医疗保险参保者达4.01亿人,城镇五项社会保险基金收入高达1.6万亿元。[2]如此广泛的涉及面和如此大规

---

[1] 但在政策执行过程中,省内地区间、险种间统一的问题并没有完全解决。

[2] 五项社会保险是指:城镇基本养老保险、基本医疗保险、失业保险、工伤保险、生育保险。基本医疗保险包括非强制性的城镇居民基本医疗保险。(人力资源和社会保障部,2010)

模的资金汲取过程使得社会保险征缴成为关系国计民生的重要议题。在《社会保险法》征求意见过程中,中国人大网收集到7万多条意见中,其中有1 076条建议明确规定社保费征收机构,这是观点最集中的建议之一,足见其公共关注度(林晓洁,2010)。我国将逐步实现社会保险费统一征收,最终的政策选择将波及两大部门遍及全国的征收机构和人员,关系到各社会保险项目的发展。因此,系统扎实的经验研究实属必需。

同时从理论上讲,两个部门对社会保费征缴相持不下,这正是观察、分析部门利益的绝佳机会,借此可以增加我们对政府组织行为的知识。此外,征收机构之选择并非简单的"二选一"问题,也反映了公共管理领域的一个两难问题:政策执行是依赖已有的、较完善的机构(例如地方税务),还是依赖专门设立的机构(如社保经办)?[①]因此,相关研究将会为政策执行的机构选择问题提供新的经验依据。

鉴于政策和理论方面的双重意义,我们需要对社保征缴体制进行科学、客观、独立的研究。征缴主体之争背后的部门利益,需要通过广泛的调查、访谈,厘清争执之焦点、利益之所在。更为幸运的是,十几年来各省自主选择征缴机构,从而形成一次难得的准自然实验。我们可以利用经验证据比较两种征缴机构的表现,对这一争论做严格的分析,从而为现实的政策选择提供科学支持。

本章将致力于回答以下两个问题:(1)征缴主体之争背后牵涉

---

① 已有机构人力、机构完善,即占有"资源优势",但是它们并非为此政策专门设立,所以执行政策的激励不足。新建机构是为政策量身定做,拥有"激励优势",但是它们受限于人力、机构、经费等"资源"约束。因此,究竟选择何者作为政策执行机构考验着决策者的判断力。参见:施能杰(1987)。

着什么样的部门利益？（2）地方税务和社保经办，何者征收社会保险费更有利于社会保险的发展？社会科学研究问题的复杂性使得单纯的质化和量化方法都相形见绌。鉴于此，本章将采取质化和量化相结合的研究方法，以获得多样化的证据，提高结论的可信度。为此，本章构建了一个纵贯十年（1999—2008）的面板数据库，动态跟踪各省征缴方式变化及其相应的社会保险发展状况。此外，研究者在收集数据过程中访谈了十余位征收机构人员。结构如下：第一部分回顾了中国社会保险征缴体制的变迁过程及国内外的相关讨论；第二部分通过对十余位政府官员访谈的分析，对比了地方税务和社保经办各自的征收优势，并且分析了征缴主体之争背后的部门利益；第三部分交代了研究方法和资料来源，并对研究问题进行了操作化；第四部分是统计分析的结果和讨论；第五部分为结论。

6.2 社会保险征缴体制：历史、分类与相关研究

6.2.1 社会保险征缴体制的历史

1949年以后，中国社会保险费的管理大致经历了四个阶段：(1)工会征缴劳动保险金阶段（1954—1969）（倪志福，1997）；(2)"停止提取劳动保险金……改在企业营业外列支"阶段（1969—1978）（财政部，1983:550—551）；(3)社会保险经办机构负责阶段（1980年代中期至1990年代中期）；(4)社会保险经办机构和地方税务机构共同征缴阶段（1990年代中期至今）（张彪、王跃萍，2009）。

20世纪80年代之前的劳动保险制度与单位制嵌合在一起，

劳动保险费一般全部由单位负责,其征缴也大多通过单位进行,独立的社会保险管理机构尚未发展起来。从1986年开始,随着改革的深化,以单位体制为依托的劳动保险体制难以为继。社会化的养老、医疗、失业保险体制进入改革议程。而且养老、医疗保险基金开始由企业、个人分担,实行社会统筹。于是,劳动部门开始建设跨越单位的社会保险经办机构,以适应社会保险的发展需求。由此,社保经办机构开始负责社会保险费的征缴和管理(胡晓义,2009)。

进入20世纪90年代,随着改革的进一步深化,部分国有、集体企业经营困难甚至破产,导致社会保险征缴困难重重;与此同时,社会保险的支付额度却开始上涨。两方面的变化使得社会保险基金面临巨大压力。1995年前后,宁波、武汉两地政府决定将企业和有纳税义务的事业单位缴纳的养老保险费委托银行或地方税务机构代为收缴。①1998年,财政部、原劳动部、中国人民银行以及国家税务总局下发了《企业职工基本养老保险基金实行收支两条线管理暂行规定》(财社字[1998]6号),规定基本养老保险费可以由地方税务代征。进一步,1999年国务院颁布《社会保险费征缴暂行条例》,正式确认了各省在选择社保征缴机构上的自主权。二元征缴体制由此确立。

社会保险在全国铺开的关键时期(1998—2000年),国有企业,作为当时扩大覆盖面的主要对象,正在努力脱困。很多经济困

---

① 宁波市规定:"单位缴纳的养老保险费,由社会保险机构委托各开户银行按月代为收缴",参见:宁波市人民政府(1994)。武汉市的规定参见:武汉市人民政府(1996)。

难地区的社会保险费收不抵支。为了缓解这一状况,有的省份采纳了地方税务机构征收的政策,以保证征收的效率。1998年浙江省向税务部门移交了征缴权限。2000年和2001年是移交高峰期,共有14个省份出现移交。这里面既有江苏、广东、福建等沿海地区,又有陕西、甘肃、青海等内陆省份。至2009年,18个省份陆续施行了地方税务征收的模式。变化情况如下表所示。

表6—1 采纳地方税务机构征缴保险费的省份

年份	各年采用税务征收的省份数	累计比例(%)	新增省份名录
1998	1	3.2	浙江
2000	8	29.0	辽宁、黑龙江、江苏、广东、海南、重庆、陕西、甘肃
2001	6	48.4	内蒙古、安徽、福建、湖北、湖南、青海
2002	1	51.6	河北
2004	1	54.8	云南
2008	1	58.1	宁夏
总计	18	58.1	

资料来源:中国社会保险征缴体制变迁数据库(笔者自建)。

注:1.本表中,征缴主体移交的时间参照各省份相关法规规定的时间。

2.四川省、吉林省曾实行过地税代征,但不久又改回社保经办征收社保费,因此未计入表内。

6.2.2 征缴方式:分类和现实复杂性

概括而言,目前的社保费征缴可以分为以下几种模式。

社保部门独立征收 在表6—1未列出的13个省份,征缴主体没有发生变化,社保部门独自负责社会保险费征缴的所有环节,包括:登记、审核、征缴、追收欠款、划拨财政账户、记账等。

地方税务负责征收 这一类型又包括地方税务代征模式和地

方税务全责征收两种模式。地方税务代征模式即社保机构委托地方税务机构征缴保费,征收权限并未完全移交。具体操作如下图所示:

社保经办	缴费单位	社保经办	地方税务	社保经办
制定征缴计划并核定计划;	向社保部门进行登记、申报社会保险费;	核定缴费基数,将应征数传送给地税部门;	按应征数征缴,并追欠、查处、划解财政专户;	按照地税部门征收数记账和核发待遇。

图6—1 地方税务代征社会保险费流程

可见,这一模式中社保经办和地方税务各有其职权,任何一方都不能独立完成。目前辽宁、黑龙江等省份采用了这一模式。

地方税务全责征收是指地方税务机关全面负责社会保险费征缴环节中的缴费登记、申报、审核、征收、追欠、查处、划解财政专户等相关工作,并将征收数据准确、及时传递给社保部门记账。而社保部门将放弃登记、审核等权限,专门负责记账和待遇管理。浙江、宁夏、广东等省、自治区采用了这一模式。

然而,实际情况远比上述分类复杂。社保部门独立征收的省份内部,征缴主体基本做到了一致。但是地税代征、全征的省份内部,大部分没有达到国务院规定的"省内保持一致"。在各险种之间,省内各地区之间甚至同险种内部在不同所有制单位之间,征收方式都可能存在差别。首先,险种之间,养老保险和失业保险的移交较为一致,差异主要在医疗保险。以辽宁省为例,养老、失业保险均由地方税务征收,但是医疗保险目前仅有部分地市采取地税征收,其他仍归社保机构。类似的省份还有黑龙江和陕西。其次,省内各地区之间也存在一些差异。一些地级市(尤其是计划单列市)在政策实施中跟全省存在差异,例如,尽管广东省已经由地方税务全责征收社保费,但深圳市至今仍由社保机构负责。最后,最极端的情况是不同所有制的缴费单位之间也有差别,例如湖南省向地方税务移交了养老保险的征收权,但仅限于外企和私企的养老保险。这些情况增加了分析的难度。

6.2.3 国内外研究现状

两种征缴模式孰优孰劣,学术界和政策圈争论不休。实践中,二元征缴体制存在很多弊端:机构重复建设;机构间协调造成交易成本高;社会保险统筹层次低而监管成本高等(王军,2004;郑秉文、房连泉,2007)。在学术争论之外,地方税务和社保部门之间在征缴问题上的争执反映了部门间的利益之争。正是由于这些学术内外的因素,二元征缴体制自1998年至今一直维续下来,延宕至今。相关研究可分为两种意见:

一类意见认为应由**税务部门负责征收社会保险费**。地方税务人力充沛,经验丰富,信息健全,可以强化征收力度,保障基金收入(林毓铭,2002)。[①]有的研究者进而支持将社会保险费改为社会保险税,增加强制性(胡鞍钢,2009;许建国,2001;刘小兵,2001;王玉松,2003)。

另一类意见则认为应由社保部门负责征收。社保部门直接接触参保人群,更加了解实际事务中的各种细节,便于展开工作。而且如果将社会保险费的征收、管理交由社保部门统一执行,可以减

---

① 张雷的量化分析结果显示地方税务征收社保费无助于提高养老保险的征缴率,参见张雷(2010)。

少多部门协作造成的"交易成本"问题(郑秉文,2007a;郑秉文、房连泉,2007)。

世界范围内,因历史、制度设计等因素,其他各国形成了不同的征收模式(International Social Security Association,1997)。相关讨论也围绕地方税务和社会保险机构的分立、协作还是整合展开(Ross,2004)。一些发展中国家和转型国家也在重新调整征收机构。可见,征收机构的选择也是一个国际性的议题。

现有研究提供了丰富的洞见,但多为说理性的论述,较少通过经验数据来检验其结论。如果系统地收集经验资料来分析地方税务和社保经办的利弊得失,无疑会使这一问题的讨论更加客观和严谨。另外,二元征缴体制争论涉及到税务部门和社会保障部门的利益之争。部门利益可能影响到部分研究的取向和结论。中立于部门利益的独立研究,才有助于学界的理性讨论和政府的科学决策。

6.3 征缴优势和部门利益:官员访谈分析

征缴主体之争久拖不决,一方面是因为这两种征缴方式各有千秋,决策者很难一概而论。另一方面,社会保险费征缴涉及方方面面的利益,尤其是涉及税务部门和社会保障部门的利益。然而,究竟"部门利益"所指为何?哪些具体的"利益"让部门之间争来争去,相持不下?现有文献大多半掩琵琶、欲说还休,少有深入具体的分析。为了理解征缴主体之争背后的深层含义,研究者访谈了9个省份的11位政府官员,涉及8个征缴机构或其主管部门。这些第一手的资料不仅可以帮助我们分析不同征缴方式的各自优势,而且有助于解开部门利益的面纱,还原争论的实质。① 限于篇幅及考虑到匿名性,本章不再详细介绍各个访谈对象及其机构,只是总体上介绍一下它们的组织和环境。地方税务机构内部,征缴部门有的为单独设立,称为"社会保险费管理处(科)"、"社会保险费征收管理处(科)"或"社会保险基金处(科)"等。也有一些地区,负责社会保险费征缴的部门称为"规费管理处(科)",也即社会保险费的征缴和地税局负责的其他非税类项目合并在一起。② 在社会保障部门,征缴任务一般交由下属的事业单位——社会保险经办机构——来完成。社保经办机构内部一般分设养老保险、医疗保险、失业保险等科别,分别负责对应险种的征缴任务。社会保险费征缴流程大同小异,上文已有介绍,在此不再赘述。下文将关注征缴过程中不同征缴方式在人力、网点、信息、激励机制等方面的差异。

6.3.1 资源与激励:不同征缴方式的比较分析

笔者对征缴机构的官员进行了访谈,一个核心的问题是:地方税务和社保经办在征收保险费时,各有什么优势? 他们的回答也大致可以反映各省选择征缴主体时的考虑:为什么征缴主体要从社保经办机构移交给地税机构? 为什么13个省份的征缴主体仍然是社保机构?

---

① 为了保护隐私,被访者均做匿名化处理:首位字母为省份代码,第二至五位是访谈的年月,第六位是受访人代号(部分记录有第七位,也是受访者代号的一部分)。

② 在有的地区(如广东),地方税务局还负责了文化事业建设费、教育费附加等行政收费的征缴。

我们首先聚焦于转换征缴主体的省份。地方税务官员认为地税部门拥有资源优势,而且收支两条线有助于保障基金安全。

首先,地税官员往往强调自己有专门的征收队伍,人员充沛,网点众多。经过十几年的发展,2008年地方税务机构已经拥有47 233个机构,39.9万工作人员(中国税务年鉴编辑委员会,2009)。而同期社保经办机构仅有7 419个机构,13.3万工作人员(人力资源和社会保障部,2010)。两者规模的确不可同日而语。因此他们认为:

> (地税征收)可以节省行政成本。省里没有必要再建一套专门的人马来负责这个事。企业也可以不用既跑社保局又跑税务局。(D1010L)

此外,征收经验和征收力度是他们强调的另外一点优势。地税官员一方面认为地税部门熟悉企业财务状况,"对企业了解,掌握企业工资发放情况"(I1010ZH);另一方面觉得他们对企业的制约力强一点,"执法要强硬一点"。(B1010ZH)

> 地税征收有税法制约,力度大。制约手段也多,如果(企业)不交保险费,就不给开发票,不给办理税务登记,还可以进行审计、罚款等等。(C1007L)
> (我们)征管手段很充分,信息化平台、网点覆盖全省,同时对企业财务状况可以掌握第一手资料。(Q1010ZH)
> 地税数据库,数据更接近现实一点,(因为)只有那些有生产经营活动的企业才会办理税务。(C1007L)

与之相反，地税部门的工作人员认为社保经办的征收手段相对落后：

> 医保的参保者多，但是数据交换不到位，很麻烦。电脑、软件、数据库还不够完善。(D1010L)

再次，最近几年社保基金大案频发，引发对社保基金安全的反思（郑秉文，2007b），也给地方税务部门提供了论据。他们认为"实施社会保险收支两条线，管理规范一些"(I1010ZH)，可以更好地保障基金安全。

> （社保部门）负责登记、核定、征缴、发放，这样它就把所有的环节都掌握了。不利于保障基金的安全。(O1010L1)
>
> 06年省里出过医保案件①，地税提出要负责征收，他们提出了"社保开票，税务征收，财政管理，银行发放"的新模式，但省里觉得时机不成熟没同意。当时全国的征收局面基本上是一半对一半。不过后来还是批准了。(R1010L)

地方税务征收的诸多优点无法解释为什么13个省仍然将社保经办作为征收主体。让我们转向另外一方。社保经办部门认为他们的优势在于责任心、对参保者的熟悉以及程序简化等方面。

首先，激励问题。社保经办人员认为征收社会保险费是他们

---

① 2006年R省S市医保中心有3 190万元的医保资金被挪用，有1 200余万元无法追回。这是该市1949年以来金额最大的贪渎案。

的本职工作,因此责任心更强。相反,地税部门缺少征收社保费的积极性,征收时难免出现"先税后费"的问题。

> (征收社会保险费)并非他们的本职工作,相当于副业。很多税种像是营业税、所得税,都是有提成的。地税局一般员工每年的提成就有三五万。征收社会保险费不允许提成,只有超额奖励。所以他们积极性不会太高。(C1007H)

针对税务部门的人力优势,社保部门官员认为:

> 地税部门的优势就在于征收权……社保跟地税之间(的差别是),权力而非人力。因为这部分职能划拨并不需要很多人力,只不过是多开几个窗口,多加几台计算机的问题。(C1007L)

其次,虽然地税部门熟悉企业,但是社保经办人员认为他们更了解参保者,因此征收经费更加准确。著名社会保障专家郑功成认为:"社保经办机构关注的是参保单位的就业情况,必须跟踪劳动者的一生;而税务部门只关注企业的经营状况,不可能跟踪劳动者的流动,更不可能跟踪劳动者一生。所以建立由社会保险经办机构统一征收的制度势在必行。"(耿雁冰,2010)

> 地税征收时,往往按照工资总额的比例来收。而且往往在这个基础上打个折扣。这造成社保费征缴不准确。而社保经办机构因为直接负责社保费的管理,因此对人员变动情况

非常熟悉,可以根据人头来收,已经退休的、已经办理关系转移的,都可以及时处理。(F1010F)

地税采取捆绑式征收方法。地税部门按照企业工资总额直接扣缴,不管这些人是否参保。个人账户则由企业从员工的工资中扣缴,然后转给地税部门。缺点是工资表一旦做假,地税则会少收。比方说一个企业有500员工,但是上工资表的只有300人。社保部门负责核查,地税部门不负责。(C1007H)

对企业情况的掌握上,社保经办人员认为地税部门的数据存在漏洞:

有一些企业,他们经营不善、不办理税务登记,但是办理社保登记。地税局并不了解这部分情况。另外,地税局不了解企业的具体情形,例如职工人数、退休变动情况。他们只负责征收总体的款项,不了解细致情况。社保部门要管理具体的个人账户,所以拥有信息优势。(C1007L)

此外,社保经办的官员认为由社保经办单独征收保险费会简化程序,处理起来较为灵活。一旦地税介入,双方的协调会增加操作成本。四川省在1998年7月曾实行过地税代征,由于存在地方税务与社保经办协调等诸多问题,不到一年时间,在1999年4月又重新改回社保经办征收社保费(刘胗,2008)。

财税系统的软件比较死板,(处理)时间跨度1个月。在这以前,我们经办机构处理起来就比较灵活:企业向银行缴费,拿了银行的进账单,我们这边马上就可以把企业缴费状态显示为已缴纳。但是地税接手之后,企业先得到我们这边开单子,然后去税务局开完税凭证,企业再缴费,等到国库和银行的对账单拿到之后,社保局这边才能接到企业已经缴纳税款的信息。(R1010L)

通过访谈,可以看出两种征缴方式各具优势。地方税务部门强调自身的资源优势(征收队伍、网点、经验)和对企业的信息优势。而社保经办强调自身的责任心(本职工作,激励结构),以及对参保者的信息优势。这些争论让人感觉两个部门说的都有道理,同时又很困惑:到底哪种征收方式更胜一筹?

6.3.2 "权"与"利":部门利益之拆解

尽管上文比较了两种征缴方式的特点,但是现实世界中征缴主体的移交并非全然出于对征缴方式优劣的考虑,很多其他因素影响了征缴主体的选择。突发性事件、地方政治生态、部门的政治影响力对征收主体的移交有很大影响。如上文所述 R 省因为发生医保基金案件,地税部门接管了社会保险的征缴。最具戏剧性的是 C 省 D 市:C 省在 2000 年就已经将征收主体移交给地方税务,D 市却一直坚持采用社保经办机构来征收,而且"D 市是人保部的社保征收示范点,后来地税局局长调任常务副市长,一个批文就把征缴方式改过来了"(O1010L2)。2010 年 7 月 1 日起,该市社保费正式交由市地税局统一征收。

不过,在一些经济欠发达地区,社会保险费征收压力较大,容易发生收不抵支的局面。因此这些地区的"税务局起初不太愿意接手社会保险征缴任务"(O1010L1)。有的地区还出现过反复:陕西省已将征缴主体转移到地方税务,但安康、汉中市正在酝酿将征收主体返回社保经办(O1010L1)。无独有偶,吉林、四川等省以及贵阳市、长沙市等地区也曾发生过反复(王飞,2009)。

但是在全国范围内,整体的形势是地方税务和社保经办都想获得征收权。考虑到自1998年起,国务院禁止从社会保险基金中提取管理费,征收经费由同级财政安排(财政部、劳动和社会保障部,1999)。因此,表面上看征收社会保险费并没有太多利益可争。究竟是什么利益驱使他们努力获得征收权呢?下文将结合理论和访谈资料对征收主体之争背后的"部门利益"进行分析。

科层制研究是政治经济学、公共管理、社会学中的一个重要议题。根据尼斯坎南的科层制模型,科层组织具有"预算最大化"的动机(Niskanen,1994;Niskanen,2008)。更多的权力、更大笔的预算、更多的人员是科层制所追求的。虽然后来的学者对尼斯坎南的模型有所修正,但是对于科层制的扩张倾向学者们意见较为一致。[1]

税务机关和社保经办都是科层制的具体例子。不同的是,在尼斯坎南的科层制模型中,官僚组织往往是某一类公共服务的垄断者;而在本章中,地方税务和社保经办则是社会保险征缴这一服务的竞争者。因此,与针对单个科层制的分析相比,本章中的征缴

---

[1] 例如Migué和Bélanger提出,具有自由支配权的预算(Discretionary Budget)才是科层制人员追求的对象,参见:Migué和Bélanger(1974)。Dunleavy又进一步细化了预算的种类和科层制组织的类比(Dunleavy,1991)。相关讨论参见(Wintrobe,1997)。

主体之争更有利于凸显科层制的利益所在。下文将从两方面分析部门利益:其一,权,即职权范围与所对应的部门权威;其二,利,与权力伴生的实际利益。

"**权**":**职权范围与部门权威**　　与普通的物品相比,声望、地位、权力等社会性物品是排他性的。权力并不能通过增加供给来解决需求问题。权力带来的利益和满足感跟它的社会稀缺性息息相关(Hirsch,1976)。如果把权力赋予给很多部门,其含金量就会降低,带给权力拥有者的利益和满足感也会随之降低。现实世界中,部门之间的权力竞争往往非常微妙。当涉及部门协作中哪个部门做主导的关键问题时:

> 部门之间**联合发文**(时),排名先后、有没有本部门的**发文字号**,都是部门之间争执的内容。(S1007W)

因此,对于社会保险费征缴这么一大块职权的去留,征缴主体久拖未决也就容易理解了。对社保经办机构而言,征缴业务的移交也意味着权限的缩小。在社会保险管理的诸环节中,社保经办就只剩下待遇发放等几个权限。权力的缩小意味着什么呢?如果职权范围缩小,负责的业务减少,那么该部门对管治对象的权威就会受到损害。管治权限丧失意味着管理方与被管理方关系的失去,意味着被管治方不必显示尊敬或者提供其他利益。

> 为什么争这个征收权?他们想要这个权力。一旦有权,别人会围着转。管得越多,企业越会服我。否则,什么也不管,企业见了跟没事人一样。有了权不一样,有事没事就可以

去查一下你,有问题可以罚你。(C1007H)

计划经济到市场经济的转型使得劳动部门(社保部门前身)权限范围缩小。计划经济时期,人事局管干部、劳动局管工人。劳动部门负责管理当时城镇就业人口的主体部分:国有企业的工人。职权范围也相当广泛,包括技术评定、工资定级、调配劳动力、工作调动等。但是进入市场经济体制后,劳动部门目前的职权大多属于服务性质,例如职业培训、劳动仲裁等。这种只花钱、不挣钱的职权相对缺少吸引力,而且无益于提升部门的政治影响力。如果社会保险费这一权限全部转移到地方税务部门,劳动部门将损失一个重要的工作"抓手"。因此,即使作为旁观者,我们也可以理解他们为什么对社会保险费征缴职权看得很重。

从这个意义上讲,与征收主体之争相关的社会保险"费改税"争论也就容易理解了。社会保障部门是费改税的坚定反对者,相反,财政税务部门则是费改税的热烈支持者(谢旭人,2010)。因为一旦社会保险费由"费"变"税",征收权限就会自然地从社保部门划归到税务部门,征收主体将毫无疑义地走向税务部门,这将意味着社保部门跟征收业务彻底脱钩。这也是热热闹闹的费改税争论始终界限分明、笼罩在部门利益阴影下的一个原因。

"利":资金流和人事编制　政府部门的运转至少需要两类资源:财政资源和人力资源。职权范围的划分往往与办公经费、人事编制等联系在一起。社保费征缴仅城镇部分就涉及数亿人员和数万亿基金收入,工作量极大,因此与之成比例的征收经费、人员编制也是相当可观的。职权变化往往意味着可支配的办公经费和人事编制的转移。基于官僚机构有膨胀的内在动力,部门间对此相持不下也就易于理解了。

首先,征收经费、增收额奖励以及社保资金流。对于地税机构而言,把征缴权拿过来意味着多重利好。其一,征收经费的配备会增加办公经费。一般而言,征收经费由各级财政部门列入预算,专项拨付。部分省份披露的比例大约如表6.2所示。

表6—2 部分省份征收经费计算

省份	经费计算基数	比例
青海	社会保险费年度收入	3%
湖南	基本养老保险费入库数	3.5%
江苏	年度征收计划数	0.6%—0.8%
浙江	社会保险基金实际征缴入库额	1%—1.2%

数据来源:各省法规。①

另一方面,他们可以参照征税所得奖励,通过征收社会保险费来获得奖励。以C省L市地税局为例:"去年(2009)征收了9个亿,奖金一两百万。"(C1007L)R省的地方税务部门:"(向省里)提出按征收额比例发奖励基金,但最后政府批的是按'增收额'的比例。"(R1010L)

为了扩面增收,各省都实行了不同程度的奖励措施。如表6—3所示,广东省按照基金征缴率和增收额两个指标计算奖金。如果基金收缴率在95%以上,增收额为1亿元的话,奖金将是100万元。②这将是一笔相当可观的奖金。《广东统计年鉴》从2006年起报告养老、失业基金征缴率:该年全省养老保险基金征缴率已经

---

① 参见:青海省人民政府(2000)、湖南省地方税务局、湖南省劳动和社会保障厅、湖南省财政厅(2000)、江苏省政府办公厅(2000)、浙江省地方税务局(2004)。

② 广东省统计局、国家统计局广东调查总队(2007)。

高达97.4%,失业保险基金征缴率为96.6%,除个别地级市外,大部分地区养老、失业保险征缴率均已超过90%。

表6—3 广东省社会保险扩面增收工作奖励(养老和失业保险)

基金收缴率(%)	奖金占增收额的比例(%)	
	全省其他城市	广州市、东莞市
≥95	100	50
90—95	85	40
85—95	50	25

数据来源:广东省人民政府(2000)。

此外,从地方政治生态的角度看,地方政府各部门的政治地位是跟它们的创收能力相对应的。一个部门对地方财政贡献越大(例如招商引资),那么它的话语权就越大。即使是统一上缴、本部门掌控权限不大的资金流入,该部门也可以用做跟财政局谈判的砝码,来争取更大的预算额度(或者奖金、补助等)。[1]

社会保险基金每年收入数以万亿,是一笔海量的资金。尽管国家对社会保险基金的管理、使用有诸多限制,明令不得挪用、拆借等,但不可否认,近些年来社保金案件屡查不绝,这说明在许多地方,社保基金在一定程度上是可动用的一笔资源。其一,目前社会保险统筹层次比较低,基金管理分散于全国七千多个管理主体(申剑丽,2009)。而且社会保险基金流入到地方的财政专户,而非全国统一的财政账户,这就留下了操作的空间。[2]其二,社会保险

---

[1] 此处得益于跟李振的讨论。
[2] 此外,由于目前社会保险在地区间的可转移性尚未完全解决,参保者退保时仅能拿回个人缴纳部分,企业缴纳部分将沉淀在缴纳地区。这部分资金的性质和管理处于模糊地带,存在一定风险。此处得益于跟庄文嘉的讨论。

基金缺乏独立的监管主体,管理者很容易屈从于地方政治压力。其三,由于统筹水平大多停留在区县层次,而分税制改革之后中国地方政府的财政状况呈现越往基层越紧张的特点(周飞舟,2006)。因此,在财政吃紧、经济实力差的地区,老百姓的养命钱很容易成为地方财政的养命钱。

可动用的资金不仅是一笔经济资源,同样意味着政治影响力。在地方政治层面,掌握资金流的部门/局长们会拥有更大的政治影响力和话语权,成为地方政府主要领导器重的对象。退一步讲,即使不谈挪用的问题,经手大量社会保险基金的部门或官员,自然是各个有着吸储需求的银行巴结的对象。

其次,人事指标。对于部门领导而言,人员配备增多意味着部门内部在处室设置、干部调整、选拔任用等方面"回旋"的余地变大。对于普通工作人员而言,本部门工作人员规模上升意味着人均工作负担下降,同样责任也相应摊薄。对于普通人而言,政府部门及其附属的机构(例如事业单位)所提供的职位收入稳定、福利好、社会声望高,因此具有很大的吸引力。因此,在就业岗位日益紧俏的形势下,政府、事业单位的人事编制是一笔重要的资源。

另外如上所述,社保费征缴涉及面广,需要大量的人力物力。因此,这部分权限的去留跟编制、机构规模息息相关。如果将这部分职权移交出去,是不是意味着一部分人需要分流呢?这对于部门领导而言将是一个棘手的问题。在访谈中,我们发现目前编制变动不大。一方面,大部分征缴主体移交时,社保经办机构并没有出现裁员的情况,这是因为社保经办机构目前的人员配备没有达到适当水平(F1010F)。

> (社保经办机构编制)原先是打算按照千分之二来配备,

不过后来没实施,(因为)人太多,财政上觉得负担太重。(C1007H)

另一方面,地税部门扩张也不大。以 R 省为例,地税部门增加编制的请求也没有得到批准:

通过扩充业务,他们可以申请增加人员编制,扩充机构。因此可以解决很多人的就业问题。不过,省里面没有批。(R1010L)

但是若干年后,等社会保险扩展到农村地区,与业务范围调整相关的人员编制增减问题将会凸显出来。换句话说,从长期来看,不论哪个部门负责征收,人员编制的扩充只是时间问题。现在政府部门的人员编制大多是 1998 年政府机构改革的三定方案确立的。十多年来正式编制的膨胀并不大,这已经与政府职能的扩展不相适应。因此,随着社保业务的扩展,与社保征收相应的人事编制指标很可能会在不久的将来逐步落实。果真如此,争夺这项职权的动因也就更加易于理解了。

总之,在分析不同征缴方式优劣的同时,我们不能忽视征缴主体之争背后的部门利益。因为这些部门利益往往影响了争论的方向和解决。也正是因为部门利益的存在,独立的科学分析才变得尤为必要。

6.4 量化分析:研究设计

本节将转入量化分析,希望通过数据来对不同征缴方式作出科学分析。研究问题为：地方税务和社保经办作为保险费征收主体,何者更有利于社会保险的发展？本节将用两组简洁的统计模型进行分析。

6.4.1 变量操作化

因变量"社会保险发展"过于笼统,本节将其操作化为两个具体的指标：其一,保险覆盖面的扩大；其二,保险基金收入的增长。第一个指标涉及人,即参保者；第二个指标涉及钱,即社保基金。①

首先,扩大覆盖面是社会保险发展的首要目标。参保人数的增加意味着风险范围的扩大,意味着基金运行可以更加平稳。此外,举凡社会保险体制,往往需要从上往下的一套管理体制。如果参保人员过少,制度建设得不偿失,相当规模的覆盖面则可以实现规模效应,降低人均管理成本(Mitchell,1998)。还有,对于医疗保险而言,覆盖面的扩大往往意味着团体购买力的增强,这有助于提高服务购买者(需方及其代理机构)的谈判能力,而这是服务购买者要求服务提供方(供方)降低价格、提高质量的前提条件。

其次,保持基金快速增长是社会保险发展的另一重要目标。只有获得稳定的资金流,社会保险项目才能为参保者提供保险待遇。实际上,社保费用征缴过程中,漏缴、避保、逃费甚至拒保的问

---

① 覆盖面和基金收入这两个因变量的确存在相关性。覆盖面上升意味着参保人数增加,这会增加基金收入。但是这两个因变量之间反映了社会保险制度发展的不同侧面,存在一定的独立性。以基金收入为例,基金收入的上升除了受到参保人数影响外,还受到其他因素的影响,例如当地的工资水平、缴费基数的核定、对拖欠社会保险费的约束能力。缴费基数的核定和对拖欠的制约力在征缴机构间是不均衡的。征缴机构对参保对象信息的掌握程度影响了缴费基数的核定,而征缴机构的强制能力影响了清欠社会保险费的效果。

题一直存在(章萍,2007)。本节将分析地方税务和社保经办究竟哪一个更有助于保费的征缴,更能促进保费的增长。

本节以企业职工基本养老保险制度(简称养老保险)、城镇职工基本医疗保险制度(简称职工医保)和失业保险制度(简称失业保险)作为研究对象。这三个项目是我国城镇社会保险体系的主体。这三项保险的基金收入占到社会保险总基金收入的98%以上,其中养老保险基金收入占总收入的70%以上(国家统计局人口和就业统计司、人力资源和社会保障部规划财务司,2009)。因此针对这三个项目的分析可以反映城镇社会保险体系的总体情况。由于各地征缴主体移交情况在险种间存在差异,我们针对养老保险、职工医保和失业保险分别建立模型进行分析。

覆盖面的计算 这三个社会保险项目的覆盖人口基本上是城镇企事业就业人口,当然略有差异。① 由于数据无法捕捉到这三个项目覆盖面精细的差异,因此本节将"城镇就业人口"视为政策要覆盖的主要人口,再辅之以微调。这样做也是符合制度发展趋势的,因为越来越多的就业人口离开公有制单位,甚至离开正规就业部门,成为自雇者或者是非正规就业者。因此原先主要瞄准城镇正规就业人口的社会保险最近几年在调整。更广范围的城镇就业人口理当是制度的覆盖范围。基于此,三种保险的覆盖面计算方法分别如下:②

---

① 例如,企业职工基本养老保险主要面向企业,政府机关和部分事业单位的工作人员实行退休制度,并不包含在内此制度内。但是,正在进行中的事业单位养老体制改革正要将事业单位纳入养老制度的覆盖范围。

② 养老保险和医疗保险的覆盖范围还包括离退休人员。但失业保险因为涉及就业、失业等问题,并不包括离退休人员。另外中国人民银行的养老保险参保人数因为未实行属地管理,故未计入任何省份。另外,从2006年起,《中国统计年鉴》和《中国劳动年鉴》停止公布离退休人员数,本节只好以领取养老保险人数作为替代。由于各省均未公布,因此影响基本可以平摊到很小。

$$养老保险覆盖率 = \frac{养老保险当年参保人数}{(当年城镇就业人数 + 离退休人数)} \quad (1)$$

$$职工医保覆盖率 = \frac{职工医保当年参保人数}{(当年城镇就业人数 + 离退休人数)} \quad (2)$$

$$失业保险覆盖率 = \frac{失业保险当年参保人数}{当年城镇就业人数} \quad (3)$$

社会保险基金收入 基金收入也根据养老保险、职工医保、失业保险项目不同而分别计算,在此不再赘述。

自变量 本节是要分析地方税务和社保经办在社会保险发展中的作用,自变量是一个虚拟变量(Dummy Variable):采用地方税务征收保费的省份,变量取值为"1",其他省份为"0"。这一变量将帮助我们区分地方税务和社保经办的不同作用。

针对征缴主体移交的复杂性,在编码过程中对险种之间、实施时间、省内差异做了细化处理。首先,该变量取值按险种进行,同一省份内部已经移交给地方税务的险种,其自变量才取值为"1",反之亦然。例如,河北省地方税务局和劳动和社会保障厅在2002年联合下发的文件(冀地税发[2002]15号)《关于做好社会保险费征缴移交工作的通知》中,规定:"基本养老保险费和失业保险费(以下简称"社会保险费")将由地税部门征收。"因此,在编码时,养老保险和失业保险对应的自变量为"1",但医疗保险对应的征缴方式取值仍为"0"。

其次,采纳地方税务征收保险费的省份内部,各地之间存在差异,例如辽宁省、黑龙江省的职工医保现在仅有部分地市移交给了地方税务,因此本节仍将这两个省的医保征缴方式取值为"0"。

再次,移交时间的规定。本节大致以法令规定的政策实施时间为准。但是由于并非所有省份实施时间都是当年的1月1日,因此在编码时只要实施时间早于当年的6月30日,自变量取值从当年开始为"1"。反之,法令实施时间为7月1日及其后的,自变量取值从下一年开始为"1"。

控制变量 无论是覆盖面,还是基金收入,都不可能只受征缴方式的影响。因此,为了分析地方税务和社保经办对社会保险发展的作用,我们需要对其他可能的变量进行控制。因此本节采纳的控制变量如下:

1. 经济发展水平。依照工业主义逻辑,经济发展是社会政策发展的重要因素(Wilensky and Lebeaux,1958)。经济发展一方面可以为社会政策的发展提供经济剩余;同时,与经济发展相对应的工业化、市场化增加了人们的生活风险,从而使得对抗风险的社会保险等项目变得必要(Skocpol and Amenta,1986)。因此,经济发展水平与社会保险发展之间的关系值得注意。中国各地区间经济发展不均衡,以人均GDP为例,2007年上海已经达到65 600元,而贵州只有7 288元,上海是贵州的9倍之多。各省的经济发展程度往往与城市化水平、工业化程度以及正规就业比例等社会保险相关的因素有关系,所以本节将经济发展水平作为控制变量,用以控制经济水平对社会保险发展的影响。这样,各省之间、历时的比较更加可靠。这一变量将用人均GDP作为测量指标。

2. 政府对社会保险的补助水平。[①]作为公立的、强制性的社会保险,国家能力对制度发展至关重要。财政能力是国家能力的重要维度(Skocpol,1985:3—38)。尽管社会保险主要依靠雇主和雇员的供款,并不需要国家供款,但是制度建设费用、日常管理费用

---

① 政府对社会保险项目的财政补贴数据只涵盖1999—2007年。

都需要国家投入(中央政府从1998年起禁止从社会保险基金中提取管理费)。因此,政府的财力状况、对社会保险的补助水平会影响社会保险发展。尤其是制度启动和发展阶段,政府的补贴是政策顺利启动的保障,例如进行广泛的政策宣传,设立工作机构、招募工作人员等。在制度运行过程中,政府的补贴有助于弥补历史债务、补贴困难群体以及维持基金的平衡。各地财力不一,对社会保险的补贴水平也不同,这也会造成社会保险发展的差异。本节将财政对社会保险的人均补助水平作为控制变量。同样,这一变量也根据养老保险、医疗保险、失业保险项目分别计算,分母与上文(1)、(2)、(3)式各自对应的社会保险覆盖面计算式中的分母相同。

3. **所有制结构**。社会保险最初主要是面向国有单位,国有企业是扩面和基金征缴的主要对象。有关研究都发现政府的统计系统对国有部门(主要是国有企业)信息的掌握能力要远胜于它们对私有部门的掌握(Holz,2003);而且相对于个体、私营和外资企业,政府部门对国有企业的控制程度要更好一点(Duckett and Hussain,2008)。反之,一般而言私企和外企的逐利动机要更强一些;而且他们的员工流动率更高一些、平均年龄更低一些。因此参加社会保险的意愿要更低一些。于是,社会保险在国有企业中的发展要更容易一些。为了控制所有制结构对社会保险发展的影响,本节将国有及国有控股企业就业人员比例作为控制变量。计算方法为:国有及国有控股企业就业人员数/城镇就业人数。

政策变量 政策的激励作用以及政府的推动和工作力度也会对制度发展产生重要影响。[1]例如,某一年份某个地区出台加强征

---

[1] 感谢匿名评审人和刘晓婷的提醒。

缴/扩面之类的文件,可能会推动覆盖面和基金增收。这些作用不能当作是征收体制的贡献,需要单独设立控制变量。因此需要控制政策变量。在数据允许的情况下,补充这一控制变量将会增加模型的稳健性。然而,目前笔者无法收集到系统的数据,另外扩面增收的政策文件即使存在,也不能等同于相应的政策力度。在地方政府的日程中,具有优先权的事项因时间、地区、政治风向而异。在这种情况下,这一变量将被模型中的误差项所吸纳,也是可以接受的。因为隶属于不同征缴体制的各省出台相关政策的概率很可能是随机分布的。因此,这一变量对因变量的影响将会互相抵消。例如,如果社保经办征收的 X 省出台扩面增收政策,其作用将会被地方税务征收的 Y 省出台的类似政策所抵消。

6.4.2 数据及其来源

本节分析单位为:省/年。数据来自于以下两个渠道:

首先,自变量(各省社会保险费的征缴方式)采集自各省发布的有关社会保险征缴方式的政府文件,又通过对 18 个省征缴部门的访谈予以确认。部分省份的确认工作延伸到地级市(例如辽宁、福建等)。

其次,因变量、社会保险发展信息(覆盖面、基金增长情况等)和控制变量主要来自《中国统计年鉴》(历年)和《中国劳动统计年鉴》(历年)。

通过以上数据收集工作,本节构建了一个纵贯十年的面板数据库(1999—2008)。这一时段涵盖了社会保险发展最为关键的十年。因此数据库可以动态地跟踪 1990 年代至今中国各省社会保险费征缴机构的动态演变过程及其对社会保险发展的影响。

6.4.3 统计模型

本节采用面板数据分析方法,统计表达式可以表示为:

$$Y_{it} = \beta_0 + \beta_1 x_{it1} + \cdots + \beta_k x_{itk} + \alpha_i + \mu_{it}, i=(1,31);$$
$$t=(1999,\cdots,2008) \tag{4}$$

其中 α_i 和 μ_{it} 是两部分误差:即随时间变化的误差(μ_{it})和不随时间变化的误差(α_i)。其中 i 代表各个观测对象,即各个省,取值范围是 1 到 31。t 是指时间,取值范围是 1999 到 2008。Y_{it} 是指 i 省在 t 年的职工医保覆盖面。$x_{it1},\cdots,x_{itk}$ 是指自变量和控制变量。β_k 是我们所关心的统计系数。本节采用了固定效应模型(Fixed Effects Model)。它可以控制不随时间变化的误差,从而更准确地估计参数(Wooldridge,2006)。

6.5 量化分析:结果与讨论

6.5.1 征缴方式对社会保险覆盖面的影响

表 6—4 为征缴方式对三大保险覆盖面影响的分析结果。从表 6—4 可以看出,在其他条件不变的情况下,地方税务征收养老保险费和医疗保险费,分别可以将养老保险和职工医保的覆盖面分别提高 8.78% 和 12.09%。征缴方式移交与失业保险覆盖面成正面关系,但是结果不显著。由此可见,在控制了经济发展程度、政府补贴、就业结构的情况下,地方税务部门征收社会保险费对扩

大养老保险和职工医保的覆盖面起到了积极的作用。

表6—4 征缴方式对养老、医疗、失业保险覆盖面的影响

	(1) 养老保险	(2) 职工医保	(3) 失业保险
征收方式			
地方税务征收=1 社保经办征收=0	0.0878 (0.0131)***	0.1209 (0.0369)***	0.0111 (0.0117)
控制变量			
经济发展程度 （人均GDP）	3.13e-06 (8.22e-07)***	9.63e-06 (2.14e-06)***	−2.73e-06 (7.59e-07)***
财政对社会保险的 补贴(元/人)	1.37e-05 (1.52e-05)	7.44e-04 (2.58e-04)***	4.99e-05 (2.93e-04)
国有企业就业比重	0.0698 (0.0660)	−1.4889 (0.1810)***	0.4062 (0.0595)***
常数项	0.5954 (0.0303)***	0.7708 (0.0787)***	0.5068 (0.0272)***
R^2-组内	0.2812	0.6283	0.4213
R^2-组间	0.2499	0.1476	0.0244
R^2-总体	0.2439	0.3710	0.0071
观测数	N=277	N=252	N=266

注：1.显著性标准：*** $p \leqslant 0.01$；

2.表中系数为非标准化系数，括号内为对应的标准误。

6.5.2 征缴方式对社会保险基金收入的影响

从表6—5可以看出，地方税务部门征收保险费对养老保险基金收入起到了积极作用。在控制其他变量的情况下，地方税务机关作为征缴主体的地区，其养老保险费收入平均要比其他地区多21.57亿元。职工医保和失业保险的基金收入也跟自变量成正向关系，但是均不显著。

表 6—5　征缴方式对养老、医疗、失业保险基金收入的影响

因变量单位:亿元	(1) 养老保险	(2) 职工医保	(3) 失业保险
征收方式			
地方税务征收＝1 社保经办征收＝0	21.5722 * (11.9288)	8.4573 (12.1387)	0.4502 (0.6002)
控制变量			
经济发展程度 （人均 GDP）	0.0100 (0.0007) ***	0.0022 (0.0007) ***	0.0008 (3.9e-05) ***
财政对社会保险的 补贴(元/人)	－0.0035 (0.0138)	－0.0353 (0.0797)	0.0381 (0.0150)
国有企业就业比重	－118.7071 (59.8829)	－172.7801 (59.0200) ***	－0.3351 (3.0545)
常数项	34.9486 (27.5254)	66.9407 (25.6127) *	－1.1072 (1.3977)
R^2-组内	0.6412	0.2278	0.7604
R^2-组间	0.3851	0.5932	0.5468
R^2-总体	0.4737	0.3790	0.6186
观测数	N＝277	N＝253	N＝266

注:1.显著性标准:*** $p \leqslant 0.01$;* $p \leqslant 0.1$;

2.表中系数为非标准化系数,括号内为对应的标准误。

6.5.3　讨论:政策执行,已有机构还是专设机构?

综合表 6—4 和表 6—5 的量化分析结果,地方税务作为社会保险费征缴主体,对社会保险的发展基本上是正面的。尤其是对占社会保险主要部分的养老保险而言,数据显示地方税务机构征收保险费既可以扩大其覆盖面,又可以促进基金收入增长。职工医保的覆盖面与征缴主体移交成正向关系。不过我们也需要注意到其他结果,尤其是失业保险,无论其覆盖面还是基金收入,数据并不能显示征缴主体移交对其发展有促进作用。

如前文所述,执行一项政策时,决策者往往面临一个两难选择:究竟是由已有机构来做,还是专设一套机构?这在公共管理领域是一个经典的难题。已有机构人力丰富、机构完善,在资源上占优,但其并非为此项政策而设,因此它们可能缺少激励去执行政策。新机构为政策量身定做,不存在激励问题,但其人力物力皆不充沛,执行政策时捉襟见肘。本章中,社会保险筹资机构之选择提供了检验这一问题的绝好机会。

地方税务机构的优点在于机构建设完善、人力以及信息丰富(即资源丰富)。如表6—6所示,从1995年至2009年十五年间,地方税务部门的机构数和人员数都几倍于社保经办机构。因此对于繁重的征收工作而言,地税部门有着机构和人力的优势。然而,保险费之征收并非地税机关的本职工作,而且目前社会保险费性质上是"费"而非"税"。当外界的奖励机制不足时,地税部门的工作积极性就存在问题,不利于社会保险发展。这使得地税机关在征收时存在"资源充足但激励不足"的问题。相反,社保经办专为社会保险事务而设,因此它不存在激励不足的问题。但是社保经办的人力、网点都相对不足,所以陷入了"激励充足但资源不足"的问题。

表6—6　地方税务、社保经办机构数和人员数,1995—2009

年份	地方税务机构数	地方税务人员数	社保经办机构数	社保经办人员数
1995	39 616	295 053	7 022	58 498
1996	44 507	332 377	7 426	64 832
1997	42 291	341 228	6 241	68 689
1998	40 235	351 540	10 864	98 921
1999	37 130	416 020	7 669	97 182
2000	35 416	416 869	——	118 322
2001	33 248	399 634		
2002	31 343	393 491	——	

				续表
2003	30 917	388 808	—	—
2004	49 475	387 597	—	—
2005	48 802	390 157	—	—
2006	49 084	393 740	7 455	125 000
2007	48 524	352 696	7 434	129 000
2008	47 233	398 520	7 419	133 387
2009	—	—	7 448	141 000

资料来源:中国税务年鉴编辑委员会编:《中国税务年鉴》;人力资源和社会保障部(或劳动和社会保障部):《全国社会保险情况》,历年。

本节的量化分析发现,总体而言,地方税务机构征收保险费对社会保险扩面和社会保险基金增长有积极作用。可见,在社会保险征缴在这一政策任务上,"资源"优势压过了"激励"优势。可能的解释是:行政资源(机构、人力、经费)是有限的,它所造成的约束更可能是"硬约束";激励机制虽然会影响机构的工作积极性,但作为制度、规则,完全是可以调控的,因此更可能是"软约束"。有的地区采取强化行政考核等方式提高地方税务部门的工作动机,这有助于避免怠工。总之,量化分析的结果显示社会保险费征缴这一问题,可以更多地依赖已有的、较完善的地方税务机构。这意味着大笔行政开支可以由此节省。

6.6 结论

《社会保险法》已经于2010年10月获得通过,但是征缴主体仍然留待国务院授权决定。据亲历《社会保险法》16年起草历程的国务院法制办政法司彭高建副司长(2010)接受访谈时说:

在《社会保险法》审议过程中,很多人大常委建议解决这一问题,在法中明确征收主体到底是哪一家。但是,由于社会保险和税务两家实力相当,互不妥协,最后法案只能规定:"社会保险费实行统一征收,实施步骤和具体办法由国务院规定",实事求是地说,这样并没有很好地解决这个问题。

社会保险费征缴并非一个单纯的政策问题,牵涉着政府不同部门、企业、参保者等方方面面的利益,可谓关系复杂、纠葛甚深。本章希望可以为这一争论提供独立、客观、科学的研究结果,促进理性的学术讨论,助力于社会保险事业发展。作为一项独立的社会科学研究,本章从三方面增进我们对这一议题的认识。其一,本章收集的社会保险征缴体制变迁数据库(1999—2008)是第一个涵盖各省、各险种变化情况的面板数据库。通过这一数据库,我们可以掌握历时、跨地区的征缴方式的变化。其二,在收集数据过程中,我们对十余位政府官员进行了访谈,通过这些质化资料分析了不同征缴方式的优缺点,并且结合科层制理论剖析了征缴主体之争背后的部门利益:权力与部门权威,资金流和人事编制。这一框架也可以应用于对其他公共政策研究中部门利益的分析之中。其三,利用面板数据,本章利用统计模型分析了不同征缴方式对社会保险发展的影响,结果发现:总体而言,地方税务机构征收社会保险费更有助于保险覆盖面的扩展和基金收入的增长。在政策层面,我们希望上述发现有助于解决征缴主体之争。在理论层面,本章研究揭示:政策执行中,人力、机构等资源约束使得选择已有的、完善的机构成为较佳选项;激励问题可以通过制度规则的调整来解决。

限于水平,本章还有很多疏漏之处。首先,征收成本也是选择征缴主体时的重要考虑。既有利于增收扩面、成本又比较低,才是理想选择。但是对于征收成本的测算细节(例如指标、计算、权重等)学界尚无系统、扎实的实证研究。另外,受限于数据,本章将地税部门代征和全责征收合并起来分析,实际上两者存在一些差异。这两种模式中地税部门的角色并不相同,前者是受社保经办委托征收保险费,后者是独立的征收主体。而且代征模式的部门协调成本要高于全责征收模式。因此,这两个模式的对比也有待进一步研究。此外,受限于数据可及性,统计模型无法控制政策变量(政策的激励作用以及政府的推动与工作力度等)对社会保险发展的影响,这有待进一步完善。最后,统计模型虽然可以客观分析,但是它们并非绝对可靠。考虑到变量内生性、因果关系方向等问题,即使地方税务部门作为征缴主体与保险覆盖面、基金收入存在正面且显著的关系,也不能完全证明是在征收主体改变后,因变量才发生了相应变化。由于社会科学很难进行反事实推断、社会过程很难控制或者逆转,我们必须对所有结论保留一定的怀疑(Lieberson,1985)。

从2007年4月到2010年10月,《社会保险法》三年内经历了人大常委会四次审议:

> (这)仅次于物权法七审,白热化的校验利益平衡,贯穿始终。用国务院授权条款,摆渡不同部门的利益勾连,"聪明"地避开某些议题,成为这部法律能够出台的关键。(耿雁冰,2010)

然而,规避只能延缓却不能解决问题。2011年7月1日,《社会保险法》正式实施。本章仅是抛砖引玉,希望引起更多针对社会保险费征缴体制的独立分析,以便早日解决《社会保险法》中征缴主体这一悬而未决的条款。

第七章 激励结构与政府投入：从地方政府视角看合作医疗制度的可持续性[①]

新型农村合作医疗制度（新农合）、新型农村养老保险制度（新农保）、城镇居民基本医疗保险制度、城镇居民养老保险制度是最近几年发展起来的新型社会保险制度。它们的特点是：(1)面向非工作人口或者农村居民；(2)自愿参加而非强制；(3)国家财政大量补贴。这几项保险制度有助于扩大保障人群范围，但是其可持续性值得深入研究，特别是它们的筹资高度依赖政府财政。这为制度的未来发展埋下了不确定因素。

本章以新农合为例来分析地方政府在新型社会保险发展中的的作用。新农合的高覆盖率是政府财政大量注入的结果，财政补助已占筹资总额的83%。这使得合作医疗制度的发展高度依赖政府，尤其是在政策执行和制度运行中起关键作用的地方政府。本章从新型农村合作医疗的筹资责任分担、制度建设和运行费用、政治收益等方面分析了地方政府面临的激励结构。研究发现目前的激励结构难以激励地方政府持续地投入，这为该制度的长远发展带来了不确定性。这些研究发现也有助于我们分析新农保、城镇居民医保等其他几项社会保险制度的未来发展前景。

[①] 本章发表于《公共行政评论》2009年第6期。

7.1 合作医疗制度:起伏的背后

农村合作医疗制度起源于20世纪50年代,由山西高平、河南正阳等地区的群众自发组织建立起来,并在70年代在全国范围内掀起高潮(夏杏珍,2003)。1976年全国有90%的农业生产大队兴办了合作医疗。然而自80年代初开始,合作医疗制度逐渐瓦解。1986年其覆盖率锐减到4.8%。农村医疗保障的缺乏使农民"因病致贫、因病返贫"的情况日益突出,城乡健康水平差距进一步扩大。20世纪90年代,国家做过多次重建合作医疗的努力。覆盖率虽短时上升,但起伏不定,且从未超过20%。顾昕、方黎明(2004)的研究指出覆盖率的起伏与政府的意愿高度相关。

2002年10月,中共中央和国务院发布《中共中央、国务院关于进一步加强农村卫生工作的决定》(中发〔2002〕13号),决定建立新型农村合作医疗制度(以下简称"新农合")。新农合的定位是"由政府组织、引导、支持,农民自愿参加,个人、集体和政府多方筹资,以大病统筹为主的农民医疗互助共济制度"。如表7—1所示,新农合的筹资水平将从2003年的30元增加到2010年的150元,政府承担的比重也相应地从66%增加到80%。

表7—1 新农合筹资水平,2003—2010

年份	中央政府(元)	地方政府(元)	农民(元)
2003	10	10	10
2006	20	20	10
2009	40	40	20
2010	60	60	30

数据来源:财政部、卫生部(2003);卫生部等(2006);卫生部等(2009)。

在中央政府的强力推动下,新农合从 2004 年起发展迅速。到 2008 年年底,参加新农合的人口已达 8.14 亿,覆盖率已经达到 91.5%(表 7.2)①。至此,短短四五年的时间里合作医疗就恢复了历史上的高覆盖状态。以人数计,新农合是世界上规模最大的单项社会政策项目。

表 7—2 新型农村合作医疗制度发展概况,2003—2008

年份	参加新农合人数(亿人)	农村人口数(亿人)	户籍农业人口数(亿人)	官方公布的参合率(%)	参合率 A(%)	参合率 B(%)
2003	0.64	7.69	8.86	69.00	8.33	7.22
2004	0.80	7.57	8.79	75.20	10.57	9.10
2005	1.79	7.45	8.69	75.66	24.01	20.60
2006	4.10	7.37	8.72	80.66	55.60	47.02
2007	7.26	7.28	8.78	86.20	99.79	82.69
2008	8.14	7.21	N/A	91.50	112.90	N/A

数据来源:中华人民共和国卫生部(2008);中华人民共和国国家统计局(2008);卫生部统计信息中心(2009);国家统计局人口和就业统计司(2003—2008)、国家统计局人口和就业统计司(2003—2008)。

注:参合率 A=参加人数/农村人口数;参合率 B=参加人数/户籍农业人口数。

然而,2003 年后合作医疗覆盖率的攀升实质上是中央政府注入了大规模财政资源的结果。如表 7—3 所示,在中央政府带动下,各级政府投入了大量的资金。2003 年政府(中央和地方)补助资金占年度筹资总额的 65%。而到了 2008 年,这一比例增长到 83%。其中,地方政府的比重又高于中央政府。政府承担了新农合主要的筹资责任以及全部的运营责任(例如,建立新农合管理机构)。

---

① 如果以农村人口数而非户籍农业人口数为分母计算,2008 年新农合覆盖率竟然超过了 100%。

表7—3 新农合筹资中的政府比重,2003—2008

年份	当年筹资总额(亿元)	农民个人缴费(亿元)	中央财政补助资金(亿元)	地方财政补助资金(亿元)	政府补助占总额比重(%)
2003	13.03	4.60	3.93	4.50	65
2004	40.13	12.34	6.50	15.62	55
2005*	75.35	28.73	11.16	36.93	64
2006	213.59	58.01	42.70	107.77	70
2007**	428.00	N/A	113.98	173.53	67
2008	710.00	118.30	246.10	340.70	83

数据来源:《中国卫生年鉴》编辑委员会(2004:251—152);《中国卫生年鉴》编辑委员会(2005:267);高广颖、韩优莉(2007:86、101);卫生部统计信息中心(2009)。

*:2005年地方财政补助资金为51.72亿元,表7—3中的"36.93亿元"是地方财政对当年筹资的补助,《2005年度全国新型农村合作医疗试点进展情况》,参见江苏省卫生厅网:http://www.jswst.gov.cn/gb/jsswst/zxgz/yl/userobject1ai14449.html。

**:2007年中央、地方补助金截至2007年9月30日,因此政府补助占筹资总额的实际比重要比表7—3中的数字大,参见中华人民共和国政府网:http://big5.gov.cn/gate/big5/www.gov.cn/jrzg/2007—11/12/content_803222.htm。

合作医疗跌宕起伏的发展过程告诉我们这一制度并不稳定。因此,一个耐人寻味的问题是:政府主导的自愿性新农合能否稳定并持续发展?① 这次覆盖率的再度高涨会不会重蹈历史覆辙?这些问题关系着自2003年以来重建新农合的努力是否可以持久。实际上已经有很多学者从给付结构、医疗费用控制和服务体系建设等角度讨论新农合的可持续性(罗敏等,2007;蔡永芳等,2007;

---

① 尽管新农合是公立医疗保险,但它和旧农合一样仍属于自愿性的医疗保险项目(顾昕、方黎明,2004)。因此它很难克服逆向选择、道德风险等医疗保险的经典难题(Arrow,1963;Rothschild and Stiglitz,1976)。

顾昕、方黎明,2004)。然而目前从地方政府面临的激励结构角度出发的分析还比较少。

由于地方政府实际上是政策的执行者和新农合的运营者,本章将从目前制度下地方政府的激励结构角度来考察地方政府在建立和维持新农合过程中的收益和花费,从而推断地方政府态度对新农合可持续性的影响。本章结构如下:首先从现有的理论文献发掘有关地方政府自主性的探讨(第二部分),从而为地方政府行为的框架提供参考性维度(第三部分);再从新农合的筹资责任(第四部分)、制度启动费用(第五部分)、政治收益(第六部分)、制度运行和维持(第七部分)等方面分析地方政府在执行政策时的收益与损失;最后是总结与讨论。

7.2 理论视角中的地方政府自主性

斯考克波(Skocpol,1985)的新制度主义把国家作为独立的变量,认为官僚体制构成的国家具有自主性,是真实的行动主体和自主的行动组织者。因此将国家视为客观中立的"裁判"和阶级统治的"工具"都不够准确。她的观点是在研究国家与社会的关系中提出的。相对于社会,国家有其自身利益。同样国家并非一个统一的行动者,其内部分裂为不同的利益格局:在不同部门之间、不同级别之间政府都有其自身的利益。

重视国家作用的视角在对中国的研究中并不新鲜,因为1949年以来在中国的政治、经济及社会生活中,国家一度起着全能性的作用(Tsou,1986)。国家内部,通过人事、财政、意识形态的控制,上级政府尤其是中央政府也对下级政府实施着决定性的支配作用。然而,随着始于1978年的非意识形态化、分权化、市场化的发展,中央政府逐步将部分权力下放。地方政府的自主权不断扩大,甚至具备了与中央进行讨价还价的能力(Chung,2004)。在不同学者的研究中,地方政府被赋予了不同的标签[①],其中有戴慕珍的"地方法团主义"(Oi,1992;1995;1998;1999),魏昂德的"董事会"型地方政府(Walder,1995),林南的"地方性市场社会主义"(Lin,1995),杨善华、苏红(2002)的"谋利型政权经营者"。尽管这些视角及其主张各有差异,但是共同的特点都是认为地方政府已经具有一定的独立性,而且有其自身的独特利益,已经走出了中央(或上级)政府单纯的委托代理的"传话筒"这一角色(邱海雄、徐建牛,2004)。

将地方政府作为异于中央政府的利益主体的做法,在目前研究中国农村问题的学者中非常普遍。例如,周飞舟(2006)对基层财政和农民负担的研究就采用了这种思路,他分析了分税制改革对地方财政的影响以及由此导致的地方政府行为的改变。李芝兰对农村税费改革的研究显示,地方政府对税费改革的态度取决于它们对自身的利益计算(Li,2006;2007)。

地方政府既然是具有自身利益的行为主体,那么它的行为选择遵循什么逻辑呢?本章关注的是地方政府行动的制度框架及相应所产生的对地方政府执行政策的激励结构。根据《地方各级人民代表大会和人民政府组织法》[②],县级及以上人民代表大会行使

[①] 需要注意的是这些研究对象大多是乡镇政府及村委会,与本章的主要分析对象县级政府有差别。

[②] 参见中央政府网站:http://www.gov.cn/ziliao/flfg/2005—06/21/content_8297.htm。

的职权为"讨论、决定本行政区域内的政治、经济、教育、科学、文化、卫生、环境和资源保护、民政、民族等工作的重大事项"。而县级及以上政府的职权包括:"执行国民经济和社会发展计划、预算,管理本行政区域内的经济、教育、科学、文化、卫生、体育事业、环境和资源保护、城乡建设事业和财政、民政、公安、民族事务、司法行政、监察、计划生育等行政工作。"然而,从法律规章出发的分析很容易落入静态化陷阱之中。中央与地方的关系实际上是动态化的互动过程。地方政府的行为框架也是在与中央的互动中形成、变化的。准确把握这一框架是比较困难的,然而我们通过回顾1978年以来的改革,可以获得有益的启示。1978年以来,中央政府在在经济及非经济方面的放权与集权是非常不均衡的。

在经济上,中央政府在计划指令、投资、外贸等方面对地方放权较多,同时将工作中心转移到经济建设上。这使得地方政府不仅获得了发展经济方面的自主权,而且承担了相关的政绩责任。财税方面,通过1994年的分税制改革保证了中央政府的财政主导权。财权上缴、事权下沉使得地方政府尤其是基层政府的财政状况恶化。由此导致了基层公共品供给的缺乏和基层政府的非预期行为,如乱收费导致农民负担增加。可以说,放权在经济领域中是总体分权和有选择的放权(Chung,1995;2004)。

在政治方面,意识形态的控制作用已经式微,但是中央仍然控制定调。组织人事方面,尽管地级市、县级政府官员多由地方决定,但中央政府通过中央组织部仍然掌握着任命权。中央对地方、上级对下级仍起着主导性的作用。民主选举限制在村委会层面,对政府体系影响有限。因此,对上级的服从和上级任务的完成是下级官员获得肯定、提升的保证。地方管理中,集权的政治动员体制被分权的压力型体制取代(荣敬本等,1998;2001)。

压力型体制以岗位目标责任书的方式将任务、指标层层下解,然后根据完成情况进行奖惩。在这种考核办法中,经济逻辑与政治逻辑交织在一起(Shue, 1995)。指标可以分为关键指标、优先指标、硬指标、软指标等(《县乡人大运行机制研究》课题组,1997)。政绩指标中的关键性指标实行一票否决制,例如为解决上访问题,很多上级政府将"越级上访"规定为一票否决指标。优先指标"包括维持社会秩序,完成计划生育指标等方面"。硬指标主要涉及"经济方面的任务,包括完成税收收入指标以及达到一定的增长水平等"。软指标通常与社会事业发展相关,如文教卫生等。一般来说,经济增长、计划生育、社会治安属于地方政府最为关注的指标。压力型体制对地方政府取向有着非常显著的影响。它使得地方政府的注意力放在了上级政府(而非人民)最关心的指标上。同时,迫于压力,下级政府也往往形成对上级政府指标的变通(制度与结构变迁研究课题组,1997)。下级政府也以"弱者的武器"来应付不利于自己的上级政策(李芝兰、吴理财,2005)。

总之,尽管中央对地方、上级对下级仍然有着决定性的领导力,但是地方政府、下级政府已经获得一定的自主权并运用此权力在执行上级政策的同时维护自身的利益。政策收益成本的考虑成为影响地方政府行为选择和政策执行效果的重要因素。

7.3 分析框架与资料来源

上文从总体上论述了地方政府是具有自我利益的行为主体。但在具体的研究中,我们怎样分析地方政府的自主性呢?下文尝试从权力责任、地方政府在政策执行中的实际利益两个角度来建构分析框架。这些因素构成了新农合政策对地方政府的激励结构,据此我们可以分析地方政府在政策执行中的得与失以及它们行为的倾向性。

7.3.1 分析框架

首先,本节对"地方政府"作概念上的厘清。在中国,地方政府包括省级、地区级、县级、乡镇级等四个行政级别。本节中,县级政府是主要的分析对象①。在既定的制度框架中,县、市、区级政府是执行新农合的责任主体。在实际运作中,县级政府的角色是最为重要的:实施方案的制定、机构人员的组织、资金的筹集和管理等关键的事情均由他们来做。省市政府的作用大多限于指导、督促、辅助筹资(分担补助金)。而乡镇级别的政府对合作医疗方案的制定缺少自主权,主要是负责执行县级政府的决定。②

其次,我们非常关心的问题是地方政府在与中央政府的互动中希望得到什么?李芝兰曾经总结过地方政府的若干行为方式:与中央讨价还价争取更优惠的政策,与中央讨价还价以获得更多的援助,灵活运用中央的政策,发展新的投资领域等(Li, 1998)。基于以上对于地方政府自主性的讨论,本节提出以下几个维度将会为地方政府行为的分析提供参考。

---

① 在以下的行文中,除非特别说明,否则"地方政府"一词意指区县级政府。

② 当然,乡镇政府及村委会的作用在制度运行的层面需要重视,由于本节并不过多涉及合作医疗制度的运行情况,因此乡镇政府及以下组织从略。

1. 权力与责任

权限增大、责任缩小对地方政府来说是一个理想状态。决策自主权扩大可以使它们有更大的发挥空间,并以更加切合实际的政策来实现上级制定的目标;此外,决策自主权的扩大可以使得他们将政策按照有利于自身利益的方式开展。而具体事责的缩小不仅可以使他们免于繁杂的事务,而且可以帮助他们在意外发生时免于责任。地方政府对向中央政府争取优惠政策和更大的管理、审批权限孜孜以求。同时将事务下派给下级政府也是减轻事责的一个途径。

由于在新农合政策执行中,涉及权限变化非常少,事责又规定得非常清楚(县级政府承担主要任务),上下级之间就此没有多少讨价还价的余地,因此,本节将忽略有关这一方面的讨论。

2. 实际利益

在现有机制下,经济资源和政治利益是地方政府渴望从政策中获益的资源类型。经济方面,地方财政尤其是县、乡财政的不景气,使得基层政府渴望通过政策的执行,获得上级政府(包括中央政府)划拨的资金和其他利益。中央的转移支付对于中西部一些地方政府的作用更是不可或缺。具体可以操作化为政策执行是否能够给地方政府带来可以自由支配的资金。新农合是否能给地方政府带来可支配的资金流会对地方政府执行政策的积极性产生影响。

政治方面的收益可以操作化为包括政治表彰和职位升迁的机会。这是一个重要的激励机制。上级政府制定政绩考核标准,然后以政策的执行效果来考核下级官员。新农合在考核指标中的位置以及新农合所能带来的政治表彰和升迁机会将影响地方政府对新农合的态度。

下文的分析将主要通过对新农合的筹资责任、制度建设和运行费用、地方政府政治收益等三个方面进行分析。① 筹资责任和运行费用分担可以体现地方政府在经济方面的得失,而地方政府的政治收益可以反映其在政治方面的得失。下文的分析将主要针对这些方面展开。

7.3.2 资料来源

1. 实地调查数据

研究者曾于 2005 年 7 月在山西省 J 市 Z 县做了为期两周的实地调查,收集了有关合作医疗运行的一些数据。研究者对 Z 县合作医疗管理中心负责人以及下辖村的村民进行了访谈。此外,还从政府部门中获得了一些统计数据。Z 县辖 14 镇 3 乡,总人口 52 万,乡村人口占 92.4%。2003 年 Z 县的生产总值在山西省排名第二,在全国位列第 383 名。但 Z 县经济对能源依存度较大,大约 60% 的产值来自煤炭工业。总体而言,Z 县是一个经济状况偏上的中部地区县级单位。

2. 网络讨论区定性资料

研究者从互联网讨论区"合作医疗之家"②中收集了有关合作医疗经办机构编制问题的讨论资料。该讨论区由民间自发建立,注册会员多为基层合作医疗经办人员,发言均为非实名制(每人均以其注册的账号发言)。因此,网站的非官方性、成员构成、匿名发

---

① 但是,值得注意的是,这些视角很难进行细致完备的计算。
② 网址为:http://www.hzyl.org/。

言制,使得成员发言的可信度比较高。在 2005 年 9 月 25 日,网友发起了一个名为"县合作医疗管理办公室人员编制问题"的讨论。到 2007 年 5 月 9 日为止,共有 80 多位网友发表了 117 篇发言。发言的内容主要包括合作医疗经办机构的编制、经费、人员来源、工资待遇、实际工作的感受等方面。发言网友所透露的工作地点共有 12 处,涵盖中国东、中、西部地区,这使得讨论具有较好的地域代表性。

这些讨论内容被输入 NVivo 7.0 软件进行编码分析。①

3. 二手资料

研究者搜集了有关合作医疗的相关政策文件、年鉴、统计报表以及研究报告等来辅助分析。

7.4 新农合筹资责任的分摊

如前所述,新农合不再是社区型的医疗保险,而是成为政府补贴下的自愿性公立医疗保险,并且有向国家福利转变的可能性。然而在新农合庞大的资金流动中,地方政府几乎无法获益,反而要负担一笔配套资金。因此,从经济收益上讲地方政府并未占到便宜。

首先,新农合虽然汇聚了一笔资金(中央补助、地方补助、农民缴纳的保险费、医疗救助资金等),但地方政府很难随意支配。比如,其中的中央财政补贴均为专项资金,地方政府无法随意支

---

① NVivo 为目前广泛应用的定性资料分析软件。由于用户均用注册账号发表意见,因此编码、文中引用时直接使用其账号。

配。新农合筹集的其他资金则实行封闭管理,专款专用,比如,医疗补助资金数量有限且由地方民政部门专款专用,这笔资金地方政府同样无法随意使用。实际上,中央政府极为重视合作医疗资金的安全性(卫生部等,2003;国务院办公厅,2004)[①],违规挪用新农合资金的政治风险较高。可见,新农合并没有给地方政府带来安全的、可自由支配的资金流[②]。

其次,地方政府还需要按照中央的规定配套相应比例的资金。这对于财政状况吃紧的 Z 县来说,不啻于又背上了一个包袱。跟全国大多数县一样,Z 县财政仍然脱不了"吃饭财政"的困扰。如表 7—4 所示,Z 县财政一直处于勉强的平衡状态,收入略高于支出。虽然有的年份账面结余(收入减去支出)达到 1 280 万元(2001 年),但据《全国地市县财政统计资料》的数据显示,2000—2005 年间,仅 2000 年有 8 万元的净结余,其他各年均没有净结余。此外,财政供养人数与日俱增,Z 县财政保运行、保吃饭的压力日益加重。根据该县财政局公布的 2004 年细分数据,中央和省拿走了财政收入的大头(分别为 55.73%、11.59%,两者合计 67.32%),Z 县自留部分仅为 11 881 万元,但财政支付工资总额为 20 143 万元,供养人员为 14 519 人(ZLF,2006)。Z 县县委书记坦诚地说,"总体来看,还是一个典型的'吃饭财政',统筹和反哺能力还不够强"(LYQ,2007)。

---

① 在 2006 年 10 月上海社保基金案被查处、广州社保基金被挪用被曝光之后,对社会保障基金的管理已经引起监管部门的重视,挪用的风险也随之增大。

② 医疗救助资金的管理也纳入社会保障基金财政专户,由各级财政、民政部门实行专项管理,专款专用。地方政府挪用拆借的空间并不大。

乡村两级由于债务严重，新农合实施中县级政府及以下的筹资责任几乎全部由县政府负担。截至2004年年底，Z县乡村两级债务约为3个亿。免征农业税后，一些乡镇仅能维持最基本的村级组织运转，化解债务无从谈起，更不要说分担新农合的筹资了。

表7—4　Z县财政收支情况，2000—2007

年份	收入总计(万元)	支出总计(万元)	财政供养人口(人)
2000	18 928	18 920	12 892
2001	24 123	22 843	N/A
2002	28 527	27 604	13 625
2003	33 297	32 651	N/A
2004	41 958	41 956	14 519
2005	48 824	48 808	14 849
2006	66 300	66 300	15 133
2007	82 400	81 500	15 305

资料来源：财政部国库司、财政部预算司（2000；2001；2002；2003；2004；2005）；郑建国（2007；2008）。

地方政府需要为新农合的筹资配备资金。我们结合Z县新农合的发展来计算一下该县历年负担的合作医疗补助金。表7—5展示了2004年至2008年Z县新农合的基本数据。与上文表7—3中的全国数据相一致，财政出资成为Z县新农合筹资总额的主体，2009年的前8个月内竟然高达89%。这印证了新农合高度依赖政府注资的观点。

此外，Z县财政筹资占财政承担的比例一直在10%以上，总额不断攀升，2009年前8个月达到423万元。2004年至2007年Z县财政承担的新农合筹资额占财政总支出的比例从0.16%增长到0.25%，平均为0.23%，尽管这一比例并不是很高，但考虑到

Z县政府并没有从中得到可支配资金,反而需要配套一笔资金,其积极性可想而知。

表 7—5　Z县新农合发展概况及筹资责任分担,2004—2009

年份	参合人数（万人）	覆盖率（%）	筹资总额（万元）	财政承担总额（万元）				财政筹资占筹资总额比重	县财政占财政筹资比重	县财政筹资占县财政支出比重
				中央	省级	市级	县级			
2004	34.33	75	1 064	343	206	103	69	0.68	0.10	0.16
2005	37.91	83	1 175	379	228	114	76	0.68	0.10	0.16
2006	38.35	85	1 726	575	384	192	192	0.78	0.14	0.29
2007	41.14	92	2 236	1 002	411	206	206	0.82	0.11	0.25
2008	42.36	95	4 194	1 652	847	424	424	0.80	0.13	NA

资料来源:Z县新农合管理中心统计数据。

注:2009年数据截至2009年8月底。

7.5　新农合的制度建设和管理费用

合作医疗的推行是一个相当耗费人力、物力的工作,包括前期的调研、资料收集、政策宣讲、筹集资金、资金管理、人员培训、报销补偿等。新农合的运行成本是个不容回避的问题。制度建立之初,需要一定的启动费用(如宣传组织费用)。制度的运行需要建立一套相应的管理机构,配备相应的人员和办公场所、办公设施等软、硬件设施。从经济方面看,这些开销对地方政府而言是负担而非收益。合作医疗的运行成本大体上可以分为以下几类:启动成本、筹资成本和管理成本等。在下文的分析中将以

Z县为主,并结合其他研究对合作医疗制度的运行成本做大致估算。

7.5.1 启动成本

作为一项新制度,启动成本主要包括宣传动员费用、医疗证印制费用[①]。在合作医疗政策推行之初,地方政府通过公开信、电视、宣传车和标语等方法宣传政策。有的地方政府为了达到上级规定的参合率标准,甚至组织人员以户为单位挨家挨户地动员。Z县的新农合在2004年启动,主要通过广播电视、版面、标语、巡回车、传单、张贴画、人员宣讲等方式协助政策推行。启动费用高达15万元(表7—6)。这些支出由均Z县本级财政负担。

表7—6 2004年Z县合作医疗启动费用

	明细	合计(元)
办公场所	装修花费	20 000
	广播/电视(专题宣传)	6 000
	做版面	5 000
	标语:50条	5 000
宣传动员费用	传单:14万份	
	张贴画:15万张	10 000
	巡回车	8 000
	人员宣讲宣传人员免费宣讲*	0
医疗证印制	0.8元/本×12万户	96 000
合计		150 000

注:严格意义上讲,宣讲人员的人力成本应该计算。但是由于他们的工资是计算在管理成本之中,因此,此处不再重复计算。

---

① 管理机构的设立费用(比如设施的购置)也可以算在启动成本里,但是由于管理机构的功能具有延续性,因此本节将可以延续使用的花费视为管理成本的一部分。

7.5.2 筹资成本

卫生部、财政部(2006)规定:"要遵循农民自愿参加的原则,通过宣传教育,引导农民自愿参加合作医疗……不得强迫农民参加新型农村合作医疗,不得强制收取农民参合资金,不得强迫任何机构、个人垫资代缴参合资金,坚决杜绝虚报参合人数等弄虚作假的行为。"在此规定的约束下,地方政府如果用"投机取巧"的方法征收是有风险的。在我们调查的 Z 县 D 村,2003、2004 两年的筹资方式均是村干部以不交合作医疗费就扣留当年的福利煤的方法从农民手中收取的。①

从全国来看,各地有不同的筹资方法:有的采取经办人员或村干部上门收取的方法,有的通过农税机构代收,有的利用信用社代收,还有的地方动员农民自己缴费(吴仪,2005)。征收方式的差异使得筹资成本很难实现统一估算。

由于 Z 县筹资的成本难以估算,我们借鉴其他研究者的估算结果。有研究者对黑龙江、云南等省份的 6 个试点县的合作医疗筹资成本做估算(高广颖等,2006)。如果按照国家规定的方式向农民筹集资金,主要的成本是人力花费。筹资工作人员按照平均 1 个人 10 元的补助标准,筹资时段为 3 个月,每个人平均 20 个工作日来计算的话,被调查地区试点县新农合平均筹资成本的估计值为 7.2 万元。这部分筹资成本目前是由地方政府负担的。合作医疗的政策设计中并未包含此项内容(比如人事指标的扩充)。因此这部分成本对于地方政府而言是纯粹的垫支。

---

① 因山西多煤,D 村每年都以发放一定数量的煤作为村里的福利。

7.5.3 管理成本

新农合的管理成本主要是组织协调机构的运营成本。中央政府的政策文件规定:"按照精简、效能的原则,建立新型农村合作医疗制度管理体制。省、地级人民政府成立……农村合作医疗协调小组。各级卫生行政部门内部应设立专门的农村合作医疗管理机构,原则上不增加编制。"同时,"县级人民政府成立由有关部门和参加合作医疗的农民代表组成的农村合作医疗管理委员会……委员会下设经办机构,负责具体业务工作"。(卫生部等,2003)

为了推行合作医疗制度,Z县成立了县级新农合管理委员会,下设新农合管理中心,同时在各乡镇设立17个管理站,县乡工作人员合计60人。新农合管理中心和乡镇管理站负责合作医疗制度的日常运作,比如宣传动员、报销事宜、档案管理等。我们对Z县新农合管理中心的负责人Z主任进行了访谈,估算了2004年全县的合作医疗管理成本(见表7—7)。管理成本包括固定设施、人力成本和交流培训费用,初步测算全年共花费772 175元。这些支出全部由县财政负担①。

制度化之后的费用可能会有所降低,例如交流培训费用中的"培训"、"差旅"项可以省下来。尽管如此,表7—7中的其他费用仍高达748 175元,占到费用总额(772 175元)的97%。因此,尽管表7—7的资料显示的是Z县试点期间的费用,其结果基本上可以反映制度化之后新农合的运营费用。

---

① 山西省政府赞助的10万元赴云南参观交流经费没有计算在内。

第七章　激励结构与政府投入:从地方政府视角看合作医疗制度的可持续性　237

表 7—7　2004 年 Z 县合作医疗管理费用(元)

分类	项目	费用支出说明	记入当年成本金额	合计
固定设施	办公场所	由 Z 县卫生局免费提供,若租用,租金约 2 万元/年	20 000	
	办公设备	计算机:4 000 元/台,共 21 台(使用年限为 5 年)	(4 000×21)/5 =21 000	56 300
		桌子:400 元/张,共 10 张(当年摊销) 柜子:700 元/个,共有(10+2×17)个(当年摊销)	400×10+700 ×44=34 800	
		打印、复印机:2 500 元/台,共 1 台(使用年限为 5 年)	2 500/5=500	
	通讯设施	电话机:100 元/部,共 17 部	1 700	2 275
		传真机:2 300 元/部(使用年限为 4 年)	2 300/4=575	
人力成本	抽调60人	每人约 10 000 元/年,共 60 人	10 000×60 =600 000	600 000
交流培训	招待费用	平均每月一次,每次约 5 000 元	5 000×12 =60 000	60 000
	培训	年均 3 次。例如,租场地费用约 500 元;食宿费用约 500 元,估计年培训费用为 4 000 元。	4 000	4 000
	差旅	年均费用约 20 万元,由政府拨款。例如,去云南交流学习,共 30 人,省里出了 10 万元。	20 000	20 000
	县乡互动	管理中心人员 5 人,每月每人下乡 5 天。下乡费用包括:车票 10 元/人次,伙食补助 10 元/人次 乡镇管理站人员 20 人,每月到县里一次。发生费用包括:车票 10 元/人次,伙食补助 5 元/人次	(5×20)×5 ×12=6 000	9 600
汇总				772 175

资料来源:2005 年 7 月对 Z 县新型农村合作医疗制度管理中心 Z 主任访谈记录。

注:人力成本的 60 万元工资由原单位发放。但是,随着新农合制度的正规化,这部分成本将会正式纳入到运营成本之中。

综上所述,新农合政策设计中并没有对制度的启动成本与制度化后的日常运行成本进行充分的考虑。这部分成本目前主要是由县级财政承担的。

7.6 政治收益分析

政治收益的分析发现地方政府仍然获益极小。合作医疗政策被纳入政绩考核内容,这有助于提高地方政府官员的重视程度[①]。然而,政治收益的激励作用也受到若干因素影响:获得收益的概率、取得收益的成本和收益的内容和价值。

首先,从获得收益的概率来看,正如其他政策一样,政治收益的获得是以其政策执行效果为基础的。因此,合作医疗政策给地方官员带来的政治表彰和升迁机会都是不确定的。2007年1月,卫生部、国家发改委、民政部、财政部、人事部、农业部、国家食品药品监督管理局和国家中医药管理局等八部门决定,对北京市房山区等64个新型农村合作医疗先进试点县(市、区)进行通报表彰(卫生部等,2007)。据此我们可以计算得出:试点时间为一年的地区获得表彰的概率为 $4.4\%(=64/1\ 451)$;试点时间为两年的地区,获得表彰的概率为 $13.7\%(=64/687+64/1\ 451)$[②]。

---

① 市(地)、县人民政府要全面落实农村初级卫生保健发展规划,把改善农村基本卫生条件、组织建立新型农村合作医疗制度、提高农民健康水平、减少本地区因病致贫和因病返贫人数、保证农村卫生支出经费等目标作为领导干部政绩考核的重要内容。(中共中央、国务院,2002)

② 由于缺少其他工作获得表彰的比较数据,这些概率的高低难以判断。但是,结合收益的成本、收益的内容和价值等标准,可以对这种收益对地方政府的吸引力做一个判断。

其次,取得收益的成本。获得此种政治收益的成本必然也对地方政府的选择产生影响。合作医疗政策的特点是:投入较多但是无法给地方带来明显财政收益。如上文所分析的,地方政府需要在财政补助、人员编制等方面进行支出,而地方政府无法支配中央补助。同时,政策的产出不明显或者产出比较缓慢。尽管农民的健康水平有助于贫困的消除和生产能力的提高,但是这些收益往往是间接的、不明显的。尤为重要的是,在对地方政府官员进行考核的时候,经济标准仍然居于绝对关键的地位,而健康卫生指标则相对较"软"。由此,地方政府可能会在中央政府和其他上级政府的督促下对合作医疗政策有所动作,但是难有真正的重视。"合作医疗之家"讨论区有网友曾经评论道:

> 主要是各级领导对合作医疗有没有真正重视。我们这里今年政府十大实事排第二就是合作医疗,够重视吧。可到现在财政连启动资金都没到位,说是一把手没正式签字。今年的经费也没到位。①

其三,收益的内容与价值。较高的政治收益内容和价值会对地方政府形成有效的激励,反之亦然。以 2007 年 1 月的表彰来看,卫生部等八部门的奖励主要是通报表扬,属于精神奖励的层次。它并没有给获奖地方带来实际的物质奖励(比如更多的资金投入)和政治升迁。因此,这种表彰的内容和价值有限。

从 Z 县的情况来看,新农合虽然已经列入政绩考核,但并未

---

① "azhou"在 2006 年 7 月 18 日的发言。

占据优先位置。按照《Z县2005年度工作目标考核方案》,Z县将考核分为三种方式:责任分项目考核、奖惩分项目考核、双向评议考核(中共Z县委、Z县政府,2005)。其中,分项目考核主要针对县委县政府和乡镇单位、县直单位签订的目标责任书。乡镇实行千分制,县直单位实行双百分制。在乡镇的1000分里,《卫生工作目标责任书》仅占3%的比重(即30分)。

奖惩分项目考核中,对乡镇的考核以项目为主,考察"县委、县政府确定的重点工作、重点项目实施情况";县直单位则"主要考核受到上级表彰奖励或通报批评情况"。2005年的16项重点项目涵盖财税征收、地面工业企业及三产、农业产业化等项目,无一涉及新农合。另外,在一票否决性的指标[①]中,五个指标无一涉及新农合(或者卫生、社会政策议题)。此外,中共Z县委常委会(2006)颁布的《中共Z县委常委会2006年工作要点》中,新农合仍然没有明文出现。

如上,新农合在政绩考核中的位置并不靠前。不过,2003年"非典"公共卫生危机过后,在中央政府高规格、强力动员下,新农合政策政治激励陡然增强。许多地方出现了变相强制民众参与,有的地方政府和集体甚至出现以垫支资金提高覆盖率的现象。然而,一旦中央政府的政治热情和压力降下来,地方政府对新农合的支持将面临很大的不确定性。历史教训并未走远,1997年前后在中央政府的动员下,地方政府热火朝天地办了一阵合作医疗,覆盖

---

① 五个一票否决的指标包括:(1)财税收入、农民人均纯收入达标;(2)重大安全事故;(3)集体越级上访;(4)班子严重不团结、主要领导中有违法乱纪行为;(5)党风廉政建设责任制考核不合格的乡镇和县直单位。

率短时间内冲高至17%。但好景不长,合作医疗"春建秋散",最终未能成事。

7.7 现实世界中的制度运作

以上对地方政府经济、政治方面面临的激励结构的分析发现它们收益较少,因此执行政策的动力不足,这无疑不利于新农合的稳定发展。在现实世界中情形如何呢?下文将结合Z县资料和网络讨论区中新农合经办人员的资料来分析新农合机构的运作状况。

由于旧有制度已经崩溃,新农合的运行需要重新建立一套组织机构。对于这个问题,中央政府的政策规定是:人员由县级人民政府调剂解决。根据需要在乡(镇)可设立派出机构(人员)或委托有关机构管理。经办机构的人员和工作经费列入同级财政预算,不得从农村合作医疗基金中提取(卫生部等,2003)。由于工作地点以乡村为主,地点分散、涉及人口众多,所以新农合的运行不仅需要较多的人力,也需要相应的办公经费。

中央政府对人员编制、工作经费问题一再强调:"试点县(市)政府要尽快从现有行政或事业编制中调剂解决部分编制,落实县、乡级经办机构人员,解决有人办事的问题,并把经办机构的人员和工作经费列入同级财政预算,解决有钱办事的问题,不得从新型农村合作医疗基金中提取。试点工作启动阶段,地方政府应适当解决一些启动经费,对财政困难的县(市),省、市财政应适当给予支持。"(吴仪,2005:20)在实际操作中,这部分费用基本上是由县级财政负担。由于相当部分县级财政处于"吃饭财政"的紧张状况之中,同时,合作医疗工作无法直接创造经济价值,地方都普遍缺少主动执行的动力。那么经办机构、办事人员和经费在实际运作中是怎么样的呢?下文将根据Z县数据和网络讨论资料的分析,对合作医疗经办机构的运作情况进行论述。

表7—8列出了Z县从2003年至2008年的人员、编制和经费情况。在新农合初创的2003年,Z县仅有5名工作人员,办公经费也没有保证。之后2004年、2005年人数虽有所增加,但编制问题悬而未决。直到2006年,Z县才批准了8个编制。而这几年,主要的人员靠抽调解决。全县共有县级管理中心1个、乡镇管理站17个,工作人员60名,大部分从其他部门抽调。此外,村委会的干部也协助工作,但是未计算在内。2007年Z县编制才大幅扩充,人力紧张的局面才有所缓解。但是每名工作人员平均负担的参保人数仍在10 000左右。

表7—8 Z县新农合机构人员、编制和办公经费情况,2003—2008

年份	编制总数(个)	工作人员数(人)	办公经费(万元)	参合人数(万人)	参合人数/工作人员数
2003	0	5	NA	NA	NA
2004	0	8	15	34.33	42 913∶1
2005	0	10	20	37.91	37 910∶1
2006	8	10	30	38.35	38 350∶1
2007	42	42	30	41.14	9 795∶1
2008	42	42	40	42.36	10 086∶1

资料来源:Z县新农合管理中心。
注:工作人员数并不包括部分抽调人员。

Z县的资料仅作管窥之用,其他地区的情形又是如何呢?"合作医疗之家"发起的讨论提供了宝贵的信息。下文利用这些资料分析新农合在人员、机构方面的运作情况。

7.7.1 人员:来源、编制、工资

新农合的人员是政策执行和制度运行的保证。这些工作人员是如何招聘的？其编制是否落实？工资是否有保证？这些问题对工作人员的士气有重要影响,下文一一分析。

1. 人员来源

新农合的工作人员主要通过抽调、招考等方式解决。17位网友提及本地的人员解决办法,12人介绍说是通过抽调方式,抽调的来源有:卫生局、医院(乡镇卫生院)、财政农税、人劳①、基层单位等。另有3名网友提及本地是通过招考方式。如上所述,Z县在2007年前,人员主要靠抽调解决。但这并非长久之计,Z县在2007年通过招考的方式招聘了30余名工作人员。

2. 编制

共有39位网友明确回答编制有无问题,其中11位网友提及编制问题没有解决,占28.2%;28名网友称有编制,占71.8%。编制的数量差别很大:最少的仅有两个编制,最多的则"一共40人,全额事业编"②。由于网友们计算的口径不一致,有的包含县乡两级所有编制,有的仅指县经办机构的编制数目,很难对这些数据统一处理。也有网友说得比较清楚:"我县合管中心共有32人,8个镇和1个县中心受理窗口,每窗口3名工作人员:分别为医药、计算机和财会。另有综合管理科3人,还有主任、副主任各1名"③。

---

① 人劳的具体含义不确定,笔者推测是人事劳动部门。发言网友为"蓝天看合疗"。
② "子芊"在2007年5月2日的发言。
③ "zhukelin"在2006年7月6日的发言。

总体上看来,编制问题正在解决之中。但是没有编制、编制不足的问题仍然非常严重。在编码为"政府工作期望"一项中,9位网友的发言中有6位涉及编制问题,如:

> 至于合管办编制是什么性质,是公务员还是其它性质,卫生部或中编办应该有一个明确说法,否则,从事合作医疗管理的同志们心不安呀![1]

3. 工资

16人发表了意见,工资来源有财政拨付、原单位负责、从医院中扣、未解决四类。分别如下:

(1)由财政发放:7人。

(2)原单位负责:4人。由原单位解决虽然一定程度上分担了运行费用,但是却非可靠途径。在实际运作中,负责出人的原单位颇有意见,有的甚至中断工资:

> 我们以前都是在原单位拿档案工资,今年2月份说是编制下来了,关系转到局里了,原单位就把工资停了,但现单位又说没搞好不发工资,我们现在天天上班、加班,但一分钱都不拿[2]。
> 现在不但被原单位遗忘,没有任何的福利待遇[3]。

(3)从医院(卫生院)里扣,4人。这也是卫生局分散运行费用

---

[1] "jjshgb2"在2006年9月5日的发言。
[2] "gyh790824"在2006年8月30日的发言。
[3] "美丽人生"在2006年4月20日的发言。

的一种方法。但是问题也不少：工作人员工资不稳定，有网友反映当地经常"拿不全"①。同时，从医院拿工资，使得经办机构与医院形成利益关系，不利于经办机构对合作医疗业务的有效监管。

（4）工资未解决：1人。

可见工作人员的工资保障还需要落实。

4. 工作感受

29条发言中，对新农合工作持正面态度的仅有3条。其余的26位网友的发言都显得士气低落。低落的原因：工作待遇没有保证或者非常差，尤其是乡镇级别的，有8人；工作负担过重、工作难度大的有7人。

> 具体工作都是我们乡镇一级在做，朝不保夕的，让人做得没劲！②
>
> 整天累得半死不活，却是这样的待遇，我们这些人的心情可想而知！！唉，很多的话也只能憋在心里，不再说啦。③
>
> 不知有关人员是怎么想的，又要马儿跑，又要马儿不吃草。怎么能把这项工作做好呢？④
>
> 合作医疗这东西，从中央到各级政府都是在搞花格子，如参合人数，报销了多少，多少人得益等，绝对没哪级领导关心过新农合工作人员待遇怎样？办公经费，工作有什么问题，不，绝不。⑤

---

① "7452568"在2006年6月13日的发言。
② "wmx"在2006年9月15日的发言。
③ "虞城合作医疗"在2007年4月16日的发言。
④ "美丽人生"在2006年4月27日的发言。
⑤ "hrq—2008"在2007年1月27日的发言。

由以上几方面可见,在合作医疗制度的建设中,地方尚未建立稳定的、充实的工作队伍。现有的机构与人员大多从其他部门抽调"拼凑"而成。由于编制、工资等问题没有得到妥善解决,工作人员的工作积极性受到影响。

7.7.2 机构:经费、运作、等级

制度建设和运行的另一体现是新农合的管理机构。它的经费是否有保障?机构的定位和角色如何设定?这些因素将影响新农合制度的实际运作。

1. 经费情况

发言的19位网友中,12位网友表示所在地区没有工作经费、没有落实或者入不敷出。7位网友所在地区经费独立核算、由县财政单独核拨。这说明合作医疗经办机构的经费问题没有得到很好的解决。

工作条件方面也不容乐观:

> 在乡镇工作的,苦的是没有办公经费,对乡镇也没有很大的监管权。①
>
> 合作医疗软件运行时有没有和医院连起来。我们没有,就是差经费,1万元而已。结果做不到对医院实时监控。②
>
> 交通工具也没有,我们市有26个乡镇,35个医疗机构,要实地检查监督要租车。真的没法。③

---

① "asiaboke"在2007年4月22日的发言。
② "azhou"在2006年7月18日的发言。
③ "雄关漫道"在2006年7月8日的发言。

2. 经办机构地位

在行政级别方面,6 名网友中 4 名所在地区经办机构的级别为副科级,1 名为股级,1 名不确定。7 名网友所在地区经办机构是"独立法人单位",但是大多都直接或间接与卫生局发生管理、业务上的联系。在与卫生局的关系上,可以分为以下几种类型:

(1)作为卫生局下设科室、属于直接隶属关系的:12 个;

(2)挂靠卫生局、委托卫生局进行管理,但并非卫生局科室的:15 个;

(3)县直属,与卫生局工作不存在隶属或管理关系的:4 个;

(4)其他类型或不确定:5 个。

可见,大部分新农合的机构与卫生系统关系密切。新农合制度设计将负责筹资和补偿的经办机构置于医疗服务提供方的控制之下,这是一个很奇怪的制度安排。

3. 经办机构的角色定位

新农合经办机构的角色定位是一个尚处于探索阶段的问题,然而这是一个关系到新农合制度运作的关键性问题:

> 这个问题得首先要弄清合管办的工作职责到底是什么,是监督机构还是业务经办机构,是监督机构的话,那坚决不能设在卫生局,人员工资和经费就应该纳入财政预算,如果说是经办机构的话,那倒是随便怎么设,没有问题。[①]

> 独立于卫生系统之外,才有监督,监督才不是一句空话……才

---

① "hbzg"在 2006 年 9 月 23 日的发言。

> 能慢慢的控制医疗费虚高……只有这样参合农户才是最大的受益者。①

> 必须实行管办分离,不能既是裁判员又是运动员。②

在实际的运作中,部分网友提到目前的经办机构很难达到对医院和乡镇的监督,这既有制度设计的原因,又有工作条件的原因。

制度方面,新农合经办机构的角色定位不清,跟卫生局、医院和乡镇的关系理不清。

> 另外我们中间还加了一个医保局参入管理,问题就更加复杂了。③

> 要是独立部门并解决编制问题就好开展工作,这样也好监督各个医疗机构了!④

> 看了各位仁兄的发表,深有同感,不过我认为目前全国合管办的局面,还是中央造成的,到明年全国的试点县就会超过百分之六十了,而到现在还没有明确的合管办规定,可笑呀,国家的钱就这样管?⑤

总之,经办机构的设置和角色定位需要探索出有效的模式结

---

① "Xueyongjie"在 2006 年 5 月 23 日的发言。
② "踏月牧星"在 2006 年 6 月 1 日的发言。
③ "欢喜冤家"在 2006 年 7 月 19 日的发言。
④ "欢喜冤家"在 2006 年 5 月 7 日的发言。
⑤ "hrq—2008"在 2006 年 10 月 29 日的发言。

束目前的混乱局面。

4. 对政府工作的评价

网上讨论的参加者对中央和地方的工作进行了评价。作为政策的实际执行者,他们的体会是最为直接和深刻的。多名网友提到政府尤其是地方政府并没有真正重视合作医疗政策。有的地方政府还处于观望状态,有的虽然表面上重视,但是口惠而实不至:

> 合管办这个机构地方政府还在观看。①
>
> 主要是各级领导对合作医疗有没有真正重视。我们这里今年政府十大实事排第2就是合作医疗,够重视吧。可到现在财政连启动资金都没到位,说是一把手没正式签字。②

所以形成了中央政府推政策、地方政府虚应的局面:

> 国家财政推地方,地方说没钱。③

地方政府是新农合推广的决定性力量。正因为如此,地方政府的态度给新农合制度的长远发展带来变数。

总之,新农合经办机构的运作在实际中遇到很多问题。而这些问题的产生和均与地方政府对新农合缺乏积极投入的态度有关。这回应了上文对于现行政策激励结构的分析。

---

① "雄关漫道"在 2006 年 7 月 8 日的发言。
② "azhou"在 2006 年 7 月 18 日的发言。
③ "ycdzgh"在 2006 年 6 月 12 日的发言。

7.8 总结

结合前文的分析,我们对地方政府在执行合作医疗政策中的得失做如下分析:可支配资金流方面,国家补助专户运作,地方无法染指,同时地方政府需要提供配套资金和承担运行费用;地方政府需要自行调剂解决人事指标及相关办公费用;政治收益方面,从收益的概率、成本、价值等方面综合考虑,新农合对地方政府的政绩需求缺少吸引力。由此可见,地方政府在政策执行过程中几乎没有收益,增加的只是支出和事责。正如在基层工作的网友所言:

> 我考虑合作医疗工作主要是在吃国家和各级地方政府财政,但是却不能给人家创造一点经济价值,当然人家不太乐意,给农民补助就不错了,还要垫上这么多人的工资、福利、办公经费,对市、县的财政压力最大了,虽然一年也不用多少钱,但是人家就是心里面不痛快,不给你有什么办法?[①]

在地方政府缺乏有效激励的情况下,新农合的建设将面临不确定性因素。政策的执行效果和制度的持续性可能会受到影响。地方政府在新农合政策的执行中几乎得不到实际利益,反而要承担诸多事责的情况下,它们缺少积极投入的动力,往往在上级政府的督促下"重视"新农合的建设。但如果中央政府与其他上级政府的压力消失,地方政府的执行动机将趋于弱化。政策的执行将会

---

① "gdjhhhhh"在 2006 年 12 月 7 日的发言。

流于"应付"。政策的持续性得不到可靠的保证。

总之,在地方政府拥有越来越大行动自主性的今天,我们应当将地方政府视为一个理性的行动者。它们会在目前的制度框架下采取自身利益最大化的行动。对于政策形成的激励结构的研究有助于理解和预测地方政府的行为。本章研究了新农合政策对地方政府形成的激励结构,研究发现新农合政策没有为地方政府提供足够的正面激励;相反,这一政策需要地方政府不断地出钱、出人;政策执行过程中,地方政府权限小、责任大,政治、经济方面的收益少甚至为负。因此,地方政府执行政策的动力是个问题。目前在中央政府的强力动员下,新农合冲到了较高的覆盖率,但是一旦中央的热度和压力降低,地方政府的"理性行动"可能会给新农合的长远发展带来风险。

第八章 损不足而补有余:中国社会保险的逆向调节效应研究[①]

For to all those who have, more will be given, and they will have an abundance; but from those who have nothing, even what they have will be taken away.

——Matthew 25:29, New Revised Standard Version

　　风险分担和收入调节是社会保险制度的重要功能,然而在中国社会保险制度运行中却出现了与风险分担、收入调节相违背的现象:高风险人群没有得到相应得风险保障,低风险甚至无风险人群却得到了非常充分的保障;社会保险制度在财务机制和给付机制上拉大不同人群的收入差距,使得高收入人群比低收入人群获得更多的保障,社会保险制度存在逆向调节效应。本章分析了养老、医疗、失业保险等方面的逆向调节现象及其成因。借助于对近30年来中国社会福利体制改革的历史回顾,本章认为福利改革中存在的政治主从次序是造成社会保险逆向调节的根源:国家在福利改革中对某些群体持续不断地加以保护,但对另外一些群体却

---

　　① 一个与本章略有不同的版本发表于 *International Journal of Social Welfare*, 2016。

主要以放松管制和放弃责任为主,缺少连续的社会保护措施,由此造成两极分化。这一分析将有助于我们理解社会政策其他领域的改革历程和现实状况。中国政府最近采取了一系列政策试图扭转这一状况,其成效还有待进一步观察。

8.1 社会保险的分配悖论

2008年年底,国务院在广东、浙江、上海、山西、重庆五省份进行事业单位养老体制改革的消息传出,广东等省一时出现了提前退休的风潮。原因非常简单:机关事业单位的退休待遇是企业单位的1.5倍。此外,中国失业保险基金在2008年结余331.6亿元,当年结余率高达58%,累计结余已经高达1 310亿元。然而,在登记失业人口中,仅有29%的失业人员领取了失业保险金。巨额结余和低领取率形成了有趣的对比。

社会保险是分担风险、实现再分配的重要制度。作为社会安全制度的主要组成部分,社会保险可以帮助社会成员抵御年老、疾病、失业、工伤等社会风险。然而在中国,社会保险制度在实现风险分担、调节群体收入中的作用如何?上文所提的养老保险待遇差距、失业保险领取率仅是个别现象还是反映了社会保险体制运行的一个缩影?

这些问题的回答既需要评估中国社会保险的运行情况,也需要回顾制度改革的历史过程。中国城镇居民曾经生活在"从摇篮到坟墓"的单位福利体制之中,但是,1978年开启的市场化改革改变了这一切(Gu, 2001b; Leung , 1994)。几乎是与里根、撒切尔的自由主义改革同时,中国的社会保护体系经历了一系列的改革、重构。从1986年国务院颁布《关于改革劳动制度四个规定的通知》到2010年

《社会保险法》通过,中国旧的社会保险制度逐步瓦解,新的社会保险体制逐步确立。到 2009 年,仅城镇基本养老保险参保者就达 2.36亿人,基本医疗保险参保者达 4.01 亿人,城镇五项社会保险基金收入高达 1.6 万亿元。就规模而言,中国社会保险的进展极为可观。30 年过去了,这些改革所确立的新制度是否发挥了预期作用?在这一利益重新分配过程中,哪些群体得益了? 哪些又受损了?

从 1978 年至今,中国经济的起飞令世界印象深刻。很多学者都在总结中国改革的经验,其中大部分讨论围绕经济发展展开(Huang, 2008)。而社会福利领域的改革目前还缺少系统的梳理(Chan, 2010)。如果只关注中国的经济增长,我们将难以获得中国近 30 年发展的完整图像。回顾、分析社会福利改革的过程和逻辑则有利于我们理解中国过去和现在的很多问题,例如日益扩大的收入差距、此起彼伏的社会冲突、低迷的内需和旺盛的出口。本章希望作出以下贡献:其一,检视社会保险各险种的再分配效应;其二,分析逆向再分配效应形成的原因。

为此,本章将系统地回顾养老、医疗和失业保险制度的发展过程及其在现实中的作用。针对社会保险中存在的逆向调节,本章也将探索中国社会福利改革的政经逻辑。分为三个部分:第二部分按领域分析了养老保险、医疗保险、失业保险等主要险种存在的逆向调节现象;第三部分分析了逆向调节产生的根源及其后果;第四部分为小结。

8.2　逆向再分配:各险种的检视

由于社会保险的主要作用是分担风险,实现收入再分配。所以,下文的逆向再分配将主要围绕这两点展开。概括而言,逆向再分配就是:(1)风险与保护的错配,即风险低的群体获得重重保护,风险高的群体得不到充分保障;(2)待遇与阶层的错配,即优势阶层得到过多的补贴,而弱势群体得不到或者只得到不成比例的补贴。我们对三项主要的社会保险项目进行逐一检设:养老保险、医疗保险和失业保险。

8.2.1 养老保险领域的逆向再分配

1.中国养老保险覆盖面和城乡居民养老待遇

我们将比较城乡居民之间在养老保险覆盖面和养老待遇方面的差异。如表8—1所示,城乡居民在这两方面的差异极为明显。在2009年,农村居民的社会养老保险覆盖率仅为10.2%,而同期则有39.6%的城镇居民被社会养老保险所覆盖,两者差距接近四倍。在退休待遇方面,农村养老保险的待遇仅有2000年至2003年的数据,其人均养老待遇不足50元/月,而同期城镇居民的人均养老待遇则为540—640元/月。[①] 一个并不极端的个案是2009年见诸报端的"3元养老保险":海南省一名农民收到通知,说她可从2007年9月开始领取养老金,月标准为人民币3元。这主要是民政部门实施的"农村社会养老保险"(即老农保)。据海南省人力资源和社会保障厅的工作人员证实,老农保覆盖率仅为5%,保障水平低。目前海南省领取该项养老金的总人数约为一两万人,平均待遇水平为20元左右(袁锋,2009)。虽然从2009年起,新型农村社会

[①] 我们怀疑农村养老保险待遇数据未能披露是有原因的,因为城乡待遇的巨大差异会引起舆论讨论,进而使主管部门陷入被动局面。

养老保险开始实施，待遇水平大幅提高。但在大多数地区，人均待遇水平仍未能超过 100 元/月。

表 8—1 城乡养老保险覆盖率与待遇水平

年份	覆盖率(%)		待遇水平(人,元/月)	
	农村	城镇	农村	城镇
2000	7.6	35.4	36	544
2001	7.5	34.5	44	556
2002	7.0	33.4	43	623
2003	7.1	33.2	49	636
2004	7.1	33.5	——	669
2005	7.3	34.4	——	727
2006	7.3	34.1	——	843
2007	7.1	35.6	——	945
2008	7.8	37.8	——	1 114
2009	10.2	39.6	——	1 229

数据来源：《中国统计年鉴》，历年；《中国劳动统计年鉴》历年。

注：城镇养老保险覆盖率=(企业职工养老保险参保人数+机关事业退休制度人数+城镇居民养老保险人数)/城镇常住人口数；农村养老保险覆盖率=农村居民养老保险参保人数/农村常住人口数；农村养老待遇=(养老金支出+退保金、继承退保金、丧葬费用等支出)/(领取养老金人数+退保转移死亡人数)。

城镇养老待遇水平为"企业养老保险"数据，考虑到机关事业单位的待遇更高(下文)，因此城镇养老待遇水平要高于此数据。2006 年及以后年份的机关事业单位离退休人员数仅为机关事业单位参加基本养老保险制度的职工离退休人员数量，不包含机关事业单位参加退休制度的离退休人员，故 2006 以后的城镇养老保险覆盖率应大于表中数值。

社会养老保险覆盖率和养老待遇的差别仅是故事的一个侧面。在另外一个方面，城乡居民的养老风险之差距恰恰与上述情形形成了反面对比：老龄化给农村居民带来的收入、生活风险比城镇居民要高得多。我们将从以下几个方面论证。

首先，收入水平。如图 8—1 所示，例如在 2009 年，每个农村居民人均纯收入为 5 153 元,而同期城镇人均可支配收入为 17 175 元。2000 年至 2009 年,城镇居民人均可支配收入是同期农村居民人均纯收入的 3 倍。可见,城乡居民在收入方面存在巨大的差异。这种差异使得他们对抗老年风险的能力也相应地存在很大差异。

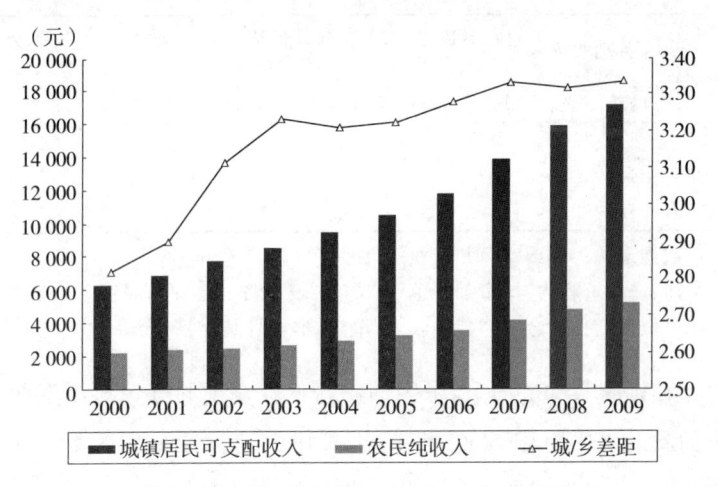

图 8—1　城乡居民平均收入及其差距

资料来源:《中国统计年鉴》(2010)。

其次,收入来源。农村居民主要依赖传统的家庭养老模式。在这种模式下,农村居民的老年收入主要来源于劳动收入和家庭其他成员的供养。另外,国家建立了低保户和五保户制度,对部分无生活来源的农村老年居民进行生活救助。然而,随着大量农村劳动力的外流,农村出现了大量的留守老人。包括留守老人在内的农村老年居民无力从事劳动生产,自身无收入来源或收入来源有限。如表 8—2 所示,60 岁以上的农村居民中,超过一半需要以劳动获取收入,依靠家庭成员供养的超过 40%,而以退休金作为主要来源的仅为 4%。这意味着他们的收入会受到劳动能力衰退、代际关系、子女经济状况等风险的影响。相反城镇 60 岁以上的居民中,仍以劳动作为来源的仅有17%左右,靠家庭成员供养的也仅有30%左右,而依靠养老金的则接近一半。可见城镇居民的养老风险要小得多。

表8—2　城乡60岁以上老年居民主要生活来源(%)

年份	劳动收入		离退休金、养老金		家庭其他成员供养		最低生活保障金和其他收入	
	城镇	农村	城镇	农村	城镇	农村	城镇	农村
2007	17	50	47	4	32	42	5	4
2008	18	51	47	4	30	40	5	4
2009	18	51	49	4	28	40	6	5

数据来源:《中国人口和就业统计年鉴》(2008;2009;2010)。

注:原始资料为"城市"和"镇"分立,本表中将其合并为城镇。原始数据中,"最低生活保障金"和"其他收入"单列,本表将其合并。

在国家救助层面上,中国的农村低保制度和五保户制度所提供的救助水平有限,2007年的年人均救助标准分别为840元和1432元,分别为同期农村人均纯收入的20.3%和34.37%。[①]在个人收入和国家救助都有限的情况下,一旦子女拒绝或很少给农村老年居民提供养老给付,农村老年居民的生活便会陷入困境。而我国城镇居民的收入一直高于农村居民,且建立了相对完善的养老保险制度,而农村的养老保险建设在新农保试点之前可以忽略不计。通过对比,我们可以发现,相比于城镇居民,农村居民在整个生命周期内的收入更低,享受得养老保障更少,老年风险更大。

总之,无论是覆盖面还是实际待遇,城乡居民在养老保险方面存在巨大差异。虽然从财务机制上看,这种差异根源于城乡参保

---

① 据《中国民政统计年鉴》(2008),分散供养的农村五保户年人均九级标准为1 432元,集中供养的农村五保户年人均救济标准为1 953元。

者的缴费差异。但这仅是部分事实。国家对企业职工基本养老保险的巨额补贴(表8—3)和对农村养老保险的放任自流(2009年以前)形成了巨大的反差。这些情况都使得养老保险不仅未能给高风险的农村居民提供保障,反而拉大了他们与城镇居民的差距,从而形成了逆向再分配。

表8—3 企业职工基本养老保险的财政补贴

年份	企业职工基本养老保险(亿元)
2000	299
2001	343
2002	517
2003	498
2004	555
2005	592
2006	774
2007	1 157
2008	1 437

资料来源:2000—2005年数据来源于《中国财政统计年鉴》(2005;2006),2006—2008年数据来源于《中国经济年鉴》,历年。

2. 退休双轨制

即使是在城镇内部,不同群体的养老待遇仍然存在很大差异。其中,机关事业单位和企业单位的"退休双轨制"是最突出的逆向再分配。这种逆向调节表现在以下几个方面:

其一,机关事业单位人员的平均工资水平高于企业单位职工。如表8—4所示,2009年机关事业单位的平均工资为34 062元/年,而同期企业职工平均工资为31 302元/年。前者比后者高8%。[①]

[①] 考虑到机关事业单位的高福利和隐性收入,机关事业单位职工与企业职工的实际收入差距远不止8%。

表 8—4　机关事业单位、企业单位职工平均工资水平(元/年)

年份	机关事业单位	企业单位
2000	9 553	9 207
2001	11 639	10 484
2002	13 232	11 901
2003	14 634	13 585
2004	16 572	15 534
2005	18 939	17 749
2006	21 407	20 495
2007	26 099	23 943
2008	30 194	28 165
2009	34 062	31 302

资料来源:《中国劳动统计年鉴》,历年。

另一方面,在养老保险的待遇上,两者差距更大。如图 8—2 所示,在 20 世纪 90 年代初期,两者的差距较小。但随着时间推移,待遇的剪刀差逐步扩大。在 2005 年,机关、事业单位的平均退休待遇分别为 18 410 元/年和 16 425 元/年,而同期企业职工仅为 8 803 元/年,差距极为悬殊。因此,宋晓梧批评说:"在退休双规制下,出现了'两个高工不如一个机关勤杂工,三个高工不如一个小学教师'的状况。"(宋晓梧,2010)

其二,与待遇的巨大差距相对应的是筹资机制的不公平。机关和部分事业单位人员不需要缴纳养老保险费,其筹资完全由财政负担,而企业职工则需要按本人月工资的 8% 逐月缴纳养老保险费,其雇主需要缴纳职工工资总额的 20%。可见,机关事业单位人员的退休制度更多地显示出一种福利性质。国家财政来源于全体国民,其养老支出是由全体国民支付的。企业职工的养老金是一种半积累制,养老金待遇可以看作参保人劳动报酬的延期支付,是参保人在整个生命周期内的一种收入安排。尽管财政对企

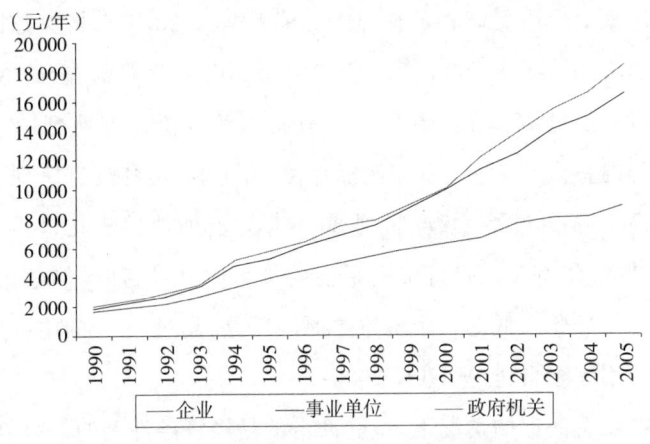

图 8—2　企业、事业、机关单位人均离退休费，1990—2005①

资料来源:《中国劳动统计年鉴》(2001;2006)

业职工养老保险制度也有大量补贴(表 8—2)，但是财政补贴在整体筹资中的比例是次要的、附属的。

总之，机关事业单位人员的收入本就高于企业职工，而退休双规制的存在使得养老保险制度从财务机制和给付机制上拉大收入差距、养老责任承担不公，这些问题最终导致整个养老保险制度在机关事业单位从业人员和城镇企业职工两个人群之间的再分配上出现了很大的逆向调节。

8.2.2 医疗保险

1.医疗保险的覆盖面

市场化的改革使得劳保医疗和合作医疗难以为继。据第二、

---

① 2006 年及之后的数据未披露。据人力资源和社会保障部 2011 年 1 月 11 日对"政府信息公开申请书"的答复，"机关、事业单位平均退休金数据按涉密信息管理，属于不予公开范围"。

三次国家卫生服务调查数据显示,1998年、2003年自费医疗的比重分别为76.4%和70.3%。[①]据"中国健康与营养调查"的数据,长期以来超过75%的中国人没有任何医疗保险。即使到了2006年,还有超过50%的人没有医疗保障。[②]其中,农村没有医保的比例又高于城市。这一状况直到2006年才有所改善。在世界卫生组织2000年有关医疗筹资公平性的排名中,中国排名倒数第四。导致排名如此之低的一个最重要原因就是:超过70%的中国居民医疗费用完全自付(WHO,2000)。[③]

在没有医保的情况下,最受冲击的是经济条件差的弱势群体。而且根据Akin等人的研究,没有医保的人往往集中在经济、社会情况较差的群体中(Akin, Dow, Lance and Loh, 2005)。以1999年前后的国企改革为例,大约三四千万工人被"减员、分流",失去工作,同时也失去了原有社会保护网的保护。这部分人收入几近断绝、年龄偏大、身体状况也较差,所以成为非常脆弱的群体。然而就是他们没有医疗保障,裸露在没有任何保护的医疗市场上。农村中,因为没有医保导致无法看病,进而因病致贫或返贫的情况更是不绝如缕(高梦滔、姚洋,2005)。有无医保也可以体现在健康结果上:相比于无医疗保险的城镇老年居民,有医疗保险的城镇老年居民的家庭自付医疗支出低43%,总医疗支出高28%—37%,平均生存时间则多五年(黄枫、甘犁,2010)。

---

① 《中国卫生统计年鉴》(2009)表5—18。根据OECD全民医疗保险的定义,医疗费自付比例不应超过30%。

② CHNS数据,参见:www.cpc.unc.edu/projects/china。

③ WHO (2000), *The World Health Report 2000—Health Systems: Improving Performance*, Geneva: World Health Organization.

从这个意义上讲,医疗保险制度没有把风险高的群体覆盖在内,这导致了风险和保障的错配。

2. 不同收入群体的医疗服务使用率

尽管医疗保险制度可以为服务使用者负担部分医疗费用,但由于医疗费用共付机制(Co-Payment)的存在和医疗费用的上涨,不同收入层次群体之间的医疗服务使用出现很大的差异。受收入的制约,低收入人群在面对医疗风险时,容易选择不去就医,失去了享受医疗服务的机会,使得医疗服务资源更多地流向高收入人群。解垩利用中国健康与营养调查数据,检验收入在健康及医疗服务利用不公平中的作用,研究发现享受医疗保险的群体较富裕,其医疗服务利用也较多,收入和医疗保险等扩大了医疗服务利用的不平等(解垩,2009)。

首先,从制度层面分析,医疗保险"亲富人"的倾向来源于其过低的报销比例和过高的自付比例。如表8—5所示,在2008年,城镇职工基本医疗保险的住院报销比例仅为66.2%,这是城乡三项医保制度中比例最高的一项。居民医保和新农合的住院报销比例则分别为49.2%和34.6%。合理的自付比例可以有效遏制需求方过度消费的道德损害问题,但自付比例过高而封顶线过低的给付结构,一来可能丧失吸引力,二来有可能导致医疗服务利用率的下降,造成贫困家庭即使参加了合作医疗,也不敢住院,哪怕住院治疗是必要的(顾昕、方黎明,2004)。这样,很可能导致富裕家庭花掉的合作医疗基金比贫困家庭要多得多,从而形成了穷人补贴富人的现象(布罗姆、汤胜蓝,2002)。更令人费解的是,中国的医保基金结余逐年递增,仅职工医保一项在2009年结余就达4 060亿元(Liu,2011)。

表 8—5　不同医疗制度的报销比例，2008

项目	住院费用报销比例（%）
城镇职工基本医疗保险	66.2
城镇居民基本医疗保险	49.2
新型农村合作医疗	34.6

数据来源：卫生部，第四次卫生服务调查。

其次，从宏观的医疗资源分配而言，由于职工医保、居民医保、新农合的报销比例依次降低，因此制度之间也存在着逆向调节的问题。城镇职工和城镇居民拥有较低的自付比例，这使得他们会充分地释放其医疗需求，使这部分人群得到较充分得医疗服务。反之，较高的自付比例则会抑制部分人群特别是农村低收入人群的医疗需求，从而使得这部分人群得不到应有的医疗服务。正是不同医疗保险制度在给付结构上的差异导致了医疗服务资源向城镇居民倾斜。公费医疗制度和城镇职工基本医疗保险制度所覆盖的人群（主要是正规就业人员）的两周就诊率、年住院率普遍高于城镇居民医疗保险制度和新型农村合作医疗制度所覆盖的人群（主要为非正规就业人员和低收入群体）。

因为收入的制约，部分人群放弃使用医疗资源——这种现象在住院上尤为明显——从而使得医疗服务明显向高收入人群倾斜，低收入人群没有得到应有的医疗服务保障，医疗风险没有在不同收入群体之间得到充分分担，并形成了低收入人群向高收入人群在医疗服务资源上的逆向调节。

城镇职工医疗保险制度和城镇居民医疗保险制度覆盖下的城镇居民在门急诊患者得到报销比例、住院患者得到报销比例以及住院报销费用比例上都优于新农合制度覆盖下农村居民。城镇居民比农村居民得到了更多的医疗费用补偿。而城镇居民的收入水平一直远高于农村居民，得到的医疗费用补偿水平也远高于农村居民。这种"双高"的状况实际上反映了医疗服务资源没有在城乡居民之间得到合理分配,我国的医疗保险制度对城镇居民医疗风险的分担远优于农村居民。从图8—3可以看到,2000年至2009年,城乡居民人均医疗保健支出的差距始终在3到4倍左右。

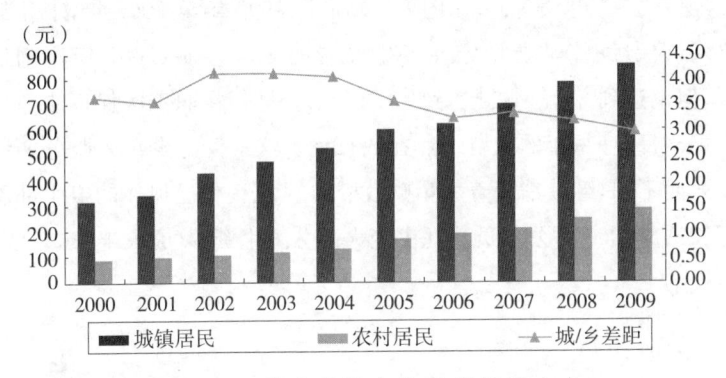

图8—3 城乡居民人均医疗保健支出

数据来源:《中国统计年鉴》,历年。

3. 为公仆服务:行政事业单位医疗费用

与"退休双轨制"相对应,机关事业单位职工在医疗待遇方面也优于城镇其他群体。这主要表现在公费医疗制度。公费医疗"仿效苏联全民免费医疗制度",但基于当时的财力,仅在一定范围内实行。各级人民政府、党派、团体及所属事业单位的工作人员以及大学和专科在校生是公费医疗的主要覆盖人群。在实施初期,公费医疗使用者达400万;到1981年年底,数字达到1 800万,1988年年底,为9 400多万人(钱信忠,1992)。

筹资机制方面,公费医疗经费由国家财政支付,参保者无需缴纳任何保险费用:"公费医疗预防经费列入财政预算,由各级卫生行政机关掌握使用……此项款项应专款专用,由各该级卫生行政机关掌握使用,不得平均分发。"(卫生部,1992)公费医疗的参加者在接受医疗服务时无需承担费用,其门诊、住院、药品的费用都可以由公费医疗支付。同时家属可以享受半价医疗待遇。

1999年之后,城镇职工基本医疗保险开始取代公费医疗。然而统计数据显示,公费医疗(或行政事业单位医疗费用)依然存在,而且经费仍在稳步增长。如图8—4所示,1996年至2007年,十几年之间,公费医疗经费稳定在卫生经费的40%左右(2007年比例最低,但也达到23%,数额达到451亿元)。即使在职工医保逐步建立后,公费医疗每年的花费仍然在数百亿。这一仅为少数人服务的制度死而不僵,继续消耗着大量财政资源。①据一位已退休的卫生部副部长透露,850万公务员消耗了绝大部分卫生资源(殷大奎,2006)。

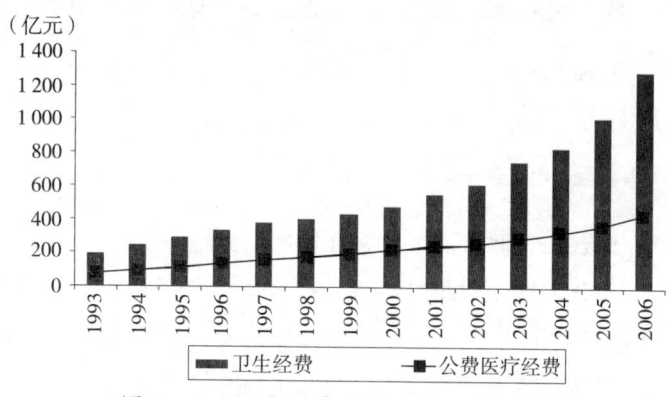

图8—4　卫生经费拨款数与公费医疗
经费拨款数,1993—2006

数据来源:《地方财政统计资料》,历年。

注:1. 2007年数据为"行政单位医疗"、"事业单位医疗"和"公务员医疗补助"的加总数据。

2. 表中数据仅为地方政府加总数据,未含中央政府数据。

---

①　据报道,北京市直到2010年年底才将45万区县级公务员纳入职工基本医疗保险制度,其余115万市级、中央级公务员仍享受公费医疗。参见:http://news.163.com/10/0423/08/64UME2TA00014AEE.html。

8.2.3 聊胜于无:高结余、低领取的失业保险制度

20世纪90年代开始,国有企业改制中出现大规模下岗失业人员。他们构成了城市新贫困人口的主体(关信平,1999;唐钧、沙琳、任振兴,2003;彭华民,2007)。失业给人带来经济、社会、心理等方面的伤害,也给宏观经济、社会秩序带来不稳定因素。作为政策回应,失业保险制度逐步建立起来:到2008年年底,失业保险制度覆盖了1.24亿人,基金收入达585亿元。然而,数据显示失业保险的运行存在隐忧:2008年失业保险基金结余率高达57%(结余332亿元);另一方面,同期却仅有29%的登记失业人员领取了失业救济金(《中国劳动统计年鉴》)。考虑到登记失业率低估了真实失业水平,实际领取率可能更低。以上数据显示失业保险基金结余率过高,而失业金领取率则过低。

早在失业保险发展早期,基金结余的问题就存在。据《中国妇女报》1992年3月16日报道,1991年待业保险基金全国积存金额多达几十亿。辽宁省待业保险基金在1990年前后收缴2.35亿元,但支出仅为6 200万元,结余率高达72%。

国内学界已经注意到这一问题(唐钧,2010;吕学静,2010)。郑秉文分析了失业基金结余率攀升的成因(郑秉文,2010)。孙洁指出失业金巨额结余的形成跟制度设计漏洞有关,例如参保人群和失业人群的错位,需要保障的人往往不在制度的覆盖范围之内(孙洁,2010)。但是与问题的严重性、重要性相比,学界对这一问题的投入尚不足。

宏观层面,失业保险保持失业人群购买力、保障其基本生活的功能被大打折扣,这使得失业保险对抗经济周期的作用受到削弱;

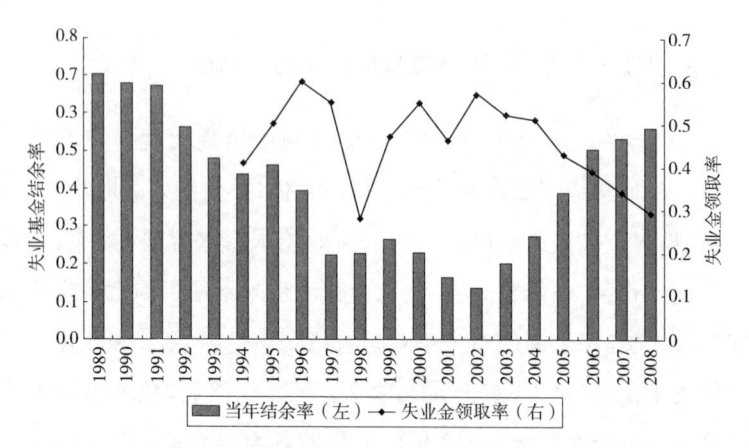

图 8—5　失业保险基金结余率和失业金领取率，1989—2008

资料来源:《中国劳动统计年鉴》，历年。

注:当年结余率 ＝ 当年基金结余/当年基金收入;失业金领取率 ＝ 当年领取失业金人数/当年登记失业人数。

微观层面,低领取率意味着失业保险制度仅服务了少数人员,其绩效和公正性都值得怀疑。大量失业人员得不到救助,他们的生活很可能陷入困境。

8.3　体制内外:中国福利改革中的群体性差异

上文分析了养老、医疗、失业保险中存在的逆向调节效应。一个自然的问题是:为什么中国社会保险会出现逆向调节的现象? 制度运行中会产生与设计不相一致的非预期后果(Unintended Consequences)(Peterson and Cortell，2001)。经济社会发展中经常遇到非预期后果(Henderson and Phillips，2007)。中国社会保险逆向调节问题的出现需要结合中国社会政策改革的过程来分析。

本章给出了一个尝试性的分析框架。黄亚生指出,在经济改革过程中,不同所有制企业之间存在一个政治主从次序(Political Pecking Order)(黄亚生,2005)。在政治身份、银行信用、商业机会、政治支持、法律保护等方面,国有企业、集体企业、私营企业所享受的待遇逐次降低。这造成不公待遇和效率损失。

结合上文的分析,我们认为在中国社会政策改革过程也存在类似的区分。首先,我们将对第二部分中逆向调节的受益群体和受损群体做一个区分,并观察他们的特征。

表8—6 社会保险逆向调节的受益群体和受损群体

	收入	工作部门	风险	居住地	年龄
受益群体	高	正规	低	城市	低
受损群体	低	非正规	高	农村	高

从表8—6可以看出,受益群体和受损群体基本可以重合。受益群体一般在正规部门(通常是机关、事业部门或是国有企业)就业,收入稳定,风险低,居住在城市。他们所受到的社会保护非常完备。而受损群体一般是农村居民、低收入者、没有在正规部门就业的,因而风险比较高的群体。

其次,为什么这两个群体所得到的待遇截然相反呢?回顾中国社会政策的改革历程,我们可以看到受益群体不间断地受到政策的保护。以养老制度为例,改革前,机关事业单位、国有企业职工都有完备的养老退休制度。改革后,仅有机关事业单位维持了独立的退休制度,而国有企业职工作为主要的覆盖对象被纳入到企业职工基本养老保险制度。医疗方面,改革前机关事业单位享有公费医疗,国有企业职工享有劳保医疗。改革后,机关事业单位缓慢地过渡到职工基本医疗保险(但是财政每年仍然为行政事业单位负担着巨额的医疗费用),而国有企业职工则被纳入到新建立的城镇职工基本医疗保险。失业方面亦是如此。尽管失业单位和国有企业的失业风险很低,但是他们都被纳入到失业保险制度。

与之相对应的是农民、无业者等边缘群体,承受了改革的双重后果:政府在给他们选择权的同时,也放弃了对他们的责任。国有企业改革,工人的工作开始打破统包统分,可以自己选择工作、创业,国家重新引入了破产失业,国家也放弃了对工人的很多承诺。在农村,养老保险一直缺少系统的、持续的制度建设。"老农保"基本于事无补,新农保迟至2009年才开始。医疗方面,农村的旧合作医疗制度保障水平低,且在1980年代中期就已经崩溃,直到2004年新农合才逐渐开始建设。中间有几十年的空窗期。至于失业保险,尽管农村存在普遍的就业不足和隐性失业,但是针对农民的失业补助至今未能建立起来。

再次,理清这两类群体的区别和改革中的差别待遇并不够。我们需要回答:国家为什么对这两类群体区别对待?一个粗略的归类是:受益群体基本是在体制内,而受损群体基本是在体制外(潘晓凌、范承钢,2011)。对于受益群体而言,他们构成了权力的核心基础。另外,这些群体对官方而言,是掌控较好,因此政策执行的时候进展会比较顺利。首先,他们都是正规就业部门,工作稳定,收入信息充分。其次,他们都受到各种条文规章的制约。官方对他们的职业晋升、工作调动等握有很大的权力。

对于边缘群体而言,他们处于体制之外,在现行体制中缺少发言权。他们对政策产生影响的方式是:其一,被代表,学者或者官员发现存在问题,呼吁解决,例如农民工问题、失地农民问题、医疗问题。其二,由于利益受损时他们无法进行平等博弈,所以极端性的抗争成为主要的表达方式。这突出地表现在农村税费冲突、下岗工人、失地农民等群体引发的社会抗争。无论是群体性事件、劳动纠纷数量,还是治安案件,最近十几年都大幅增加。

综上,体制内外、城乡之间已经形成保障待遇的鸿沟。我们花大力气建立起来的社会保险制度因为这些鸿沟的存在,也在发挥着逆向调节的作用。要实现惠及全民的社会保险体制,我们需要正视这些问题。

8.4 小结:近来的改革会否矫正制度的非预期后果?

从 2003 年起,中国政府开始在民生问题上加大投入。新型农村合作医疗制度(2003)、城镇居民基本医疗制度(2007)、新型农村社会养老保险制度(2009)等制度陆续出台。这些改革能否扭转目前在社保方面巨大的城乡差距,体制内外差异呢?

财政投入规模已经非常巨大。政府财政的大力投入对社会政策的发展具有混合效果。一方面,政府财政使得一些项目筹资难的问题得到解决,尤其是农村的医疗和养老问题以及城镇非就业人员的医疗、养老问题。但是,另一方面,这些项目的筹资过度依赖政府将使制度的长远发展面临一些不确定性。以新农合为例,财政在总筹资中的比重已经占到 86%(参见第七章)。制度的可持续性将取决于政府的财政稳定程度。地方政府债务问题更是为未来的筹资稳定性增加了不确定因素。①

---

① 参见《21 世纪经济报道》"西部评论"(第 036 期,2011 年 6 月 29 日):"10 万亿地方债务是颗定时炸弹",http://special.21cbh.com/xb/xb36/。

总之，中国社会保险经过了 30 年的发展已经建立起基本框架。越来越多的人口正在被纳入其保护范围。所以，制度设计和发展的重要性逐渐会被制度治理所取代。社会保险制度在风险分担和收入保障方面所起的作用是制度运行和治理的重要侧面。本章所揭示的社会保险的逆向调节现象反映了目前社会保险运行中的一些问题（当然，根源在于社会政策改革中的政治主从次序）。为了使社会保险制度发挥其正常的作用，我们需要更加扎实、系统的研究以及以此为基础的政策调整。

第九章 沉睡的资金:医保基金巨额结余成因探析[①]

现收现付制的社会保险一般当年结算,实现收支平衡,无需进行大量的资金积累。但是我国的职工基本医疗保险在 2009 年累积了 4 060 亿元的结余资金。为何这一现收现付制社会保险产生如此巨额的结余资金?本章运用省级的面板数据分析了职工医保高结余的成因。统计结果显示,职工医保的高结余率与工资收入、覆盖面的稳定增长有关系,也与社会保险经办机构建设的进展相联系。这三项是结余资金增长的正常原因。但是,统计结果也显示:地方财政状况差的地区,结余资金反而高,其中的作用机制耐人寻味。还有,过低的医保基金支出水平也造成结余率居高不下。另据形式推理和全国层面的数据,职工医保的统筹层次偏低和个人账户的存在也促成了结余资金的积累。这四项属于医保基金大量结余的非正常成因。为了解决这一问题,我们需要加强基金监管,避免结余基金被挪用拆借。医保统筹层次也需要提高,以促进地区间的基金调剂。个人账户由于阻碍了人群间的风险分担,导致有 1 390 亿元

[①] 本章内容发表于 *International Journal of Health Care Finance and Economics*,2013,Vol. 13,No. 3/4(现改名为 *International Journal of Health Economics and Management*)。

的结余,因此个人账户的存废问题值得进一步的研究和讨论。

9.1 医保基金的海量结余

城镇职工基本医疗保险(简称职工医保)是中国的主要社会医疗项目。2009 年,职工医保基金积聚了 4 060 亿元的结余(约合 600 亿美元)。即使职工医保停止征收医疗保险费,这些结余也将足够支付 18 个月的医疗开支。众所周知,社会医疗保险一般为现收现付制(Wasem, Greß and Okma, 2004),所以除保持一定比例以防突发事件外,并没有必要保留大量的结余。这种奇怪的现象使我们不禁要问几个问题:为什么大量的资金得以结余下来?职工医保基金是真的冗余,还是糟糕的管理所致?

表 9—1 职工医保基金结余,1999—2009

年份	A:收入(10 亿元)	B:支出(10 亿元)	C:结余(10 亿元)	C/A:结余率(%)
1999	9	7	6	64
2000	17	12	11	65
2001	38	24	25	66
2002	61	41	45	74
2003	89	65	67	75
2004	114	86	96	84
2005	141	108	128	91
2006	175	128	175	100
2007	221	155	244	110
2008	289	202	330	114
2009	342	263	406	119

数据来源:《中国劳动统计年鉴》,历年。

注:人民币和美元的汇率为:6.83∶1(2009 年 12 月 31 日)。

表 9—1 所示,职工医保的基金结余率近十年来一直呈上升趋势。在 2009 年,累计结余率已经高达 119%。我们需要对这种异常的情况进行细致分析,以查清职工医保巨额结余的成因。因为如此之高的基金结余率会造成诸多负面后果:其一,如果任由巨额医保基金沉睡在银行账户里,参保者将无法享受到高水平的医疗待遇。报销比例提不上去,参保者不得不更多地依靠自己的积蓄来支付医疗费用。这是一笔巨大的浪费(顾昕,2010)。其二,如果缺少独立的监督和透明的治理,海量的基金结余会给挪用、拆解、腐败提供大量机会。中国预防腐败局副局长屈万祥指出,医保基金长期存在大量结余与低水平的医保待遇形成矛盾。屈万祥批评地方政府在医保管理中表现不佳:"2007 年,城镇职工的医保、城镇居民的基本医保和农村人口住院费用的报销比例分别是 70%、50% 和 30%……老百姓看病难看病贵,可那么多基金还放在那里,违规使用医保基金的行为还屡禁不止。"(顾昕,2009)

可见,巨额的医保基金结余一定程度上反映了目前医保管理存在不尽如人意的地方(Liu, 2011)。其他国家(特别是发展中国家),医保基金管理的问题同样存在。Fraker & Hsiao (2007) 的研究指出,在肯尼亚只有 22% 的医保基金被用在医疗费用补偿上,25% 被耗费在日常管理中,53% 被花在了各种奢侈的投资项目上。因此,通过研究中国职工医保的巨额结余,本章也可为其他国家社会医疗保险的管理提供借鉴,以改善社会医疗保险的治理和效率。

本章组织如下:首先是关于职工医疗保险的一些背景信息,包括其改革和管理情况;其次,医保基金结余的可能成因被一一检视并形成假设;数据,测量和量化分析紧跟其后;最后,讨论了量化分析的结果以及相关的政策启示。

9.2 背景:职工医保的起源和管理

市场经济改革使得计划经济逐步瓦解。嵌入于计划经济体制的公费/劳保医疗体系也无法维持下去(Liu, Rao & Fei, 1998)。由于公费/劳保医疗体系曾经造成了医疗费用的不断上涨,因此中国政府在1994年试点社会医疗保险制度。这一试点在1998年全面铺开,城镇职工基本医疗保险制度最终建立,取代了之前的劳保医疗(和部分的公费医疗)。职工医保主要面向城镇就业人口(尤其是其中的正规就业人口)(Liu, Zhao, Cai, Yamada and Yamada, 2002)。在职工医保制度之下,筹资有两个来源:雇主需要缴纳工资总额的6%,雇员需要缴纳工资的2%(Gu & Zhang, 2006)。另外,中国政府从新加坡医疗体制中借鉴了个人账户的制度设计,将医保基金分为社会统筹基金和个人账户两部分(Yip & Hsiao, 1997)。雇主缴纳的保险费有30%流向了个人账户,70%流向了社会统筹基金。雇员缴纳的保险费全部流向个人账户。在大多数地区,个人账户被用来支付门诊费用和购买药品。社会统筹基金用来支付住院的医药费(Liu, 2002)。

职工医保采取了分散化、属地化的管理。各地的社会保险经办机构负责其日常管理职工医保,主要是在县级或者市级层面。因此,职工医保并不是一个统一的整体,而是分散为几千个类似于德国疾病基金的组织。在同一个统筹范围内,缴费率、报销规定是统一的。从1998年起,国务院禁止从医保基金中提取管理费,因此职工医保的运行、管理费用由地方政府负责。如果职工医保基金出现赤字,地方政府也负责从财政上予以补贴。因此,地方政府在职工医保的管理上拥有很大的话语权。

9.3 假设:职工医保基金结余率的可能成因

可能影响职工医保基金结余的因素被归纳为五组:人口结构、经济发展状况、制度的扩张、制度管理以及制度设计等。

9.3.1 人口红利

中国人口结构正在趋于老化,因此一些观点认为中国的人口红利正在消失。但是,在职工医保制度内部,抚养比从2005年起却在下降。这显示制度内部的人口红利仍然存在。如表9—2所示,1999年至2009年,抚养比在0.32到0.38变化。2005年后,这一指标逐年下降。到2009年,职工医保的参保者中,退休人口与劳动人口的比重为0.34∶1。由于在职人口的医疗花费相对较少,因此我们可以假设:职工医保的结余率将与抚养比成反比。

表9—2 职工医保的抚养比,1999—2009

年份	A:参保人数(百万)	B:退休人员数(百万)	C:在职人员数(百万)	B/C:抚养比
1999	21	6	15	0.37
2000	38	9	29	0.32
2001	73	18	55	0.33
2002	94	25	69	0.36
2003	109	29	80	0.37
2004	124	34	90	0.37
2005	138	38	100	0.38
2006	157	42	116	0.36
2007	180	46	134	0.34
2008	200	50	150	0.33
2009	219	55	164	0.34

资料来源:《中国劳动统计年鉴》,历年。

9.3.2 经济增长红利

中国的经济繁荣已经持续了30多年。考虑到经济增长可以提高平均工资水平和医保的缴费水平,经济增长可能推动了职工医保结余资金的增长。如图9—1所示,城镇单位职工的平均工资在2009年为32 244元,是1999年的3.88倍。如前所述,职工医保的保险费与工资挂钩,因此工资的上涨会提高缴费水平,并推动医保基金收入的增长。同样在图中,职工医保的平均缴费水平从1999年的435元/年增长到2009年的1 559元/年,增长了258%。即使考虑到通货膨胀的因素,这样量级的增长还是非常惊人。因此,我们可以做出这样的假设:收入水平与职工医保基金结余率成正比。

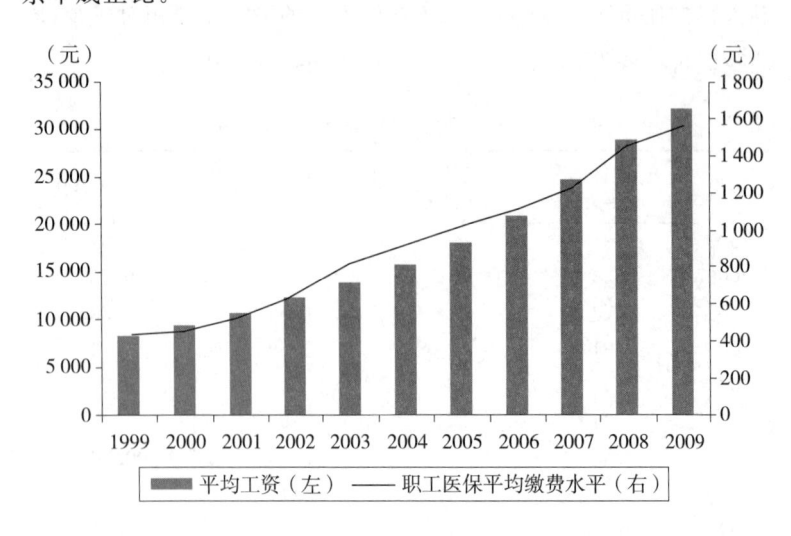

图9—1 城镇单位职工年均工资以及职工医保平均缴费水平,1999—2009

数据来源:《中国劳动统计年鉴》,历年。

9.3.3 项目扩张

从1999年起,扩大覆盖面一直是职工医保的首要目标。如图9—2所示,在2009年,职工医保覆盖了60%的城镇就业人口,因此制度发展仍然有空间。职工医保的覆盖面通过两个途径影响其结余率:其一,随着覆盖面的扩大,更多的目标人口被纳入保护范围。这样疾病风险分担的范围不断扩大,从而使得医保基金抗风险的能力得到增强。这有助于基金结余的积累。其二,覆盖面扩大将新增大量的参保者。这些参保者多为在职人员,他们非常稳定地缴纳保险费,但医疗花费却相对较低。因此,基金收入将超过基金支出,基金结余因而产生。由此,我们可以假设:职工医保的覆盖面与基金结余成正比。

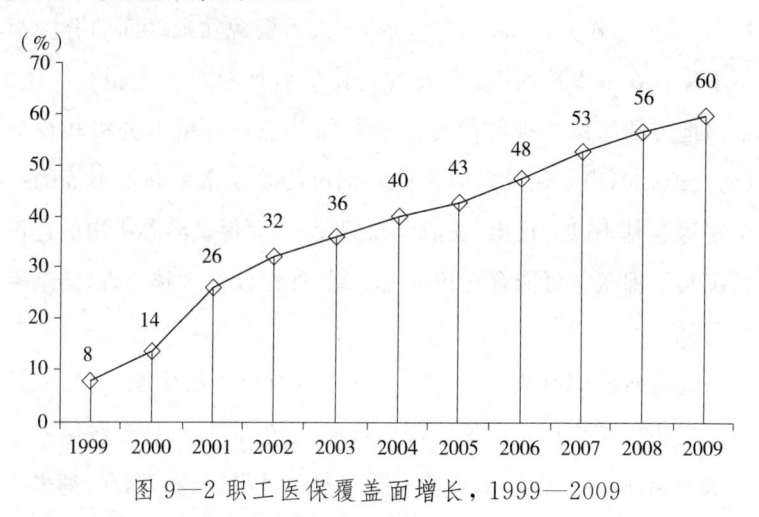

图9—2 职工医保覆盖面增长,1999—2009

数据来源:《中国劳动统计年鉴》,历年。

注:1. 职工医保覆盖率=参保人数/(城镇就业人数+离退休人数)

2. 从2006年起,《中国劳动统计年鉴》不再报告离退休人数,本章用养老保险的离退休人数做近似计算。因此,2006—2009年的覆盖率会比实际的要略高。

9.3.4 医保管理

管理良好的医保制度可以将医保基金有效地用于支付医疗费用。职工医保的巨额结余一定程度上反映了目前制度管理中存在不尽如人意的地方。下文将从四方面进行分析。

首先,**管理机构之建设**是医保管理的一个关键环节。完善的机构和训练有素的工作人员可以将医保管理机构变为强有力的服务购买者和谈判者,从而在刺激医疗机构提高服务质量的同时降低医疗服务价格。另外,高效的医保管理机构能够征收到更多的保险费,从而增加基金收入。但是在中国,社会保险经办机构一直存在资金不足和人力匮乏的问题。在 2008 年,社会保险经办机构有 13.3 万工作人员(参见第六章)。人力资源在地区间的分配很不平衡。在不少地区,技术人员尤其是精算专业人才相当匮乏。很多地方的医保管理部门无法对医保基金进行精算分析和评估(何文炯,2011)。地区间的这种差别可能是结余率高低不等的一个根源。基于以上理由,我们可以假设:社会保险经办机构的建设情况与医保基金可能存在相反的关系,即医保机构越完善,结余率会越低。

地方政府的财政实力对医保管理也有显著的影响。其一,地方政府不仅需要负担医保管理机构的运转费用,而且当医保基金出现亏损时,地方政府需要动用财政资金予以保障。因此,如果一个地方政府财政状况很差,那么医保管理部门将没法得到政府的大力支持,无论是管理经费、还是医保基金的亏损。医保管理者会采取非常保守的管理方法,想方设法从医保基金中预留资金来抵消可能出现的亏损。在一些地区,地方官员和医保管理者认为结余资金越多越好,他们担心在自己任职期间医保基金会出现亏空。有的地方甚至以结余率来考核医保管理人员。这使得他们会对医保基金的使用控制得很严,结余因此而产生。其二,如果地方政府财政紧张,它们就会想方设法获取资金。考虑到医保结余资金的性质不明确,目前法规也没有明确规定结余基金的管理、使用,这些钱很容易落入地方政府口袋。据报道,一些地区把结余基金转交给了地方财政部门(张墨宁,2011)。在这种激励结构下,地方政府和医保管理者会倾向于让医保基金产生结余。考虑到以上情况,我们可以做出这样的假设:地方财政实力越差,医保基金结余率越高。

医保基金的支出水平也会影响职工医保结余的数量和比例。很多因素(尤其是报销规定)会影响医保基金的支出,进而影响结余水平。报销的相关规定可以通过以下途径影响基金结余。首先,报销规定涉及起付线、封顶线、自负比例等方面的设定。这将限制医疗费用的报销额度。其次,地方政府都会制定一个基本药品目录和基本服务目录,这两个目录决定了报销范围,即哪些药品和医疗服务可以由医保基金来支付。地方政府可以对这两个单子进行5%的增减(Liu,2002)。但地方政府通常对这两个单子控制得很严,以节约医保经费。通常情况下,报销的规定需要定期更新。但是,由于更新规定需要多个政府部门的协作,所以实际上,报销规定更新较少。另据海克尔的研究,放缓更新的节奏是压缩社会支出的一个政策工具(Hacker,2004)。上述因素可以共同影响医保基金的报销比例和支出水平。如表9—3所示,即使经过了十年的发展,职工医保的社会统筹基金也仅仅能报销66.2%的住院费用。其他两个医保项目的报销比例则更低。

表 9—3　不同医保制度对住院费用的报销比例,2008

医保制度	社会统筹基金对住院费用的报销比例（%）
城镇职工基本医疗保险	66.2
城镇居民基本医疗保险	49.2
新型农村合作医疗制度	34.6

数据来源:卫生部统计信息中心(2010)。

此外,医疗服务、药品的价格,医疗费用支付方法也会影响最终的基金支出水平。综合起来,医保基金的支出水平可以反映上述因素的影响。因此,我们可以做假设如下:职工医保基金支出水平越高,结余率越低。

统筹层次对医保基金的影响也是显而易见的。大多数的职工医保基金都是在县或市的层级上统筹。除几个直辖市外,目前还没有省级统筹的医保基金。统筹层次低意味着风险分担的范围较小,同时基金运营的风险却较高。因此,医保管理者为了不让医保基金亏损,往往会采取保守的管理方式。这会导致结余。另外,统筹层次低也导致职工医保基金很难实现地区间的调配,一个地区的结余无法被另外一个地区的亏损所抵消,从而使总体结余率上升。

关于统筹层次的系统数据目前尚不可得,我们用一个简洁的形式推理来证明上述观点。假设某省有两个城市,A 市和 B 市。A 市的医保基金结余为 n 万元,B 市的医保基金有 m 万元的亏损。如表 9—4 所示,如果统筹层次停留在市级,那么 A 市医保基金的盈余将无法去弥补 B 市的亏损。因此最终的总结余为 n 万元。但是,如果 A 市和 B 市的医保基金都在更高层面上统筹(例如省级),那么 A 市的盈余可以用于补充 B 市的亏损。因此最终的结余为 n－m 万元。可见,提高统筹层次通过结余和亏损的相互抵消来降低总体的结余水平。

表 9—4　医保统筹层次与结余

	A 市医保基金结余	B 市医保基金结余	总结余
市级统筹	n	—m	n
省级及以上层次统筹	n	—m	n—m

注:1. n 和 m 均为正数。

2. 在两种情况下,提高统筹层次并不会降低基金结余:(1)A 市和 B 市的基金结余均为正值,即两市医保基金均不存在亏损;(2)A 市和 B 市的基金结余均为负值,即两市的医保基金均处于亏损状态。这两种情况比较特殊,但不影响本表的主体结论。

综上,机构建设、政府财力、医保基金支出水平都可能影响结余率。目前职工医保统筹层次较低,阻碍了地区间基金的流动,从而提高了结余水平。

9.3.5 制度设计

医保个人账户是职工医保制度的一个特别设计。这一设计部分的造成了医保基金的大量累积。如上文所提,雇主缴纳的保险费中有 30% 流向个人账户(30% ×工资总额的 6%＝工资总额的 1.8%)。雇员缴纳的保险费全部流向个人账户(大约为工资的 2%)。因此,大约有工资总额的 3.8% 流向了个人账户,占到全部医疗保险费的 47.5% [＝3.8% / (3.8% ＋ 4.2%)]。个人账户中的资金只能归个人使用(个别地区允许其在家庭成员中使用)。如果一个参保者很少买药、看病,那么他的个人账户中的钱就会一直积累下去。反之,一个健康状况较差的人会发现个人账户中的钱很快就不敷使用。所以,个人账户资金使用范围如此狭窄,会造成健康人群和医疗需求大的人群间苦乐不均:前者有大量资金沉淀下来,后者远远不够。目前学界正在讨论是否要废掉医保个人账户。

个人账户的数据从 2003 年才开始披露。省级数据从 2008 年起才公开。由于本章的其他数据是从 1999 年至 2007 年,因此个人账户未能纳入到下文的统计模型中。不过,全国层面的数据还是可以说明一些问题。如图 9—3 所示,从 2003 年到 2009 年,个人账户结余的资金占到总结余的 40% 左右。虽然这一比例一直在下降,到 2009 年,仍然高达 34%(1 390 亿元)。有些学者认为,个人账户的作用是积累资金以备参保人年老时使用,因此不应该把结余资金看作不正常。但是,这一观点值得商榷,因为通货膨胀正在让个人账户的积累功能变得越来越不现实。因此,我们应该认真考虑一下个人账户的存废问题。

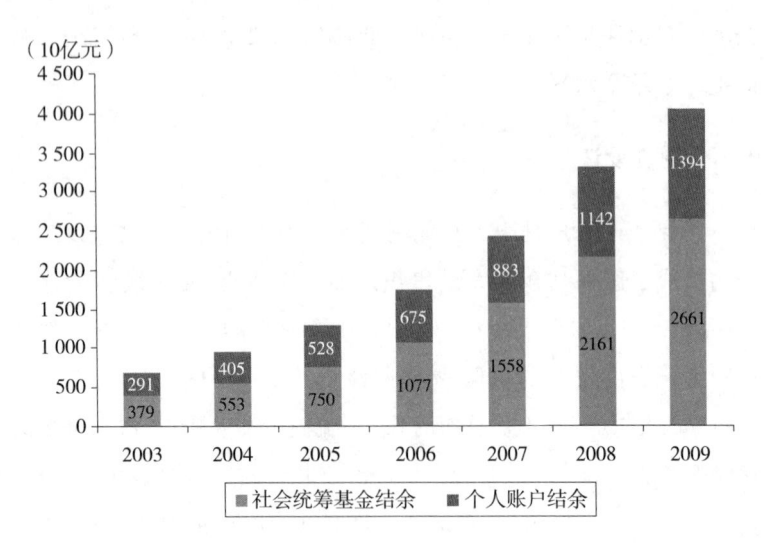

(10 亿元)

年份	个人账户结余	社会统筹基金结余
2003	291	379
2004	405	553
2005	528	750
2006	675	1077
2007	883	1558
2008	1142	2161
2009	1394	2661

图 9—3 职工医保基金结余的结构,2003—2009

资料来源:《中国劳动统计年鉴》,历年。

9.4 方法论:数据及测量

在回顾了上述影响因素后,本部分将介绍验证方法,包括数据来源、变量的操作化等。由于医保统筹层次的数据尚不可得,因此这一变量未纳入统计模型。另外,个人账户的分省数据仅限于2008年及以后,也无法进行统计分析。不过,表9—4中的形式推理已经可以说明医保统筹层次过低会导致基金结余。同样,2003—2009年的全国数据也显示,个人账户造成了相当比例的资金结余。下文将对其他变量进行操作化。

9.4.1 数据来源

数据主要采集自官方统计年鉴,分析单位是省/年。尽管职工医保是在县或市的层次上管理,但目前我们仅能获得省级数据。我们为此建立了一个面板数据库,时间范围是1999年至2007年。1999年是职工医保在全国范围内开始建设的第一年,2007年是我们所能获得系统资料的最近一年。数据主要来自:《中国劳动统计年鉴》《中国统计年鉴》《地方财政统计资料》等。

9.4.2 测量

因变量,职工医保基金结余率,计算如下:

$$职工医保基金结余率 = \frac{职工医保基金累计结余}{职工医保基金当年收入} \quad (1)$$

自变量包括抚养比、职工平均工资、职工医保覆盖率、社会保险经办机构经费、政府财力以及职工医保的支出水平。

抚养比 人口红利操作化为抚养比:参保人口中,离退休人员与在职人员的比值。这一变量将有助于我们去发现人口结构与职工医保基金结余率的关系。

$$老年抚养比 = \frac{职工医保离退休参保者数}{职工医保在职参保者数} \quad (2)$$

职工平均工资 为了测量经济增长和收入增长对基金结余率的影响,我们将城镇单位职工平均工资作为指标。这可以反映城镇职工工资的增长情况。

职工医保覆盖率 测量如下:

$$职工医保覆盖率 = \frac{参保者数}{城镇就业人口 + 离退休人口} \quad (3)$$

机构建设 如上文所讨论的,我们需要考虑社会保险经办机构在基金结余形成中的作用。本章采用了人均社会保险经办机构经费作为测量。这一指标可以反映社会保险经办机构的经费状况,包括人员经费、办公经费等。

政府财力 政府的财政资源这一变量通过人均政府财政支出来测量。与财政收入相比,财政支出可以更好地反映政府的财政资源。因为在中国,政府除了财政收入外,还可以通过其他途径来获得可支配收入,例如从银行和个人借贷等。

职工医保的支出水平 报销规定、医疗服务和药品价格,支付方法都对支出水平有影响。但是由于缺少数据,我们很难将它们的影响区分开。本章的分析单位是省/年,但大部分职工医保都在县/市层面上统筹。每个省有上百个县,这给资料收集带来了极大的麻烦。人均职工医保支出是一个集合性的指标,因此在无法单个区分上述因素的情况下,我们用它来反映整体上的医保支出状况,毕竟无论是报销规定、医疗价格还是支付手段,最终都能体现为医疗支出。

另外,一些因素很难被直接观察或很难收集到数据,例如疾病发生及其严重性程度、医疗服务和药品价格、医疗费用支付方法等。由于观察单位是省/年,疾病发生与严重性程度可以忽略不计,因为省份是一个很大的观察单位,可以平衡掉个体性的因素。另外,我们采用了城镇居民的医疗开支作为控制变量,这一定程度上可以控制各地在医疗价格方面的差异。由于大部分地区采用了按服务项目收费(Fee For Service)的支付方法,因此这一变量的影响也可以忽略不计。

所有的变量及其测量见表 9—5。

表 9—5 变量和测量

变量	测量
职工医保结余率	医保基金截止到某年的累计结余 / 职工医保某年结余
抚养比	离退休参保者认识 / 在职参保者人数
职工平均工资	来自《中国统计年鉴》
职工医保覆盖率	职工医保参保者人数 / (城镇就业人口 + 离退休人口)
人均社会保险经办机构经费	社会保险经办机构经费 / 职工医保参保者人数
人均政府财力	政府财政支出 / 该省人口数
职工医保平均支出水平	职工医保当年支出 /职工医保参保者人数
城镇居民平均医疗开支	来自《中国统计年鉴》

9.4.3 统计方法

我们建立了一个历时 9 年(1999—2007)的面板数据库,来跟踪职工医保结余率和其他指标的变化情况。面板数据可以获得比较一致的结果(Wooldridge,2006)。

统计模型的表达式如下:

$$Y_{it} = \beta_0 + \beta_1 x_{it1} + \cdots + \beta_k x_{itk} + \alpha_i + \mu_{it}, i = (1, 2, \cdots, 31);$$

$$t = (1999, 2000, \cdots, 2007) \tag{4}$$

其中,i 是指 31 个省中的任何一个;t 代表的是 1999—2007 年中的任何一年。α_i 和 μ_{it} 是两种类型的变异:α_i 与观察对象(省份)相关联,并且不随时间变化而变化,如地理位置;μ_{it} 则随时间变化而变化,例如一个省的经济。Y_{it} 是 i 省 t 年时的基金结余率。$x_{it1}, \cdots, x_{itk}$ 是一系列的因变量。β_k 是我们所感兴趣的系数。

9.5 研究发现

我们采用了固定效应模型,但我们也汇报了随机效应模型的结果,以作参照,具体如表 9—6 所示。描述性统计结果(均值和方差)参见表 9—8。

从表 9—6 中,我们可以看到大部分变量间的关系都符合假设的期待。职工平均工资、职工医保覆盖面都与医保基金结余率成正比而且显著,与假设一致。但是,抚养比虽然与结余率成负面关系,但是结果并不显著($P > |t| = 0.117$)。所以很难推断年龄结构与结余率的真实关系。职工平均工资的增长与基金结余成正比,每 1 000 元的工资增长对应着基金结余率 7.4% 的上升。此外,职工医保覆盖面的稳定上升也与基金结余正面相关。其他变量不变的情况下,覆盖面每增长 1% 意味着结余率上升 0.1354%。另外,社会保险经办机构的经费与结余率正相关,可见机构建设可以增加基金收入,并可以通过加强管理的方式来节省开支。

上述几个因素基本上可以称为职工医保高结余的"正常原因",因为它们是外生的,或者只是政策发展的正常过程。但是它

表 9—6　固定效应模型结果

因变量:职工医保基金结余率	系数	标准误
人口红利		
抚养比	−0.2749**	−0.3196***
	(0.1270)	(0.1118)
经济增长红利		
职工平均工资（1 000 元）	0.0706***	0.0658***
	(0.0071)	(0.0059)
项目扩张		
职工医保覆盖面	0.1354***	0.1501***
	(0.0477)	(0.0465)
职工医保管理		
人均社会保险经办机构经费（1 元）	0.0063***	0.0069***
	(0.0015)	(0.0014)
人均政府财力（100 元）	−0.2399***	−.2309***
	(0.0266)	(0.0207)
人均职工医保支出(100 元)	0.0063***	0.0069***
	(0.0015)	(0.0014)
控制变量		
城镇居民平均医疗开支(100 元)	−0.3033**	−0.2378**
	(0.1464)	(0.1181)
常数项	0.6423	0.6413
R^2:组内	0.4372	0.4599
R^2:组间	0.5505	0.5582
R^2:整体	N=268	N=268
观察数	0.6423	0.6413

注:***p＜0.01；**p＜0.05。

们虽然正常,却不能永远存在:覆盖率不可能一直扩大下去,等到全面覆盖实现后,这一因素就不起作用了。同样,职工平均工资也不可能一直增长下去,遇到经济衰退,工资增速可能放缓,甚至会倒退。所以,我们不能期望医保基金结余一直会增长下去。何文炯和他的同事基于对一个城市的研究发现,医保基金在2036年左右会出现亏损(徐林荣、傅可昂、刘晓婷、杨一心,2010)。因此,政策制定者应该考虑采取浮动缴费率(程乐华,2010)。当结余率比较高的时候,政府可以降低缴费率。反之亦然。这样,不仅基金结余率可以降低,雇主和劳动者的缴费负担也可以得到减缓。

另一方面,其他几个指标揭示了职工医保基金结余的非正常成因。其一,政府财政情况与医保基金存在负面关系。政府越穷,医保结余率越高。这种情况虽然不正常,但是却验证了前文假设。如前文所述,政府越穷,医保的管理人员就会越紧张。他们担心医保基金亏损后政府无法为他们埋单。所以他们对医保基金一般会从严管理。这限制了基金支出。这虽然使得基金免于亏损的风险,但是参保者的利益却被忽视了。其二,医保基金的平均支出水平与结余率也存在负面且显著的关系。这说明医保基金的大量结余跟目前医保基金的报销待遇偏低有关系。报销规定和其他因素限制了医保基金用于支付医疗费用的数目,从而使得基金结余率居高不下。我们将上述原因视为非正常原因,是因为它们是可以克服或者修正的。

9.6 讨论

职工医疗保险的巨额结余既不正常,又令人困惑。分析它的成因需要综合各方面的资料。本章采用了省级的面板数据和其他资料,分析了职工医保巨额结余的正常成因和非正常成因。研究发现,平均工资、职工医保覆盖面的稳步上升促使结余不断增长。社会保险经办机构的建设进展也有助于医保结余的积累。这三方面的原因属于正常成因,但它们却不能持久。所以,我们不能对医保的财务前景过分乐观。中国的人口结构逐渐老化,医保未来还面临很多挑战。据报道,目前医保参保者中仅有25%的离退休人员,但是他们却花费了60%的医疗费用。(肖明,2010)。

医保管理和制度设计的原因属于高结余的非正常成因。地方政府的财政状况、医保基金的支出水平都对医保基金结余有显著的影响。如上文所述，医保基金统筹层次、个人账户的制度设计，也对医保基金的结余率有直接的影响。如图9—3所示，个人账户贡献了40%左右的结余资金。上述原因是非正常成因。

为了消除上述非正常因素的影响，政策制定者们面临很多选择。其一，医保基金的监控需要加强，以消除地方政府挪用、拆解的风险。其二，医保的管理者们应当摒弃"医保基金越多越好"的思维，不要再通过控制支出的方式来保证基金安全，而是应该通过改善管理（尤其是精算分析）来增强基金的抗风险能力。过多的结余不仅不会带来基金安全，反而会让基金遭受腐败、浪费、通货膨胀的侵蚀。其三，医保基金的统筹层次需要提高。一旦统筹层次提高，医保基金可以在更大的范围内调剂使用，结余的资金可以用于补贴出现亏损的医保基金。这种地区间的调配可以降低结余率。其四，我们需要重新审视医保基金个人账户的作用。为了提高基金的使用率，尤其是个人账户中沉淀资金的使用率，一些地区允许参保者用个人账户的钱去做体检，或者为家庭成员缴纳保险费（顾昕，2010）。这些都是有益的尝试。我们还应该认真地考虑一下个人账户的存废问题，毕竟这涉及到1 300亿元资金的使用率。

有的地区出现结余后就盲目提高待遇，出现亏损后就压缩待遇（何文炯，2011）。这些决策都不够科学，因为他们并不是根据精算结果制定的。医保的筹资和待遇水平之确定是很复杂的。考虑到中国的人口年龄结构和经济发展前景，浮动费率是一个可以考虑的政策选择。在基金大量结余的情况下,政策制定者至少面临两个政策选择:其一,降低缴费率,这可以降低雇主和雇员的缴费负担,但待遇水平不变;其二,提高报销比例,这将提高医保的待遇水平,而缴费率保持不变。第一个选择更有利于雇主,第二个选择更有利于参保者(雇员)。

上述对医保基金结余的经验分析有助加深我们对这一问题的理解,并在此基础上做出合理的政策倡议。上文所述的非正常原因揭示了医保管理中有待完善的地方。由于社会医疗保险正在许多国家实施或者运行,因此本章的研究发现可为这些国家的政策制定者提供一定的借鉴。通过借鉴中国的经验教训,这些国家的管理者可以改善医保制度的绩效,进而增加制度的吸引力。

另外,其他的现收现付社会保险项目也有结余率过高的类似问题(表9—7),因此本章可以为这些相关题目的研究提供借鉴。据统计资料,中国的失业保险在2008年收入585亿元,但支出仅为253亿元。这意味着332亿元被结余下来,然后沉睡在银行账户里。到2009年,失业保险累计结余的资金已经高达1 524亿元。与此形成鲜明对比的是,仅有29%的登记失业人口领取了失业金。考虑到中国的登记失业率可能低估了实际失业水平,失业金领取率可能远低于29%(《中国劳动统计年鉴(2009)》)。因此,失业保险的管理和绩效存在很多问题。但是,关于失业保险基金巨额结余的成因和后果,目前的研究还比较少。本章虽然以医保为分析对象,其结论对失业保险巨额结余的成因仍有借鉴意义。

表 9—7 失业保险结余水平(亿元)

年份	当年收入	当年支出	累计结余	累计结余率
1999	125.2	91.6	159.9	1.28
2000	160.4	123.4	195.9	1.22
2001	187.3	156.6	226.2	1.21
2002	215.6	186.6	253.8	1.18
2003	249.5	199.8	303.5	1.22
2004	291.0	211.0	386.0	1.33
2005	340.3	206.9	519.0	1.53
2006	402.4	198.0	724.8	1.80
2007	471.7	217.7	979.1	2.08
2008	585.1	253.5	1310.1	2.24

资料来源:《中国劳动统计年鉴》,历年。

由于数据有限,本章还有一些缺陷需要克服。由于职工医保的管理和统筹层次大多停留在县或市的层面,这给资料收集带来了很大的不便。各个统筹区的报销规定、医疗价格、医疗费用支付方法等资料很难收集齐全。因此,这些因素对医保基金结余的影响很难进行单独的计量分析。此外,统筹层次本身、医疗个人账户等数据也难以取得,这需要学者们对此进行更细致的研究。

表 9—8 描述性统计：均值与方差

年份	1999	2000	2001	2002	2003	2004	2005	2006	2007
职工医保基金结余率	0.87 (1.44)	0.58 (0.25)	0.63 (0.16)	0.71 (0.19)	0.52 (0.29)	0.82 (0.26)	0.88 (0.29)	0.98 (0.28)	1.07 (0.26)
抚养比	0.31 (0.13)	0.31 (0.13)	0.33 (0.10)	0.37 (0.11)	0.38 (0.10)	0.40 (0.11)	0.40 (0.10)	0.39 (0.09)	0.39 (0.09)
职工平均工资(元)	8425 (2572)	9470 (2993)	11110 (3685)	12709 (4352)	14249 (4915)	16212 (5517)	18311 (5723)	20546 (6132)	24642 (7518)
职工医保覆盖率	0.07 (0.16)	0.17 (0.17)	0.36 (0.17)	0.46 (0.15)	0.51 (0.13)	0.56 (0.11)	0.59 (0.09)	0.65 (0.10)	0.69 (0.11)
人均政府财力(元)	943 (720)	1075 (754)	1383 (1007)	1620 (1218)	1792 (1384)	2082 (1572)	2538 (1860)	2995 (2005)	3750 (2462)
人均社会保险经办机构经费(元)	7.06 (3.79)	10.71 (4.96)	15.25 (6.16)	17.39 (7.01)	19.41 (8.42)	20.82 (7.32)	25.21 (9.05)	26.01 (7.45)	28.78 (11.91)
职工医保平均支出水平(元)	220 (169)	313 (324)	275 (214)	398 (233)	592 (395)	698 (398)	751 (321)	784 (260)	871 (298)
城镇居民平均医疗开支(元)	244 (86)	315 (94)	342 (107)	426 (151)	468 (148)	516 (182)	590 (198)	603 (212)	675 (210)

第十章 增长、福利与稳定:社会政策的"常识"与反"常识"[①]

经济发展和社会政策的关系在学界和公共平台一直争论不休。一些主流的观点认为社会政策汲取的税收会扭曲市场激励机制,而且通过提供慷慨的保障弱化了劳动者工作动机,进而对就业产生负面影响。此外,社会支出具有刚性,难以控制。本章回顾了国内外现有的理论和经验研究,分析了社会政策与经济发展、社会保护与就业的关系以及社会支出是否可控三个议题,从而否定了社会政策是短视国策的看法。历经30多年高速增长的中国,财富与矛盾都在积聚,未来的发展和稳定需要将社会保障作为经济社会协调发展的第三驱动力,而不是继续依赖海量的投资和不稳定的外部需求。通过系统化的社会保护体制建设,将社会保障视为一种投资而非纯粹的耗费,中国可望从目前的刚性维稳体制走向更具韧性和更为人性的新稳定机制。

10.1 引子:一路延烧的争论

2002年北京大学陈平教授发表"社会保障是短视国策"的言

---

① 本章发表于《社会学研究》2012年第2期。

论,他认为"建立中国统一的社会保障体系是自损国际竞争力的短视国策"(陈平,2002)。此一观点引起广泛争论。2009年王建勋、岳经纶、薛涌等亦在《南方都市报》《东方早报》等大众媒体展开了一场福利国家的辩论。2010年11月24日,人力资源和社会保障部副部长胡晓义接受采访时说:"(中国)不能重蹈一些国家由于福利过度导致养懒汉这样一种覆辙。"(赵鹏,2010;李晓亮,2010)可见,政策制定者对福利的消极后果也忧心忡忡。

另一方面,数据显示中国的社会保障水平与"福利过度"相距甚远。据世界银行报告,到2005年,中国仍有2.54亿人口每天消费不足1.25美元。此外,中国的社会保险离全面覆盖还有很大距离,而且风险分布和保障强度之间的错配导致了逆向调节效应(刘军强、魏晓盛,2011)。以养老保险为例,中国的养老保险仅仅覆盖了部分城镇人口,占人口绝大多数的农村人口则至今仍没有有效保障。在2008年,失业保险基金结余1 310亿元,但失业金领取率却仅为29%。"有险无保"和"有保无险"的问题很突出。

社会再分配的机制是将资源从优势群体转移到弱势群体。为何一些政策使得优势集团持续不断地得到好处,成为永"不落空"的群体(孙立平、李强、沈原,1998;秦晖,2008)? 如果对比目前的税负和福利水平,我们会变得更加不安。据《福布斯》杂志历年的计算,中国的税负水平稳定地排在世界的前五名,2009年已经晋升全球第二(表10—1)(朱青,2007)。为何高税负没有转化为高福利?

表 10—1 《福布斯》"税收痛苦指数"排名,2005—2009

	2005	2006	2007	2008	2009
第一名	法国	法国	法国	法国	法国
第二名	*中国*	*中国*	比利时	荷兰	*中国*
第三名	比利时	比利时	*中国*	比利时	比利时
第四名	瑞典	瑞典	瑞典	瑞典	瑞典
第五名	意大利	意大利	意大利	*中国*	荷兰

资料来源:《福布斯》,www.forbes.com。

上述争论均是围绕社会政策展开,包括社会保障与经济发展的关系,社会保障的适度水平等议题。这些议题一直是国内外学界争论的焦点。围绕着福利国家的经济后果,学者们一直争论不休(Mares,2007)。一些观点认为,日渐增长的社会保护政策被认为会降低投资和工作动机,进而损害国家竞争力;社会政策还可能影响就业,社会支出的刚性增长又会造成沉重的财政负担。这些观点拥有众多支持者,甚至形成了传统智慧(Conventional Wisdom),即所谓的"常识"。这些"常识"在中国也流行甚广(徐月宾、张秀兰,2005)。

王思斌在2004年指出,经济、社会发展的新需求已经将社会政策推向前台,我们已经进入"社会政策时代"(王思斌,2004)。但无论在学界,还是在大众媒体,关于社会政策的争论还将一路延烧下去。社会政策的作用及功能发挥,需要学界、政策制定者形成一定的共识。因此,我们需要在以下方面深耕下去:其一,理论方面,社会政策与经济发展的关系需要进行系统、细致的梳理。否则,认识层面会存在很多混淆,而且使得社会政策的定位以及政府的职责一直含混不清。其二,实证方面,我们需要对中国的社会支出水平、社会保障水平进行以坚实的经验数据为基础的比较分析。否则,由于缺少对国内总体保障水平的系统分析,也没有跨地区历时的比较,更没有将中国与其他国家比较分析,我们在争论社会保障适度水平的时候会流于空泛。

本章将在第一方面进行探讨。文章首先通过分析相关理论和经验研究,来解析社会政策与经济发展的关系,从而理性反思上述"常识"的合理性。文章围绕三个问题展开:(1)社会政策与经济发展的关系如何?(2)是否福利损害了就业?(3)社会支出是否不可控制?在此基础上,结合最新的经济、社会形势,本章提出:在投资和消费之外,福利将是推动经济社会平衡发展的第三驱动力。社会保障不是纯耗费性的政策,而是具有社会投资性质。通过发展福利,投资于社会,我们才能协调经济、社会发展,走向富有韧性和充满人性的可持续发展之路。

中国社会政策正处于关键的发展时期,我们对社会政策的认识和定位决定了制度今后的发展轨迹。本章将系统分析社会政策、经济发展、社会稳定之间的关系,希望借此回应学界的主流讨论和现实的重大议题,为经济、社会的协调发展提供一些新的思路。

10.2 社会政策与经济发展:微观与宏观视角

对社会政策的第一项批评是:社会项目是非生产性的,不仅消耗大量经济资源,而且会在微观层面损害投资者的投资动机和劳动者的工作动机;在宏观层面,福利国家危害国家的竞争力。下文将从微观、宏观两个角度重新审视这两个论断。

10.2.1 福利损害投资和工作动机吗？

福利的基础是税收，高福利需要高税收支持。在福利的反对者看来，高税收带来双重损害：其一，高税收给纳税人、雇主以负面激励，从而降低了投资和生产积极性。其二，高福利降低了低收入者的工作动机，产生福利依赖（Welfare Dependence），即"福利养懒人"的问题。

如果纯粹的就逻辑推理而言，高税收的确会减少人们的可支配收入。在累进税制下，高收入人群负担的税收要更重。而且，税收过高会导致企业经营成本上升、利润下滑，从而降低资本的收益率。但是，现实情况没有那么简单。

首先，传统观点认为社会政策对雇主无益，雇主和雇员是零和关系。然而新兴起的雇主中心视角表明，社会保险的起源和发展与雇主的支持是分不开的（参见第三章）。社会保险具有诸多正面功能，包括：(1)社会保险可以为工人提供工作保证，从而减少技术培养方面的市场失灵（Market Failure in Skill Formation）。如果缺少保障，那么工人会缺少激励去投资于技能培养。因为一旦失业，投资于技术提升的工人会比其他工人损失更大。社会保险（尤其是失业保险）可以消除工人这方面的顾虑，激励他们改进技能水平，从而使得整体的生产效率得到提升（Estévez-Abe, Iversen and Soskice, 2001）。(2)社会保险可以为高风险行业分担风险，使之避免因为风险而破产。这对于采矿业、煤炭生产等行业尤为重要。(3)社会保险有助于劳动力的平稳更替。在社会保险的保护下，生产力低的工人可以平缓地退出劳动力市场，从而将劳动岗位释放给年轻的、技术能力更强的工人。这有助于提高整体的生产力水平(Lindert,2004)。正是因为上述正面外部性的存在,理性的雇主和投资者并不会盲目地反对社会保险项目。

其次,社会政策在大多数国家已经全民化。其服务对象已经发展成为全体国民,并非仅仅针对少数人群。在各国的社会支出中,占主要部分的是社会保险。低收入者作为主要接受者的社会救济在社会支出中的比例很小。社会保险涵盖了大多数社会成员。以养老保险和医疗保险为例,几乎所有的人都依赖于这些机制来应对退休、疾病带来的收入损失。再者,由于风险的不确定性,每个人无法保证自己不受任何社会风险的影响(疾病、失业、伤残等意外)。通过缴纳工资税来参加社会保险,不仅可以接受,而且成为必需。因此,无论是对于普通纳税人,还是雇主,社会政策并非纯粹的资源汲取。社会政策的普惠特征使得这一制度有着广泛的民意基础。

福利是否影响接收者的工作动机?长期以来,过高的福利被认为会弱化工人的工作动机,导致"福利养懒人"的问题(Murray,1984)。媒体对一些个案的报道往往将问题夸大化(例如英国的超级蛀虫)(Taylor,2010)。根据最近的研究,其实福利依赖的问题并没有想象的那么严重。在英国,官方和一些学者都指责失业者没有积极找工作,即使有工作机会也挑三拣四。但根据Andrew Dunn的研究,失业者中教育程度较高的人群找工作时往往有所挑拣,但他们大部分都可以找到工作。那些教育程度低、就业能力差的失业者努力地找工作,但是往往很难找到(Dunn,2010)。如果不对这两个群体做出区分,我们表面上看到的只是失业者在找工作的时候挑挑拣拣,以至于有工作也不做。而实际上,对失业者的这种印象并不确切。

福利依赖并不会自动形成,而是跟救济金、失业金水平(如失业金替代率)、领取率等相联系。只有救济水平过于慷慨才会弱化工作动机。在 OECD 国家,失业金领取率则一直徘徊在 50% 左右。美国的失业金领取率只有 30% 左右,即只有 30% 的失业者申领失业金(Vroman and Brusentsev, 2005)。尽管中国的福利远远没有到"过高"的程度,很多"有识之士"早已开始未雨绸缪。中国的低保制度曾被批评会造成福利养懒人。然而,经验研究的结果并不支持最低生活保障制度弱化低保户再就业行为、诱导福利依赖的观点(慈勤英、王卓祺,2006)。低保接受者中存在一部分有劳动能力的人口,这不仅不是因为福利过分慷慨,以至于他们不需要工作。恰恰相反,由于目前的低保水平比较低,低保接受者需要一方面偷偷工作(隐性就业),另一方面继续领取救济,才可以维持生活。所以,所谓的福利依赖只是低保户在救济金不够的情况下,争取更多福利的一种权宜之计(彭宅文,2009)。可见,"福利养懒人"的指控并不属实。相反,我们需要检讨社会救济的水平。此外,中国的失业金替代率和领取率比西方国家更低。在 2008 年,仅有 29% 的登记失业人员领取了失业救济金。所以,目前的问题仍然是受益不足,而不是待遇过分慷慨的问题。

综上,对于雇主而言,他们所负担的社会成本(员工的社会保险供款等)有很多正面的外部性。对于个人而言,他们缴纳的工薪税起到了保护个人抵御生活风险的作用。对于福利的接受者而言,福利依赖的现象被夸大。因此,就微观层次而言,社会政策危害经济发展的说法并不可靠。

10.2.2 福利削弱国家竞争力?

政策圈的读者往往关注,福利会不会影响国家竞争力?其实在 20 世纪 90 年代前后，这一论题国际学术界已经有相当的讨论。在全球化背景下，资本流动率提高，很多政策制定者担心福利开支会降低本国对外来资本的吸引力。下文将简述福利与国家竞争力的关系。

尽管克鲁格曼声称，在国家层面，竞争力这个概念没太大用处，因为大部分国家的产品基本上还是主要供应本国。而且国家之间各有其比较优势，很难一概而论比较竞争力（Krugman，1994）。然而，福利国家跟国家竞争力的关系吸引了广泛的注意。佩佛勒、高夫和瑟本等人在 1991 年出版了《福利国家具备竞争力吗？》一书，对比分析了美国、英国、德国、法国、瑞典的社会支出和经济表现，他们的分析结论是：在福利国家的竞争力是否比其他工业化国家弱这一点上，并没有一致的结论（Pfaller, Gough and Therbom, 1991）。他们的研究也发现，在 20 世纪 80 年代的经济背景下，福利国家并非像人们所说的是经济恶化的"罪魁祸首"。

经济开始衰退时，一般会伴生着社会支出的上升。这导致社会支出总是被当做经济衰退的替罪羔羊。难道两者的这种伴生关系足以说明社会支出上升损害了经济效率，导致经济衰退吗？经济衰退的成因极为复杂，因此社会支出和经济衰退的因果关系方向只有细致的经济计量分析才能厘清。因为相反的机制也是成立的：经济衰退期间失业人员增加，从而对福利的需求上升。这是所谓的"同时性偏误"（Simultaneity Bias）。林德特采用"预测的社会转移支付"（Predicted Social Transfer）来克服内生性，结果并不支持上述指控（Lindert, 2004）。因此，在追踪经济危机根源时，我们需要考虑很多其他的因素，例如宏观政策、全球性经济调整等。以瑞典、芬兰为例，这两国在 1990 年代上半期的经济滑坡并非是社会支出导致，而是宏观经济决策失误造成的。它们决定把货币跟德国马克挂钩，以加入欧洲货币体系。但是当时马克正在升值，又碰上美国引起的经济衰退，所以两国损失惨重（Lindert，2004）。

由于缺少一致的发现，福利与国家竞争力的关系难以获得确定的结论。我们采取什么样的判断取决于我们怎么算账：是算小账还是算大账？如果只是计算社会支出带来的税收损失、激励扭曲，那么福利是有负面作用的。但如果把计算的范围扩大，考虑整个社会的情况，福利的很多潜在功能就会压过它的成本，体现出它对国家竞争力的正面作用。

首先，社会政策在人力资本方面的投入是国家竞争力形成的微观基础。教育，尤其是免费义务教育的兴起，是西方国家人力资本提升的主要原因。人力资本投资对于经济增长的作用是非常明显的，它可以提高劳动者素质，促进技术进步，降低能耗和成本。计量经济的研究也发现，教育（人力资本）是经济增长模型中最为稳健的变量之一。劳动者受教育年限的增加（尤其是小学、中学教育年限）极为显著地提升了经济增长（Lindert，2004）。

其次，社会保障可以降低犯罪率，促进社会的融合，从而在总体上降低交易成本。贫困、收入分配不均往往伴生着诸多的社会罪恶，例如犯罪率高居不下，人口识字率低、技能低下，社会信任程度低、协作成本高等问题（Hsieh Pugh，1993）。这些都会给经济发展、国家竞争力带来负面影响。社会支出可以有助于消除上述不利因素，从而在提升社会信任程度的同时降低交易成本（弗朗西斯·福山，2001）。相关研究表明，福利制度对降低犯罪率有很明显的作用（Nivette，2011）。基于中国证据的经验研究也表明，社会保障支出与犯罪率存在显著关系:"人均社会福利支出每增加1%大约可以使犯罪率降低0.19%",因此"提高社会福利条件和改善民生是比单纯的威慑性和惩罚性犯罪治理政策具有更低成本和更高社会收益的犯罪治理策略"(陈刚,2010)。反之,如果治安状况不佳,国家需要更多的警察去维护秩序,企业需要雇用更多的保安、律师,个人需要采取更多的措施以保全人身、财务安全(Gilboy and Heginbotham, 2010)。因此,在社会支出上省下的钱,往往会被昂贵的内部治安(Internal Security)所消耗(Hagen, 1994)。

再次,社会政策是对抗经济危机的重要政策工具。社会政策通过一系列的收入维持项目,保证了经济危机期间脆弱群体的购买能力,使得他们可以维持生活,这样对经济复苏是有正面作用的。此外,如果人们拥有基本保障,不必担心因风险陷入生活困境,那么会提高社会应对变化的信心。技术进步、产业升级带来的不安全感会大大降低,劳动力的更新也变得顺畅。否则,人们没有安全保障,往往对新生事物充满恐惧,抵制各类变革,这往往会延缓社会的进步。

总之,无论是微观、还是宏观,社会政策与经济发展的关系并非如"常识"所言。相反,社会政策还有诸多正面外部性,因此发展社会保障绝非短视国策。

10.3 灵活性与僵硬性之间:社会保护、劳资关系与就业

就业、失业关系到亿万劳动者,也与宏观经济息息相关。自

20世纪70年代以来,OECD国家失业率不断攀升,一些研究认为社会保护政策应该为失业率负责。IMF发布的研究报告认为,社会政策造成劳动力市场的僵硬性(Labor Market Rigidities),使得失业率居高不下(IMF,2003)。因此,对应的药方似乎是减少管制,降低劳动力市场的僵硬性。果真如此?让我们来分析一下劳动力市场的规制程度与就业的关系。

10.3.1 越灵活的劳动力市场越好吗?[①]

据IMF的研究报告,劳动力市场的僵硬性表现为:慷慨的失业保险金、过高的辞退费用、过多的就业保护,最低工资制度,非竞争性的工资设定机制、严重的税收扭曲等。这些政策阻碍了雇主根据需求灵活地调整雇员人数。按照其推理,在僵硬的劳动力市场上,工人很难被解雇,因此雇主在招聘的时候就会瞻前顾后,从而降低了对劳动力的需求。此外,过高的社会保险费用可能导致就业的非正规化和二元劳动力市场。在新《劳动法》出台前后,这种说法在中国也非常流行。

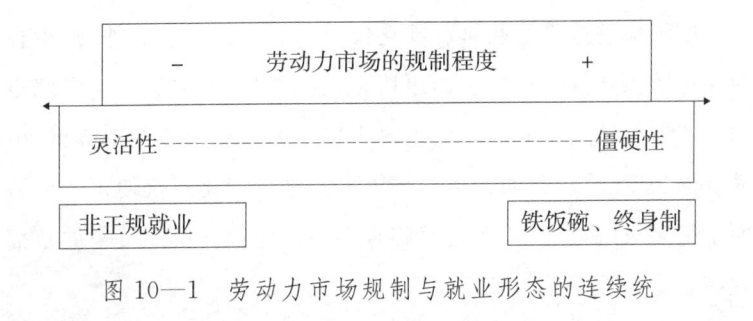

图10—1 劳动力市场规制与就业形态的连续统

[①] 本部分内容得益于同郑广怀、李向梅的交流,作者在此表示感谢。

如图10—1所示,如果将劳动力市场的规制程度视为一个连续统,在它的右端(劳动规制程度最大)是极度僵硬的就业形态,例如终身制、铁饭碗。已有很多研究论证这种极度僵硬的就业形态不足取。那么是不是管制越少的劳动力市场就越好呢?让我们做一个思想实验,假设我们把劳动力市场的规制一项一项取消(Deregulate):

取消包括失业保险在内的社会保险项目,雇主、劳动者均无需缴纳社会保险费;

取消最低工资制度,实行完全市场竞争的工资形成机制;

允许雇主自由辞退员工,允许员工自由辞掉工作;

撤除劳动保护设施;

解散工会及其他劳动保护组织;

废除劳动保护法规,或者将其束之高阁……

如果这些一一实现的话,我们得到的是什么样的就业形态?有人会说,这将是最具灵活性的就业制度。但我们马上就也可以看出,这实际上已经成为非正规就业形态。这一让人始料未及的结果说明,过度取消保护同样会造成就业非正规化。

取消保护造成就业非正规化仅仅是后果之一。此外,缺少社会保护还会导致劳动关系的短期化,进而损害雇主和劳动者双方的利益。劳动关系的短期化主要表现在劳动合同签约率降低,劳动合同长度变短,劳动者离职率上升。这种变化不仅使得劳动者面临诸多风险,也会使雇主面临很多不确定性。由此带来的负面效应也是显而易见的。

其一,由于缺少劳动保障,工作稳定性很低,劳动者缺乏安全感。这样他们不会投资于人力资本,使得技能无法得到提升。结果是劳动者的技能、生产效率水平无法得到提高。这就是前文所述的"技能培养的市场失灵"。同时,由于缺少失业保险,劳动者一旦失业就会陷入生活困境。他们不能利用失业保险所提供的过渡期,无法从容地参加培训、提升技能、重新求职。这使得失业率会高居不下,而且浪费大量的人力资源。

其二,由于劳动者离职率高居不下,生产力队伍不稳定,使得企业成本大幅上升。劳动力稳定程度与企业成本呈显著的负面关系。① 因为高度流动的劳动力队伍意味企业要花费重复培训费用,还意味着较高的工伤事故发生率和残次品率,反之亦然。在劳资关系高度自由化的珠三角地区,已经有雇主希望通过社会服务来挽留劳动者,提高工人的稳定性。

可见,并非像通常所认为的那样,劳动力市场的保护越少越好。在极端灵活的劳动关系中,雇主可以随时开除员工,并且不用给员工缴纳任何保险。当然,员工也不必忠诚于企业,可以随时辞职走人。这将导致劳动者技能低下、雇主效益下滑的低水平均衡。在灵活性和僵硬性之间,我们需要寻找那个最佳的平衡点,而非单纯地反对劳动保护政策。

中国的福利水准远没达到养懒人的程度。同样,中国的劳动力市场的社会保护也与"僵硬性"相距甚远。甚至在一些地区,劳资关系的市场化、灵活化程度远远超过世界上最自由的经济体。中国的劳动保护还有待进一步健全,或者强化执行力度。否则,劳动者在劳资双方的博弈中将处于不利地位(Chan,2001)。为了避

---

① 据调查,在有的劳动力密集型的企业里,员工的年流失率高达45%。参见:彭文生、孙淼玲(2011)。

免低度保护和失衡的劳资博弈导致的低水平均衡,目前要做的不是消除管制,而是应该加强对劳动者的保护。

10.3.2 失业现象的复杂性及理论阐释

失业是一个复杂的社会、经济现象,受到多种因素影响,例如劳动力的供求、人口结构变化、宏观经济周期、技术更新、工会组织状况、各国劳动力市场制度等。如果忽略这些因素,而将失业率上升、就业的非正规化归因于社会保护政策,是不科学的。根据OECD的研究报告,就业保护强度和失业率仅有非常微弱的正相关,而社会政策慷慨程度则与失业率成负相关(OECD,1999)。另如,对拉丁美洲的研究发现:近二十年拉美国家的最低工资制度和社会保险制度并没有很好地实施,但是它们的非正规就业比重却没有下降(Mares,2007)。

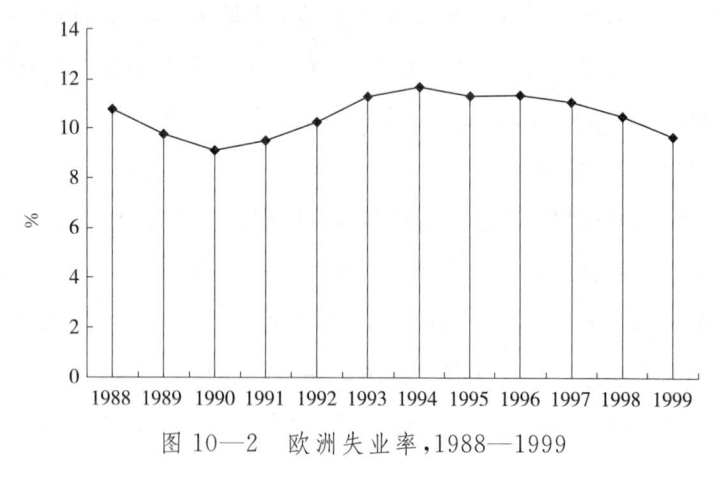

图 10—2 欧洲失业率,1988—1999

资料来源:OECD官方网站(http://stats.oecd.org/Index.aspx)。

欧洲的高失业率常被引作社会保护过度导致失业率上升的例

子。如图10.2所示,进入20世纪90年代,欧洲的失业率超过10%。这两个变量间的关系果真如此简单、如此确定吗?下文将结合既有的研究加以分析。

福利国家对就业的影响往往受到劳动力市场制度的调节(Mares,2006:13)。最近的研究发现,工资谈判机制与失业率密切相关。其中最为关键的变量是工资谈判机制的集中程度。西方国家的工资谈判机制基本上可以分为:

分散的谈判机制(个体层面),如美国、加拿大;

半集中谈判机制(行业层次),如意大利、比利时等;

高度集中谈判机制(国家层面),如北欧国家。

不同层次的谈判机制会产生不同的就业效果。其中,半集中(行业层次)谈判机制会损害就业,但是其他两种则未必(Mares,2007)。

谈判机制的集中程度是如何影响失业率水平的呢?一个关键变量是工资节制政策(Wage Moderation Policy)。在分散式工资谈判的国家,单个的工会和企业一对一地进行谈判。企业所面临的市场竞争状况对企业能负担的工资水平具有较大的约束力。因此,如果市场竞争激烈,企业利润不多,那么工会在跟企业谈判时会提出比较适度的要求。即使个别企业的工会提出不合理要求,也不至于影响到整体劳动力市场。因此,分散式工资谈判通常不会引起企业用工需求的大量紧缩。反之,在高度集中的工资谈判机制下(例如北欧国家),由于谈判结果会在全国层面产生一个较为统一的结果,因此预计会对劳动力市场产生大范围的影响(过高的工资会引起就业市场的急剧萎缩)。因此,劳资双方会更可能采取工资节制政策,将涨幅控制在双方都能接受的范围内。这就避免了对劳动力市场的冲击,不至于抬升失业率。在半集中的工资谈判机制下,劳资双方的谈判一般是在行业层次,谈判涉及的企业和工人范围比较大。但是谈判停留在行业层次,因此他们缺少全国层面谈判的谨慎,以至于个别行业的不利谈判都会造成大范围的就业波动。

表10—2 工资谈判机制与平均失业率水平(欧洲,%)

时间	根据工资谈判机制划分的失业率		
	分散	半集中	高度集中
1960—1975	3.04	3.14	1.49
1976—1995	6.99	8.46	3.17

资料来源:Isabela Mares, *Taxation, Wage Bargaining, and Unemployment*, p.9。

从表10—2来看,组合主义学者的模型跟数据是比较一致的。无论是1960—1975年,还是1976—1995年,半集中工资谈判机制的国家失业率都要高于其他两类国家。组合主义的模型对解释跨国差异比较有帮助,但是很难解释表10—2中时间维度的变化:为什么这三类国家的失业率从1960—1975年到1976—1995年大幅攀升？Mares指出一系列新的变化使得工资节制这一政策工具的效果越来越弱(Mares,2006)。首先,在工人的报酬中,工资税征收的比例越来越高,这就降低了工会"工资节制"政策所能影响的工资比例,进而降低了这一政策工具所能起到的效果。其次,如果我们将工会假定为理性的行动者,那么它的主要目标就是为其会员谋求利益:更稳定的工作,更高的工资和福利等等。然而,在欧洲,很多福利资源是流向了非工会会员:青年失业者、女性、残障人士等。因此,这使得工会缺少采纳"工资节制"的激励(因为即使工会及其会员节制工资,却不一定获得直接的福利)。于是,他们索性放松工资节制,追求更高的工资。结果就是劳动力成本上升,就业需求下降,失业水平随之上升。

通过以上分析，我们可以发现福利国家（社会保护政策）对失业并没有线性的影响。劳资谈判的层次和劳动力市场的其他变化都可能导致失业水平的升/降。而且考虑到失业现象极为复杂，我们考虑一下一些容易被忽视的因素。

其一，对欧洲高失业率的分析，需要结合就业率来研究。第二次世界大战后到 20 世纪 60 年代，福利国家所谓的"全面就业"实际上是以传统的"男主外，女主内"模式设计的：男性负责在外挣工资，女性负责料理家务。因此女性的就业率在那一时期并不高。但是，随着女权主义的兴起，女性开始广泛参与社会经济生活，劳动力供给上升，而且其就业/失业行为计入统计范围，由此使得就业率和失业率都大幅提高（Lindert，2004）。20 世纪 80 年代以来西方国家的失业率上升，很大的影响因素是就业总人口的上升。

其二，西方国家的产业转型也对就业形势产生深远影响。第二次世界大战后的二三十年内，制造业仍然是经济的主体，吸收了大量的正规就业人口。随着后工业经济的到来，服务业在国民经济中的比重上升，就业人口开始从制造业转出（Esping-Andersen，1999）。服务业往往规模较小，工作流动性高，非全职工作比重大。因此，服务业经济的兴起使得非全职工作和非正规就业比例大幅提高。这使得数据上呈现出失业率上升的迹象。

其三，失业率高或者低本身并不足以说明问题，我们还需要考虑再就业率等指标。例如，美国、加拿大等国家的失业率比较高，但是它们的再就业比率也很高，因此整体而言，他们的长期失业率（超过一年）就不那么严重。西欧国家的情况正好相反：虽然在职的人口失业率不高，但是没有工作的人就业的机会也很少，由此造成比较高的长期失业比率（Bean，1994）。可见，简单地分析失业率本身意义不大。

总之,如果要分析社会保护政策与失业的关联,我们需要控制其他变量的影响。尤其是失业水平与劳动参与率、经济结构变迁等长期变化有密切关系,笼统地认为社会保护政策损害就业缺乏一致的证据。通过消除/悬置劳动保护措施来促进就业的做法值得商榷。

10.4 福利费用是否无法控制?

福特汽车破产时,媒体披露的工人高福利令人印象深刻。希腊因为削减福利而引发骚乱。这些报道使政策制定者、学界甚至大众对社会福利的"刚性法则"忧心忡忡。难道福利支出真的只升不降,无法控制吗? 20 世纪 70 年代,福利支出的膨胀一度引起福利国家危机的广泛讨论(O'Connor,1973)。20 世纪 80 年代,以里根和撒切尔为代表的新自由主义者上台,西方世界开始对福利进行一系列的紧缩政策(Retrenchment)。虽然紧缩政策的削减效果在不同项目间参差不齐,但是福利开支快速膨胀的势头得到了遏制(Pierson, 1994)。这说明福利支出并非脱缰野马。根据 Hacker 的研究,日常政治中许多潜在的政治手段被用于控制福利(Hacker,2004)。其实中国在国企转制、社会保障制度改革中就曾大刀阔斧地削减福利。[1]下文将介绍福利支出的几种控制方式,以更新我们对所谓"福利支出刚性"的认识。

---

[1] 计划经济体制下,城市的单位福利体制被认为是企业办社会,冗员众多、福利过度。通过下岗分流、社会福利社会化、以社会保险制度取代国家福利体制等措施,中国的社会支出得到大幅度的缩减。

10.4.1 政治成本制约下的税收管理

社会支出的基础是税收,高福利往往以高税收为后盾。一般而言,社会保险待遇来自雇主和雇员共同缴纳的工薪税(Payroll Tax)。社会救助、社会服务等开支则来自其他税种。税收本身会对经济、社会、宏观、微观的行为产生一系列影响。由于税收对收入具有直接的扣除作用,税收负担被用来计算"税收痛苦指数"(Tax Misery Index)。

因其广泛的波及面,税收和预算问题是政党竞争的焦点之一。福利支出上涨太多、太快,意味着需要更多地收税。由此带来的不仅是经济成本,还有政治成本。征税过多,纳税人会用选票教训执政党。因此,任何一项社会支出的推出,必然是经过了大量的辩论和较量。[①]考虑到福利支出的经济成本和政治成本,政府在推行社会政策时必然小心行事。他们会通过细致的制度设计来减缓福利支出对经济和政治的冲击。政治势力之间的相互制衡可以体现为税制调整,由此对社会支出实现控制。

税制涉及征税对象、征税比例、税收用途等方面。一个理想的情况是,税基要宽,税率要低,征税成本小,同时税收的支出要透明。税制设计之复杂,非本文篇幅所能涵盖。在此,本文仅谈几条与社会政策有关的税制。

1. 负所得税 负所得税(Negative Income Tax)是通过提供税收返还来补贴低收入者的一种制度设计。美国的"工作所得退

---

① 奥巴马在美国推行医疗改革方案。经历了若干轮的讨论,艰难地在国会通过。在2010年的中期选举后,大获全胜的共和党扬言要废止这个法令。

税"制度(Earned Income Tax Credit)就是一个很好的例子。在2000年,年收入低于9 720美元且有两个子女的家庭,每挣得一美元会得到0.4美元的补贴;年收入在9 720至12 690美元之间的家庭,其获得补贴的最高额度为3 888美元;年收入高于12690美元的,每1美元的补贴为0.21美元,退税额到31 000美元为止(Gilbert and Terrell,2003)。到2008年,已经有24个州采纳了这一税制。这一政策的初衷是缓解社会保障工薪税的负担,鼓励低收入者通过工作来提高收入,从而达到反贫困的目的。事实证明,EITC在提高工作动机和反贫困方面发挥了巨大作用。它已经成为美国最大的减贫项目:在2008财年,2 400万纳税人收到490亿美元的EITC补贴,2009年,660万人通过EITC走出了贫困(包括330万儿童)。这一税制设计起到了多种好处:一方面对贫困家庭进行了补助,另一方面促进了就业,减少了领取福利的人数。这两方面综合的结果就是在减贫的同时也减少了直接的福利支出。这一税制非常值得借鉴学习。

2. 累进税制　累进税制是进行收入调节的有力手段。高收入者会承担更多的税负,由税负转化而来的福利可以补贴低收入者,从而促使社会整体的收入分配格局趋于平等化。① 第二次世界大战后的日本提供了累进税制运用正反两方面的经验。第二次世界大战之后,日本征税的主要对象是待遇优厚的大企业及其工作人员。农业人口、小企业就业人员承担的税负相对较轻,但他们接受很多福利补贴。这种累进税制—福利联动措施形成了大企业员工

---

① 如前文所述,累进税制也可能会影响经济增长,因为它会损害高收入者(生产力较高的群体)的积极性。

补贴低收入者的调节机制。这使得日本社会相对较为公平，同时社会福利支出并不沉重，从而为日本战后的经济腾飞奠定了社会基础。然而，这一和谐局面到了 20 世纪 90 年代后遭到破坏。经济泡沫破裂后，日本政府采纳新自由主义经济政策，给高收入者减税并削减福利。这导致了一连串的后果：一方面税收减少，并由此引发财政赤字；另一方面，社会福利减少，收入差距拉大。这两个结果又损害了普通民众对政府的政治信任，内阁走马灯式轮替。尤其是，政府后来力图通过再次加税恢复之前局面却总是无法过关。这一社会因素加深了日本衰退的泥淖（Ide and Steinmo, 2009）。

3. 将增值税/消费税作为社会支出的来源　增值税/消费税的特点是税基宽、征收成本低，因此它可以低成本地获得税收，而且对投资、收入的负面效应也较小。这一税种可以为社会政策提供稳定的资金来源。瑞典在 20 世纪 50 年代成功地通过政治协商采纳了消费税，这为瑞典的社会支出提供了充足的财政资源；在 1976 年，这一税种又转化为增值税，进一步保证了社会支出的资金来源（Steinmo, 1993）。不过，由于增值税/消费税与日常生活支出的关联性，低收入者纳税额占其收入的比例要比高收入者来得高，这使得消费税带有累退税制的特点，因此很多工会都反对这一税种。有的国家对生活必需品不征收消费税就是为了抵消这一税制的累退性质。同时，一般而言，富人比穷人消费更多，因此纳税额也更多，这也抵消了一部分累退效应。对于税基较小、税收能力差的国家，将增值税/消费税作为社会支出财源是一个可行的办法。这样既可以保证稳定的财源，又可避免因额外征税带来的激励扭曲。

10.4.2 服务外包

20世纪80年代以来,基于对大政府的反思,私有化、志愿主义、自助组织成为西方福利国家改革中的关键词。在西方国家,政府将大量的社会服务外包给NGO等民间机构(Smith and Lipsky,1995;Gilbert,1977)。服务外包无论在学理,还是在实践方面都积累了大量的知识和经验,成为公共管理、社会服务领域的热门议题(Kramer,1994)。

服务外包的学理依据在于:首先,福利多元主义认为,福利之提供本来就是多元化而非一元化的(彭华民、黄叶青,2006)。社会服务的提供者并不局限于政府,自助组织,营利、非营利的民间组织都可以承担社会服务。其次,即使是政府负责某些服务,也不等同于政府直接提供这些服务。在政府责任和最后的服务中间可以有多样化的服务递送方式。也就是说国家可以作为安排者,但不见得一定成为生产者(顾昕,2006;Papadakis and Taylor-Goody,1987)。

将社会服务外包,有三个好处:其一,节省成本。成本通过以下方式省下:(1)政府将服务交给非营利组织等私人部门去做,就不必增设政府机构、增添工作人员,从而节省行政开支。(2)政府进行外包时,可以在服务机构中进行招标,通过促进服务机构的竞争来降低服务价格、提高服务质量(Savas,2002;Johnston and Romzek,1999)。

其二,灵活性。社会问题、社会需求都是不断变化的。如果政府部门设立相应的机构,直接承担服务职能,那么当社会需求变化的时候,已设立的机构就会因为不适应新需求而造成资源闲置、浪费。而私人部门承担服务可以避免这个问题。当社会服务重点、政策侧重点变化时，私人部门可以通过转变服务重点或者设立新的服务机构来适应这些变化。这既能使服务跟需求相匹配，又避免资源浪费，从而间接地降低了开支。

其三，政府通过购买服务的方式向民间组织提供活动资金，可以促进社会服务组织的发展。一方面，这些社会服务机构可以吸纳大量的就业人员，另一方面，它们可以成为社会中间层的重要组成部分。它们可以有效地对公民的需求做出反应，为民众提供大量服务。

作为一种新型的社会服务提供方式，外包不仅在国外非常盛行，在中国也正在日益被接受。深圳、上海等地已经通过政府购买服务的方式，为社会服务组织提供资金。广东湛江等地的补充医疗保险交给了商业保险公司来管理。借助于商业公司的人力和管理技术，政府在实现对医保的管理的同时，又不必设立庞大的管理机构。

不过，尽管服务外包有助于控制社会支出，但这并非万能药方。不同于标准化的工业产品生产方式，社会服务在市场竞争、成本控制等方面存在一些局限性(Van-Slyke, 2003)。其次，缺乏透明的治理结构，服务外包容易造成寻租。尤其是在中国，透明的政治、对权力的独立监督和有效约束尚不存在，因此服务外包会提供极大的寻租空间。再次，已经有学者反思非营利部门市场化对公民社会可能有负面影响(Eikenberry and Kluver, 2004)。总之，尽管将服务外包有助于节省社会支出，但其缺陷也不能忽视。

总之，受制于政治压力、经济成本，福利开支并非不可控制。服务外包拓宽了福利支出的控制方式。"与经济发展水平相适应"是中国社会保障发展中被屡屡提及的一条原则。其他原则诸如"低水平、广覆盖"也显示政策制定者对福利支出的增长极为敏感。

但通过以上分析，福利开支在一定程度上是可控的，我们不应因此抵制福利。

10.5　三轮车理论：社会投资与新稳定观

20世纪90年代，加尔布雷斯在《自满的年代》中写道：

> （与1929年经济大萧条相比）时隔58年之后的1987年，同样的黑暗10月——股市大风暴，再度袭击美国金融市场。此时，由于美国公共政策在这段期间的卓然建树，以致相同的股市风暴并未再度引发经济大恐慌。这些经济体系的公共政策，涵盖了银行和储贷协会的存款保险、福利支出、失业救济金、退休养老金、农业价格补贴等一系列的内在保护措施。它不但确保了美国的大企业、银行及重要产业不至于一夕之间瓦解，同时更赋予整个社会与经济体系一股安定的力量。

同样在2008年年底，次贷危机引发的经济衰退低空掠过、有惊无险。这场经济危机未演化为社会危机，除了各国央行的调控、刺激政策之外，关键的稳定装置是业已成熟的社会保护体系。这一体系已经成为有效的减震装置、安全阀。

上文回顾了社会政策与经济发展关系方面的理论和经验研究，针对各种对于社会政策的质疑做出了回应，包括：福利对经济发展和就业的影响，福利费用的控制机制等。就现有知识而言，认为社会政策损害经济的观点是片面的，缺乏可靠、一致的证据。相反，社会政策对经济、社会的健康运行发挥了不可或缺的作用。正是一系列的社会保护政策使得市场经济不至于脱嵌于社会,从而缓解了社会冲突、避免了制度的崩坏(Polanyi, 1942/2001)。

上述总结分析可以回应本章引论部分所提的一系列争论。社会政策并不是短视国策。相反,只关注短期经济利益、忽视社会保护体系建设才是短视国策。经历了 30 多年高速发展的中国正处在一个十字路口,财富的剧增和社会矛盾的积累同样引人关注。如何通过社会政策改变经济发展与社会建设的倒挂,使普通人能平等地享受经济增长的成果,将是我们下一个 30 年的重要课题。下文将结合当下形势,就社会政策在经济社会协调发展中的作用做一阐述,以激发新的思路。

10.5.1 经济和社会发展的倒挂及其影响

中国的经济增长主要依赖高投资、高出口和低劳动力成本(韩福东、邓云珊,2011)。这种增长模式的活力将慢慢释放完毕(Huang, 2008)。如前言中表 1 所示,从 2006 年起固定资产投资占 GDP 的比重已经超过 50%,这一指标到 2009 年竟然高达 66%。国家投资虽然可以在基础设施等方面发挥重要作用,但是其消极作用也是不可忽视的。首先,政府主导的投资"依据的不是市场的相对价格,不是猜测的未来需求,也不是预期的支付意愿和支付能力。更为要害的是,这类投资的决策与其最后的结果之间,没有可靠的责任关联。"(周其仁,2011)供方和需方不匹配,增长不仅不可持续,而且会使经济面临滞胀(Stagflation)和腐败的双重风险(Fu, 2009)。其次,国家投资还会对私人投资产生"挤出效应",降低总体效率。

与高投资、高外贸依存度相伴生的是劳动力的低补偿水平。

一个依靠低廉劳动力维持的经济体是不可持续的。因为其一,劳动者工资低会限制内部的消费能力。如果内需无法激发,那么经济的外贸依存度就会过高,这会使得经济安全受制于全球局势。其二,如果任由劳动力成本被压低,那么享受着低劳动力成本的企业就不会把资金投入到技术进步中,从而延缓产业升级换代的步伐。这种循环的结果是,中国只能继续出卖廉价的劳动力,破坏环境、出口拉动经济,处于产业链的低端,赚取最低的利润。这无疑是我们不想看到的结局。

与经济的迅猛发展相比,我们在社会建设方面欠账太多。目前的利益分配格局对中低收入者非常不利。以农民工为例,到2009年,外出农民工规模已达1.45亿人。这个规模庞大的流动群体是城市建设、制造业、服务业的主力,他们参与、创造了中国的经济奇迹。但是他们的工资增长缓慢,劳动权益也得不到有效保护。这使得本来可以通过城市化、工业化转变为社会中间层的他们成了规模庞大的弱势群体。其实,不仅弱势群体面临重重压力,住房、医疗和教育等刚性需求严重压缩了中等收入者的消费能力。生活成本、工作压力、收入差距增加了这些人群的相对剥夺感。

在生活压力和不公平感弥漫的情况下,社会冲突将日益积累(Keidel, 2006; Stone, 2009)。1999年到2009年,无论是群体性事件、劳动纠纷,还是治安案件数量都增长迅猛。这将造成以下后果:其一,冲突本身给卷入冲突的双方(或多方)带来损失。为了保持社会稳定,社会必然要耗费很大的人力物力财力去防范冲突,冲突的损失会抵消经济增长所得。尽管耗资惊人,但目前的刚性维稳体制却极为脆弱。由于缺乏制度化的利益表达机制,现行的维稳形成一种"越维稳越不稳"的恶性循环(孙立平、沈原、郭于华、晋军、应星、毕向阳,2011)。

主流思潮中存在一种希望依靠经济发展来解决问题的想法。本质上,依靠经济发展来解决问题的思路是将权力的合法性建立于绩效之上。这种做法的问题在于,绩效的不稳定性会危害到政权合法性(Zhao,2009)。实际上,"希望用经济增长来解决社会不稳定问题既不现实,也不会达到社会稳定的目标(王绍光、胡鞍钢、丁元竹,2002;Tanner,2004)。"瓮安事件就是一个绝佳的例子。事发前几年瓮安的经济增长数据非常亮丽,但是社会治安却不断恶化、干群关系不断变差。普通人并没有享受到经济增长的成果,相反,收入差距积聚了社会不满,最终酿成惨剧。

总之,几十年来的改革开放给中国带来了巨大的发展。但是积累(Accumulation)和合法性(Legitimation)的矛盾也在显现(克劳斯·奥菲,2006)。

10.5.2 从自行车理论到三轮车理论:通过福利走向新的稳定

如果对社会不满和不稳定因素进行内容分析,我们可以发现其中大部分并没有涉及所谓的敌我矛盾,而是主要跟利益分配、民生议题有关(或可以通过改善民生得到缓解),如房价、工资、物价、就业、拆迁、教育、医疗等(孙立平、沈原、郭于华等,2011)。然而,目前的处理方法并没有释放压力,或是将民生议题做脱敏化处理,而是继续"加压"或者将其政治化。[①]这样做将使普通事件政治

[①] 将群体性事件习惯定性为"有组织、有预谋",这样所起的作用无非是:(1)以从严标准保证政治安全,避免疏漏;(2)通过政治定性(严重化)能吓阻一部分潜在事件的发生。但是,这样主动敏感化的处理方法也有很多弊端:这会使非政治化的议题政治化,一旦处理不善将会损失惨重。

化,政治信任将受到各种事件的侵蚀。要实现社会的稳定,我们需要提出新的思维。

自行车理论对于描绘当前的形势很是恰当:在保持一定的速度的情况下,自行车可以保持平衡;一旦速度放缓或者停止,自行车就会失去平衡甚至摔倒。随着中国经济增长潜力的释放,日后的经济增长会充满变数。如何应对未来经济增长放缓甚至停滞的局面,是真正需要我们未雨绸缪的国是。

如何将不平稳的自行车转化为稳定状态呢?答案是:给自行车加上第三个轮子:两轮变为三轮,那么即使速度放缓、停滞,甚至倒退,它都不会失衡、摔倒。新加的车轮哪里来呢?如上文所述,由于社会政策具有诸多正面外部性,因此可以成为与投资、消费并列的驱动力。①

在过去的几十年里,我们"不恰当地借鉴外国'高福利负面效应'的理论",不仅使得学界对社会福利多持负面态度,而且使得政府缩手缩脚(徐月宾、张秀兰,2005)。其实,对于福利、社会保护的性质,我们需要投之以新的思维、视角。社会支出不应片面地被理解为非生产性的"花费",而应被视为对于社会的投资(Midgley,1999)。而且对中国当下和未来的发展而言,社会支出是更重要的一种投资。

(1)系统化的社会政策建设,可以使人民免于焦虑,可以刺激消费,而且可以迸发民众的创造力。诸如最低生活保障制度可以

---

① 这里的消费包含了内需和外需,外需是指出口。目前我国内需不旺,据最新数据,2011 年第一季度居民消费意愿降至 1999 年来的最低点,参见:http://www.infzm.com/content/56498,2011-3-17。

为社会底层成员提供最低的生活保障，从而可以避免此起彼伏的抗争以及由此导致的秩序失控。完善的社会保险和社会服务可以使中产阶级免于住房、医疗和教育等沉重的负担，从而消除后顾之忧、安心消费。① (2)对于"未富先老"的中国，人口红利日渐消失，通过人力资本的投资来获得技术红利方可保证今后几十年的可持续发展。

当然，社会福利的建设和提供不是国家的独角戏。因为：其一，从性质上讲，如果没有公民权为基础，那么福利只是施舍(charity)，而不是权利(entitlement)。这种福利充其量只能算是"仁政"。而且受政府的施政倾向影响较大，福利无法持续地发挥稳定的作用。其二，国家完全包办将会造成低效、垄断局面，而且背上沉重的负担。交给社会服务组织来做，则可以通过竞争来降低成本、提高质量。而且通过资源转移，社会横向组织会得到发育。其三，更深层次上，目前收入分配不公、社会冲突等问题是由于社会群体间博弈力量、机会的不平衡所致。因此，权力失衡的格局需要通过健全利益表达机制来纠正，最终还是要让权力能够得到制约：通过权力去制约权力或者通过社会力量去制约权力。福利的作用在于可以重新修订政府与人民之间的"社会契约"：政府所做的一切应该以促进民众福利为宗旨。由此，政府的税收、财政支出都应该逐步走向"问责制"，使得政府对民众的需求有灵敏的反应。这一温和、渐进的路径有助于在维持正常秩序的前提下化解诸多社会矛盾。

---

① 以最近实施的新农保为例，虽然农民每月领到的仅有 55 元左右。但这些钱为贫困地区的老年农民提供了稳定的收入。

10.6 结语:从"总量思维"和"均值思维"走向"方差思维"

通过以上梳理,本章希望澄清一些与社会政策有关的争议和误解,尤其是所谓社会政策损害经济发展的看法。社会保护影响就业和社会支出无法控制的看法也有待商榷。在当下的中国,社会保护水平仍然有待提高。因此,担心中国福利过度有如担心瘦子得肥胖症。

过去的几十年,物质基础设施获得了大量的投资,而软性的社会基础设施则未得到足够的重视。我们需要实现投资重点从"砖头"到"人头"的过渡。否则,社会冲突的成本甚至体系崩坏所造成的损失,其耗费的资金会远远超过社会支出。这正如学校和监狱的类比,缩减教育经费其实省不了多少钱,因为少建一所学校就得多建一所监狱。在这个意义上,建设社会保护体系不仅不是短视国策,而且是深谋远虑之举。

过去30年,我们的经济总量和平均收入都在不断增长。但是关注总量和人均水平的"总量思维"和"均值思维"掩盖了很多问题。收入分配调整将是中国未来二三十年的主题。我们需要采取新的"方差思维",即关注收入的分配差异。而社会政策将是实现收入分配的一种重要机制。我们需要重新平衡经济和社会的发展,平衡既得利益者和利益受损者,将投资的重心从经济转向社会,降低不公平程度,为普通人、弱势群体提供基本的保障。只有通过系统的社会保护体系建设,"患不均"的问题才能得到解决。只要解决问题的速度超过问题生成的速度,我们的生活水准、福利状况就会不断提高。

参 考 文 献

英 文 部 分

Akin, John S., William H. Dow, Peter M. Lance, and Chung-Ping A. Loh. 2005. "Changes in access to health care in China, 1989—1997." *Health Policy and Planning* 20:80—89.

Alesina, Alberto, Reza Baqir, and William Easterly. 1999. "Public Goods And Ethnic Divisions." *The Quarterly Journal of Economics* 114:1243—1284.

Almond, Gabriel A. and Jr. G. Bingham Powell. 1966. *Comparative Politics: A Developmental Approach*. Boston: Little, Brown and Co.

Amenta, Edwin. 2003. "What We Know about the Development of Social Policy: Comparative and Historical Research in Comparative and Historical Perspective." in *Comparative and Historical Analysis*, edited by D. Rueschemeyer and J. Mahoney. New York: Cambridge University Press, pp. 91—130.

Amenta, Edwin, Chris Bonastia, and Neal Caren. 2001. "US Social Policy in Comparative and Historical Perspective: Concepts, Images, Arguments, and Research Strategies." *Annual Review of Sociology* 27:213—234.

Arrow, Kenneth J. 1963. "Uncertainty and the Welfare Economics of Medical Care." *American Economic Review* 53:941—973.

Baldock, John. 2003. "Social Policy, Social Welfare and the Welfare State." in *Social policy*, edited by J. Baldock, N. Manning, and S. Vickerstaff. Oxford: Oxford University Press.

Baldwin. 1992. *The Politics of Social Solidarity*. Cambridge University Press.

Barnighausen, Till and Rainer Sauerborn. 2002. "One Hundred and Eighteen Years of the German Health Insurance System: Are There Any Lessons for Middle and Low Income Countries?" *Social Science and Medicine* 54: 1559—1587.

Barnum, Howard, Joseph Kutzin, and Helen Saxenian. 1995. "Incentives and Provider Payment Methods." *The International Journal of Health Planning and Management* 10:23—45.

Barr, Nicholas. 2004. *The Economics of the Welfare State*. Oxford: Oxford University Press.

Barrett, Susan M. 2004. "Implementation Studies: Time for a Revival? Personal Reflections on 20 Years of Implementation Studies." *Public Administration* 82:249—262.

Bean, Charles. 1994. "European Unemployment: A Survey." *Journal of Economic Literature* 32:573—619.

Bell, Daniel. 1962. *The End of Ideology: On the Exhaustion of Political Ideas in the Fifties*. New York: Free Press.

Bernstein, Eduard. 1993. *The Preconditions of Socialism*. Translated by H. Tudor. Cambridge. New York: Cambridge University Press.

Briggs, Asa. 1961. "The Welfare State in Historical Perspective." *European Journal of Sociology* 11:221—258.

Cai, Yongshun. 2000. "Between State and Peasant: Local Cadres and Statistical Reporting in Rural China." *The China Quarterly* 163:783—805.

Carnes, Matthew E. and Isabela Mares. 2007. "The Welfare State in Global Perspective." in *Handbook of Comparative Politics*, edited by C. Boix and S. Stokes. Oxford: Oxford University Press.

Carrin, Guy. 2002. "Social Health Insurance in Developing Countries: A Continuing Challenge." *International Social Security Review* 55:57—69.

Carrin, Guy and Chris James. 2005. "Social Health Insurance: Key Factors Affecting the Transition towards Universal Coverage." *International Social Security Review* 58:45—64.

Castles, Francis G. 1978. *The Social Democratic Image of Society*. London: Routledge & Kegan Paul.

Chamon, Marcos and Eswar S. Prasad. 2008. "Why are Saving Rates of Urban Households in China Rising?" *IMF Working Papers*. http://ssrn.com/abstract=1154322.

Chan, Anita. 2001. *China's Workers under Assault*. Armonk, New York and London, England M. E. Sharpe.

Chan, C. K. 2010. "Re-Thinking the Incrementalist Thesis in China: A Reflection on the Development of the Minimum Standard of Living Scheme in Urban and Rural Areas."*Journal of Social Policy* 39:627—645.

Chen, Feng. 2003a. "Industrial Restructuring and Workers' Resistance in China." *Modern China*.

—. 2003b. "Between the State and Labor: The Conflict of Chinese Trade Unions' Dual Institutional Identity." *The China Quarterly* December: 1006—1028.

Cho, Sungnam. 1989. "The Dmergence of a Health Insurance System in a Developing Country: The Case of South Korea."*Journal of Health and Social Behaviour* 30:467—471.

Chow, Gregory. 2006. "Are Chinese Official Statistics Reliable?"*CESifo Economic Studies* 52:396—414.

Chung, Jae Ho. 1995. "Studies of Central-Provinical Relations in the People's Republic of China: A Midterm Appraisal."*The China Quarterly* 142:487—490.

—. 2004. "Central-Local Relations in China during the Reform Era: A Quarter-Century Assessment."Paper presented in 40th Anniversary Conference University Service Centre for China Studies, the Chinese University of Hong Kong.

Collier, David and Richard Messick. 1975. "Prerequisites Versus Diffusion: Testing Alternative Explanations of Social Security Adoption."*American Political Science Review* 69:1299—1315.

Cook, Sarah. 2008. "The Challenge of Informality: Perspectives on China's Changing Labour Market."*IDS Bulletin* 39:48—56.

Cooney, Sean. 2007. "China's Labour Law, Compliance and Flaws in Implementing Institutions."*Journal of Industrial Relations* 49:673—686.

Culter, David M. and Richard Johnson. 2004. "The Birth and Growth of the Social Insurance State: Explaining Old Age and Medical Insurance across Countries. "*Public Choice* 120:87—121.

Cutright, Phillips. 1965. "Political Structure, Economic Development, and National Social Security Programs. " *American Journal of Sociology* 70: 537—550.

Duckett, Jane and Athar Hussain. 2008. "Tackling Unemployment in China: State Capacity and Governance Issues. "*Pacific Review* 21:211—229.

Duncan, Greg J. and Graham Kalton. 1987. "Issues of Design and Analysis of Surveys Across Time. "*International Statistical Review* 55:97—117.

Dunleavy, Patrick. 1991. *Democracy, Bureaucracy and Public Choice : Economic Explanations in Political Science*. New York: Harvester.

Dunn, Andrew. 2010. "The Dole or Drudgery Dilemma: Education, the Work Ethic and Unemployment. "*Social Policy and Administration* 44: 1—19.

Edin, Maria. 2003. "State Capacity and Local Agent Control in China. "*China Quarterly* 173:35—52.

Eikenberry, A. M. and J. D. Kluver. 2004. "The Marketization of the Nonprofit Sector: Civil Society at Risk?" *Public Administration Review* 64:132—140.

Esping-Andersen, G. 1990. *The Three Worlds of Welfare Capitalism*. Cambridge: Polity Press.

Esping-Andersen, G. 1999. *Social Foundations of Post-Industrial Economies*. Oxford: Oxford University Press.

Esping-Andersen, G. and Kees van Kersbergen. 1992. "Contemporary Research on Social Democracy. "*Annual Review of Sociology* 18:187—208.

Estévez-Abe, Margarita, Torben Iverscn, and David Soskice. 2001. "Social Protection and the Formation of Skills: A Reinterpretation of the Welfare State. " in *Varieties of Capitalism : The Institutional Foundations of Comparative Advantage*, edited by P. Hall and D. Soskice. London: Oxford University Press.

Fox, Richard G. 1981. "The Welfare State and the Political Mobilization of the Elderly. " in *Aging: Social Change*, edited by S. B. Kiesler, J. N.

Morgan, and V. K. Oppenheimer. New York: Academic Press.

Fraker, Andrew and William C. Hsiao. 2007. "Kenya: Designing Social Health Insurance." in *Social Health Insurance for Developing Nations*, edited by W. C. Hsiao and R. P. Shaw. Washington, D. C.: The World Bank, pp. 43—60.

Frazier, Mark W. 2010. *Socialist Insecurity: Pensions and the Politics of Uneven Development in China*. Ithaca: Cornell University Press.

Frees, Edward W. 2004. *Longitudinal and Panel Data: Analysis and Applications in the Social Sciences*. Cambridge, U. K.; New York: Cambridge University Press.

Fu, Jun. 2009. "World Economic Downturn and Challenges for China." in *Money and Banking Conference: Lessons and Challenges for Emerging Countries during the Crisis*. Buenos Aires, Argentina.

George, Vic and Paul Wilding. 1994. *Welfare and Ideology*. London: Prentice Hall.

Gilbert, Neil. 1977. "The Transformation of Social Services." *The Social Service Review* 51:624—641.

Gilboy, George J. and Eric Heginbotham. 2010. "China's Dilemma: Social Change and Political Reform." *Foreign Affairs* October 14, 2010.

Gruber, Jonathan and Alan B. Krueger. 1990. "The Incidence of Mandated Employer-Provided Insurance: Lessons from Workers' Compensation Insurance." National Bureau of Economic Research, Cambridge, MA.

Gu, Edward and Jianjun Zhang. 2006. "Health Care Regime Change in Urban China: Unmanaged Marketization and Reluctant Privatization." *Pacific Affairs* 79:49—71.

—2001a. "Market Transition and the Transformation of the Health Care System in Urban China." *Policy Studies* 22:197—215.

Gu, Edward Xin. 2001b. "Dismantling the Chinese Mini-Welfare State." *Communist and Post Communist Studies* 34:91—111.

Hacker, Jacob S. 2002. *The Divided Welfare State: The Battle over Public and Private Social Benefits in the United States*. New York: Cambridge University Press.

—. 2004. "Privatizing Risk without Privatizing the Welfare State: The Hidden Politics of Social Policy Retrenchment in the United States." *American Political Science Review* 98:243—260.

Hagen, John. 1994. "Paying for Inequality: Economic Cost of Social Justice." edited by A. Glyn and D. Miliband. London: IPPR/Rivers Oram Press, pp. 80—99.

Hausman, Test. 1978. "Specification Tests in Econometrics." *Econometrica* 46:1251—1271.

Hayek, Friedrich Von. 2000. "The Meaning of the Welfare State." in *The Welfare State: A Reader*, edited by P. Christopher and G. C. Francis. Cambridge: Polity Press.

Heclo, Hugh. 1974. *Modern Social Politics in Britain and Sweden: From Relief to Income Maintenance*. New Haven: Yale University Press.

Henderson, Jeffrey, Phillips, and Richard. 2007. "Unintended Consequences: Social Policy, State Institutions and the 'stalling' of the Malaysian Industrialization Project." *Economy and Society* 36:78—102.

Hicks, Alexander M. 1994. "Introduction to Pooling." in *The Comparative Political Economy of the Welfare State*, edited by T. Janoski and A. M. Hicks. Cambridge, UK; New York, NY, USA: Cambridge University Press.

Hinrichs, Karl. 1995. "The Impact of German Health Insurance Reforms on Redistribution and the Culture of Solidarity." *Journal of Health Politics, Policy and Law* 20:653—687.

Hirsch, Fred. 1976. *Social Limits to Growth*. Cambridge, Mass.: Harvard University Press.

Holz, Carsten A. 2003. "Fast, Clear and Accurate: How Reliable Are Chinese Output and Economic Growth Statistics?" *The China Quarterly* 173: 122—163.

Hsiao, Cheng. 1985. "Benefits and Limitations of Panel Data." *Econometric Reviews* 4:121—174.

—. 2003. *Analysis of Panel Data*. Cambridge, UK: Cambridge University Press.

Hsiao, William C. 2007. "Design and Implementation of Social Health Insurance." in *Social Health Insurance for Developing Nations*, edited by W.

C. Hsiao and R. P. Shaw. Washington, D. C. : The World Bank, pp. 21—41.

Hsiao, William C. and R. Paul Shaw. 2007. "Introduction, Context, and Theory." in *Social Health Insurance for Developing Nations*, edited by W. C. Hsiao and R. P. Shaw. Washington, D. C. : The World Bank, pp. 1—20.

—. 2007. "Lessons Learned and Policy Implications." in *Social Health Insurance for Developing Nations*, edited by W. C. Hsiao and R. P. Shaw. Washington, D. C. : The World Bank, pp. 155—172.

—. 2007. "Social Health Insurance for Developing Nations." The World Bank, Washington, D. C.

Hsieh, Ching-Chi and M. D. Pugh. 1993. "Poverty, Income Inequality, and Violent Crime: A Meta-Analysis of Recent Aggregate Data Studies." *Criminal Justice Review* 18:182—202.

Huang, Yasheng. 2008. *Capitalism with Chinese Characteristics: Entrepreneurship and the State*. New York: Cambridge University Press.

Huang, Yanzhong and Dali L. Yang. 2002. "Bureaucratic Capacity and State-Society Relations in China."*Journal of Chinese Political Science* 7:19—46.

Huber, Evelyne and John D. Stephens. 2001. *Development and Crisis of the Welfare State: Parties and Policies in Global Markets*. Chicago, IL: The University of Chicago Press.

Hughes, David and Songkramchai Leethongdee. 2007. "Universal Coverage in the Land of Smiles: Lessons From Thailand's 30 Baht Health Reforms." *Health Affairs* 26:999—1008.

ICPSR. 2005. *Guide to Social Science Data Preparation and Archiving: Best Practice Throughout the Data Life Cycle*.

Ide, Eisaku and Sven Holger Steinmo. 2009. "The End of the Strong State?: On the Evolution of Japanese Tax Policy." in *The New Fiscal Sociology: Taxation in Comparative and Historical Perspective*, edited by I. Martin, A. Mehrotra, and M. Prasad. Cambridge, New York: Cambridge University Press, pp. 119—137.

ILO. 1991. " The Dilemma of the Informal Sector. Report of the Director-General (Part I)." International Labour Organization.

Immergut, Ellen M. 1992. *Health Politics: Interests and Institutions in Western Europe.* Cambridge; New York: Cambridge University Press.

International Monetary Fund. 2003. "World Economic Outlook (Chapter IV)." International Monetary Fund, Washington, D.C.

International Social Security Association. 1997. "Interactions of Social Security and Tax Systems." International Social Security Association, Geneva.

Ito, Hirobumi. 1979. "Health Insurance Policy Development in Denmark and Sweden: 1860—1950." *Social Science and Medicine* 13c:143—160.

Jackman, Robert W. 1993. *Power without Force: The Political Capacity of Nation-States.* Ann Arbor: University of Michigan Press.

Janowitz, Morris. 1976. *Social Control of the Welfare State.* Chicago: University of Chicago Press.

Jegers, Marc, Katrien Kesteloot, Diana De Graeve, and Willem Gilles. 2002. "A Typology for Provider Payment Systems in Health Care." *Health Policy* 60:255—273.

Johnston, J. M. and B. S. Romzek. 1999. "Contracting and Accountability in State Medicaid Reform: Rhetoric, Theories, and Reality." *Public Administration Review* 59:383—99.

Jowett, Matthew and William C. Hsiao. 2007. "The Philippines: Extending Coverage beyond the Formal Sector." in *Social Health Insurance for Developing Nations*, edited by W. C. Hsiao and R. P. Shaw. Washington, D. C.: The World Bank, pp. 81—104.

Kalton, G. and C. F. Citro. 1993. "Panel Surveys: Adding the Fourth Dimension." *Survey Methodology* 19:205—215.

Keidel, Albert. 2006. "China's Social Unrest: The Story Behind the Stories." *Carnegie Endowment Policy Brief* 48. http://www.carnegieendowment.org/files/pb48_keidel_final.pdf.

Klein, R. 2001. *The New Politics of the NHS.* Harlow: Prentice Hall.

Köhler, Peter A., Hans Friedrich Zacher, Martin Partington, and Max-Planck-Institut für Ausländisches und Internationales Sozialrecht. 1982. *The Evolution of Social Insurance*, 1881—1981: *Studies of Germany, France, Great Britain, Austria and Switzerland.* London: Frances Pinter.

Kornai, János. 1979. "Resource-Constrained Versus Demand-Constrained Systems."*Econometrica* 47:801—19.

Korpi, Walter. 1983. *The Democratic Class Struggle.* Boston: Routledge & Kegan Paul.

—. 1989. "Power, Politics, and State Autonomy in the Development of Social Citizenship: Social Rights During Sickness in Eighteen OECD Countries Since 1930. "*American Sociological Review* 54:309—328.

Kramer, R. M. 1994. "Voluntary Agencies and the Contract Culture: Dream or nightmare?"*Social Service Review* 68:33—60.

Krasner, Stephen D. 1978. *Defending the National Interest : Raw Materials Investments and U. S. Foreign Policy.* Princeton, N. J.: Princeton University Press.

Krugman, Paul. 1994. "Competitiveness: A Dangerous Obsession. "*Foreign Affairs* 73:28—44.

Kuhn, Thomas S. 1970. *The Structure of Scientific Revolutions.* Chicago: University of Chicago Press.

Kwon, Soonman. 2009. "Thirty Years of National Health Insurance in South Korea: Lessons for Achieving Universal Health Care Coverage. " *Health Policy and Planning* 24:63—71.

Leung, Joe C. B. 1994. "Dismantling the Iron Rice Bowl: Welfare Reforms in the People's Republic of China. " *Journal of Social Policy* 23:341—361

Lewis, J. 1992. "Gender and the Development of Welfare Regimes. "*Journal of European Social Policy* 2:159—173.

Li, Linda Chelan. 1998. *Centre and Provinces : China 1978—1993, Power as Non-Zero-Sum.* New York: Oxford University Press.

—. 2006. "Differentiated Actors: Central-Local Politics in China's Rural Tax Reforms. " *Modern Asian Studies* 40:151—174.

—. 2007. "Working for the Peasants? Strategic Interactions and Unintended Consequences in Chinese Rural Tax Reform. "*The China Journal* 57: 89—106.

Lieberson, Stanley. 1985. *Making it Count : The Improvement of Social Research and Theory.* Berkeley: University of California Press.

Lin, Nan. 1995. "Local Market Socialism: Local Corporatism in Action in

Rural China." *Theory and Society* 24.

Lindert, Peter H. 2004a. *Growing Public: Social Spending and Economic Growth since the Eighteenth Century* (Volume 1, The Story). New York: Cambridge University Press.

——. 2004b. *Growing Public: Social Spending and Economic Growth Since the Eighteenth Century* (Volume 2 Further Evidence). Cambridge, New York: Cambridge University Press.

Lipset, Seymour Martin. 1983. *Political Man: The Social Bases of Politics*. London: Heinemann.

Liu, Gordon G. , Zhongyun Zhao, Renhua Cai, Tetsuji Yamada, and Tadashi Yamada. 2002. "Equity in Health Care Access to: Assessing the Urban Health Insurance Reform in China. " *Social Science & Medicine* 55:1779—1794.

Liu, Jun-Qiang. 2011. "Dynamics of Social Health Insurance Development: Examining the Determinants of Chinese Basic Health Insurance Coverage with Panel Data. "*Social Science and Medicine*.

Liu, Yuanli. 2002. "Reforming China's Urban Health Insurance System. " *Health Policy* 60:133—150.

Liu, Yuanli, Keqin Rao, and John Fei. 1998. "Economic Transition and Health Transition: Comparing China and Russia. " *Health Policy* 44: 103—122.

Lockhart, Charles. 1984. "Explaining Social Policy Differences among Advanced Industrial Societies. " *Comparative Politics* 16:335—350.

Mann, Michael. 1988. *States, War, and Capitalism: Studies in Political Sociology*. Oxford: Blackwell Publishers.

Mares, Isabela. 2003. *The Politics of Social Risk: Business and Welfare State Development*. Cambridge: Cambridge University Press.

——. 2006. "The Economic Consequences of the Welfare State. "*International Social Security Review* 60:65—81.

——. 2006. *Taxation, Wage Bargaining, and Unemployment*. Cambridge; New York, NY: Cambridge University Press.

——. 2007. "The Economic Consequences of the Welfare State. "*International Social Security Review* 60:65—81

Mares, Isabela and Matthew E. Carnes. 2009. "Social Policy in Developing Countries."*Annual Review of Political Science* 12.

Marshall, Thomas Humphrey. 1977. *Class, Citizenship, and Social Development; Essays*. Chicago: University of Chicago Press.

Meng, Qingyue, Clas Rehnberg, Ning Zhuang, Ying Bian, Goran Tomson, and Shenglan Tang. 2004. "The Impact of Urban Health Insurance Reform on Hospital Charges: A Case Study from Two Cities in China." *Health Policy* 68:197—209.

Meng, Qingyue, Zhonghua Weng, Ning Zhuang, Wei Wang, Qiang Sun, Yuelai Lu, Baogang Shu, and Gerald Bloom. 2004. "The Health Systems of Nantong and Zibo." in *Health Care Transition in Urban China*, edited by G. Bloom and S. Tang. Aldershot, Hants, England: Ashgate.

Mesa-Lago, Carmelo. 2008. "Informal Employment and Pension and Healthcare Coverage by Social Insurance in Latin America." *IDS Bulletin* 39: 79—86.

Midgley, James. 1995. *Social Development : The Developmental Perspective in Social Welfare*. London: Sage Publications.

—. 1999. "Growth, Redistribution, and Welfare: Toward Social Investment."*The Social Service Review* 73:3—21.

Midgley, James and Kwong-leung Tang. 2008. *Social Security, the Economy and Development*. Basingstoke [England] ; New York: Palgrave Macmillan.

Migué, Jean-Luc and Gérard Bélanger. 1974. "Toward a General Theory of Managerial Discretion."*Public Choice* 17:27—47.

Miliband, Ralph. 1969. *The State in Capitalist Society*. New York: Basic Books.

Mishra, Ramesh. 1984. *The Welfare State in Crisis : Social Thought and Social Change*. Brighton: Wheatsheaf Books.

Mitchell, Olivia S. 1998. "Administrative Costs in Public and Private Retirement Systems." in *Privatizing Social Security*, edited by M. Feldstein. Chicago: University of Chicago Press, pp. 403—456.

Murray, Charles. 1984. *Losing Ground : American Social Policy, 1950—1980*. New York: Basic Books.

Murray, John E. 2007. *Origins of American Health Insurance: A History of Industrial Sickness Funds*. New Haven: Yale University Press.

NaRanong, Viroj and Anchana NaRanong. 2006. "Universal Health Care Coverage: Impacts of the 30-Baht Health Care Scheme on the Rural Poor in Thailand." *TDRI Quarterly Review* 21:3—10.

Niskanen, W. A. 1991. "The Soft Infrastructure of a Market Economy."*Cato Journal* 11:233—238.

—1994. *Bureaucracy and Public Economics*. Brookfield, Vt. : Edward Elgar Publishing.

—. 2008. *Reflections of a Political Economist: Selected Articles on Government Policies and Political Processes*. Washington, D. C. : Cato Institute.

Nivette, Amy E. 2011. "Cross-National Predictors of Crime: A Meta-Analysis."*Homicide Studies* 15:103—131.

O'Connor, James R. 1973. *The Fiscal Crisis of the State*. New York St. Martin's Press.

O'Connor, Julia S. and Gregg M. Olsen. 1998. "Power Resources Theory and the Welfare State : A Critical Approach."Toronto: University of Toronto Press.

OECD. 1999. "Employment Protection and Labor Market Perfomance." Organisation for Economic Co-operation and Development,Paris, France.

Oi, Jean. 1992. "Fiscal Reform and the Economic Foundation of Local State Corporatism in China." *World Politics* 45.

—. 1995. "The Role of the Local State in China's Transitional Economy." *China Quarterly* 144.

—. 1998. "The Evolution of Local State Corporatism." *Zouping in Transition: The Process of Reform in Rural North China*.

—. 1999. "Local State Corporatism." *Rural China Takes Off :Institutional Foundations of Economic Reform*

Olsen, Gregg M. and Julia S. O'Connor. 1998. "Introduction Understanding the Welfare State: Power Resources Theory and Its Critics." in *Power Resource Theory and the Welfare State: A Critical Approach*, edited by J. S. O'Connor and G. M. Olsen. Toronto: University of Toronto Press.

Orloff, Ann. 1993."Gender and the Social Rights of Citizenship."*American

Sociological Review 58:303—28.

—. 1996. "Gender in the Welfare State."*Annual Review of Sociology* 22: 51—78.

Pampel, Fred and Robin Stryker. 1990. "Age Structure, the State, and Social Welfare Spending: A Reanalysis."*British Journal of Sociology* 41: 16—24.

Pampel, Fred C. and John B. Williamson. 1988. "Welfare Spending in Advanced Industrial Democracies, 1950—1980."*American Journal of Sociology* 93:1424—56.

Papadakis, Elim and Peter Taylor-Goody. 1987. *The Private Provision of Public Welfare: State, Market and Community*. Brighton, Sussex: Wheatsheaf Books, 1987.

Pedersen, Susan. 1993. *Family, Dependence, and the Origins of the Welfare State : Britain and France, 1914—1945*. Cambridge, New York: Cambridge University Press.

Perrin, Guy. 1984a. "A Hundred Years of Social Insurance (Part 1)." *Labour and Society* 9:179—191.

—. 1984b. "A hundred Years of Social Insurance (Part 2)."*Labour and Society* 9:297—308.

—. 1984c. "A hundred Years of Social Insurance (Part 3)." *Labour and Society* 9:399—410.

Perry, Elizabeth J. 1994. "Shanghai's Strike Wave of 1957." *The China Quarterly*:1—27.

Peterson, Sue and Andrew P. Cortell. 2001. "Limiting the Unintended Consequences of Institutional Change." *Comparative Political Studies* 34: 768—799.

Pfaller, Alfred, Ian Gough, and Goran Therborn. 1991. "Can the Welfare State Compete? A Comparative Study of Five Advanced Capitalist Countries."London: Macmillan.

Pierson, Christopher and Francis Geoffrey Castles. 2006. "The Welfare State Reader."Cambridge: Polity.

Pierson, Paul. 1994. *Dismantling the Welfare State?: Reagan, Thatcher and the Politics of Retrenchment*. Cambridge, New York: Cambridge

University Press.

Pinto, Diana and William C. Hsiao. 2007. "Colombia: Social Health Insurance with Managed Competition to Improve Health Care Delivery." in *Social Health Insurance for Developing Nations*, edited by W. C. Hsiao and R. P. Shaw. Washington, D. C.: The World Bank, pp. 105—132.

Polanyi, Karl. 2001. *The Great Transformation: The Political and Economic Origins of Our Time*. Boston, MA: Beacon Press.

Pun, Ngai. 2005. *Made in China: Subject, Power and Resistance in a Global Workplace*. Durham: Duke University Press.

Rawski, Thomas G. 2001. "What is Happening to China's GDP Statistics?" *China Economic Review* 12:347—354.

Rice, Thomas. 1997. "Physician Payment Policies: Impacts and Implications." *Annual Review of Public Health* 18:549—565.

Rimlinger, Gaston V. 1966. "Welfare Policy and Economic Development: A Comparative Historical Perspective." *Journal of Economic History* 26: 556—71.

Ross, S. G. 2004. "Collection of Social Contributions: Current Practice and Critical Issues." in *International Conference on Changes in the Structure and Organization of Social Security Administration*. Cracow, Poland.

Rossignol, Stéphane. 2008. "Politics of Social Health Insurance." *European Journal of Political Economy* 24 24:387—401.

Rothschild, Michael and Joseph Stiglitz. 1976. "Equilibrium in Competitive Insurance Markets: An Essay on the Economics of Imperfect Information." *Quarterly Journal of Economics* 90:629—650.

Saltman, Richard B. and Hans F. W. Dubois. 2004. "The Historical and Social Base of Social Health Insurance Systems." in *Social Health Insurance Systems in Western Europe*, edited by R. B. Saltman, R. Busse, and J. Figueras. Maidenhead, Berkshire; New York, NY Open University Press.

Savas, E. S. 2002. "Competition and Choice in New York City Social Services." *Public Administration Review* 62:82—91.

Shalev, M. 1983. "The Social Democratic Model and Beyond: Two 'Generations' of Comparative Research on the Welfare State." *Comparative Social*

Research 6:315—51.

—. 2007. " Limits and Alternatives to Multiple Regression in Comparative Research. "*Comparative Social Research* 24:259—308.

Shue, Vivienne. 1995. "Grasping Reform: Economic Logic, Political Logic, and the State-Society Spiral. "*The China Quarterly* 144:1174—1185.

Skocpol, Theda. 1985. "Bringing the State back in: Strategies of Analysis in Current Research. " in *Bringing the State Back in*, edited by P. Evans, D. Rueschemeyer, and T. Skocpol. New York: Cambridge University Press, pp. 3—37.

—. 1992. *Protecting Soldiers and Mothers: The Political Origins of Social Policy in United States*. Cambridge, MA.: Belknap Press of Harvard University Press.

Skocpol, Theda and Edwin Amenta. 1986. "States and Social Policies. "*Annual Review of Sociology* 12:131—157.

Smith, Steven Rathgeb and Michael Lipsky. 1995. *Nonprofits for Hire: The Welfare State in the Age of Contracting*. Cambridge, Mass.: Harvard University Press.

Son, Annette H. K. 2002. *Social Policy and Health Insurance in South Korea & Taiwan: A Comparative Historical Approach*. Uppsala: Uppsala Universitet.

Steinmo, Sven Holger. 1993. *Taxation and Democracy: Swedish, British and American Approaches to Financing the Modern State*. New Haven: Yale University Press.

Stockwell, Edward G. 1965. "Some Problems concerning the Use of Official Statistics in Sociological Research. "*The Milbank Memorial Fund Quarterly* 43:10—16.

Stone, Richard. 2009. "Seeds of Discontent. "*Science* 323:574—575.

Swenson, Peter. 1991. "Bringing Capital back in, or Social Democracy Reconsidered: Employer Power, Cross-Class Alliances, and Centralization of Industrial Relations in Denmark and Sweden. " *World Politics* 43:513—544.

Tanner, Murray Scot. 2004. "China Rethinks Unrest. " *The Washington Quarterly*:137—156.

Taylor, Alastair. 2010. "Scrounger's Baby No 10 by Girl No 10." in *The Sun*, vol. 20 Sep. 2010. London: http://www.thesun.co.uk/sol/homepage/news/3144027/Scrounger-Keith-Macdonalds-baby-No10-by-girl-No10.html.

Taylor, Bill, Kai Chang, and Qi Li. 2003. *Industrial Relations in China*. Cheltenham: Edward Elgar.

Trivellato, Ugo. 1999. "Issues in the Design and Analysis of Panel Studies: A Cursory Review."*Quality & Quantity* 33:339—352.

Usui, Chikako. 1994. "Welfare State Development in a World System Context: Event History Analysis of First Social Insurance Legislation among 60 Countries, 1880—1960." in *The Comparative Political Economy of the Welfare State*, edited by T. Janoski and A. M. Hicks. Cambridge, UK; New York, NY, USA: Cambridge University Press.

Van-Slyke, David M. 2003."The Mythology of Privatization in Contracting for Social Services."*Public Administration Review* 63:296—316.

Vroman, Wayne and Vera Brusentsev. 2005. *Unemployment Compensation throughout the World: A Comparative Analysis*. Kalamazoo, Mich.: W. E. Upjohn Institute for Employment Research.

Wagstaff, Adam. 2007. "Social Health Insurance Reexamined."*World Bank Policy Research Working Paper* 4111 http://www-wds.worldbank.org/servlet/WDSContentServer/WDSP/IB/2007/01/09/000016406_20070109161148/Rendered/PDF/wps4111.pdf.

Walder, Andrew. 1995. "Local Governments As Industrial Firms."*American Journal of Sociology* 101.

Walker, Alan and Chack Kie Wong. 2004. "The ethnocentric construction of the Welfare State." in *Handbook of Comparative Social Policy*, edited by P. Kennett. Northampton, MA: Edward Elgar, pp. 116—130.

Wang, Shaoguang. 2006. "Regulating Death at Coalmines: Changing Mode of Governance in China." *Journal of Contemporary China* 15:1—30.

Wasem, Jürgen, Stefan Greß, and Kieke G. H. Okma. 2004. "The Role of Private Health Insurance in Social Health Insurance Countries." in *Social Health Insurance Systems in Western Europe*, edited by R. B. Saltman, R. Busse, and J. Figueras. Berkshire: Open University Press, pp. 228—230.

Weber, Max. 1968. *Economy and Society: An Outline of Interpretive Sociology*. edited by G. Roth and C. Wittich. New York: Bedminster Press.
Weir, Mrgaret and Theda Skocpol. 1985. "State Structure and the Possibilities for 'Keynesian' Responses to the Great Depression in Sweden, Britain, And United States." in *Bringing the state Back In*, edited by P. B. Evans, D. Rueschemeyer, and T. Skocpol. Cambridge: Cambridge University Press.
Weiss, Linda. 1998. *The Myth of the Powerless State*. Ithaca, N. Y. : Cornell University Press.
WHO. 2000. "The World Health Report 2000—Health Systems: Improving Performance." The World Health Organization, Geneva.
—. 2003. "Health Insurance inIndia : Current Scenario."www. searo. who. int/linkfiles/social_health_insurance_an2. pdf 2009. 03. 05:79 - 99.
—. 2005. *Sustainable Health Financing, Universal Coverage, and Social Health Insurance*. Geneva: Agenda Item 13. 16,58th World Health Assembly.
Wilensky, Harold L. 1975. *The Welfare State and Equality: Structural and Ideological Roots of Public Expenditures*. Berkeley, CA: University of California Press.
Wilensky, H. L. and C. N. Lebeaux. 1958. *Industrial Society and Social Welfare*. New York: The Free Press.
Williams, Fiona. 1989. *Social Policy: A Critical Introduction: Issues of Race, Gender and Class*. Cambridge: Polity.
—. 1995. "Race/Ethnicity, Gender, and Class in Welfare States: A Framework for Comparative Analysis."*Social Politics: International Studies in Gender, State and Society* 2:127—159.
Wintrobe, Ronald. 1997. "Modern Bureaucratic Theory." in *Perspectives on Public Policy. A Handbook*, edited by D. C. Mueller. Cambridge, UK: Cambridge University Press, pp. 429—454.
Wong, Chack-kie, Vai Io Lo, and Kwong-leung Tang. 2006. *China's Urban Health Care Reform: From State Protection to Individual Responsibility*. Lanham, MD: Lexington Books.
Wong, Chack-Kie, Kwong-Leung Tang, and Vai Io Lo. 2007. "Unaffordable Health Care amid Phenomenal Growth: The Case of Health Care Pro-

tection in Reform China." *International Journal of Social Welfare* 16: 140—149.

Wooldridge, Jeffrey M. 2006. *Introductory Econometrics: A Modern Approach*. Mason, OH: Thomson/South-Western.

World Bank. 1994. "World Development Report 1994: Infrastructure for Development." World Bank, Washington D. C.

——. 1997. *World Development Report: The State in a Changing World*. Oxford: Oxford University Press.

Yip, W. C. and W. C. Hsiao. 1997. "Medical Savings Accounts: Lessons from China." *Health Affairs* 16:244—251.

Zhang, Yunqiu. 1997. "From State Corporatism to Social Representation." in *Civil Society in China*, edited by T. Brook and M. Frolic. Armonk, New York: M. E. Sharpe, pp. 124—125.

Zhao, Dingxin. 2009. "The Mandate of Heaven and Performance Legitimation in Historical and Contemporary China." *American Behavioral Scientist* 53:416—433.

Zöllner, Detlev. 1982. "Germany." in *The Evolution of Social Insurance*, 1881—1981: *Studies of Germany, France, Great Britain, Austria and Switzerland*, edited by P. A. Köhler, H. F. Zacher, M. Partington, and Max-Planck-Institutfür-Ausländisches-und-Internationales-Sozialrecht. London: Frances Pinter, pp. 1—92.

中文部分

安徽省地方志编纂委员会:《安徽省志(劳动志)》,北京:方志出版社1998年版。

北京市东城区菜蔬公司:"北京市东城区菜蔬公司关于实行'大病统筹基金'的试行办法",载劳动部保险福利司编:《企业职工医疗保险制度改革指南》北京:中国劳动出版社1993年版。

布罗姆、汤胜蓝:"中国政府在农村合作医疗保健制度中的角色与作用",载《中国卫生经济》2002年。

财政部:"关于国营企业财务工作中几项制度改革的意见(草案)",载《劳动保险文件汇编》,铁道部劳动工资局等编,北京:中国铁道出版社。

财政部、劳动和社会保障部:"关于社会保险经办机构经费保障等问题的通知",1999,http://www.law-lib.com/law/law_view.asp?id=70774。

财政部、卫生部:"财政部、卫生部关于中央财政资助中西部地区农民参加新型农村合作医疗制度补助资金拨付有关问题的通知",2003,http://www.cncms.org.cn/Content.asp?ID=1179&LClass_ID=4。

财政部国库司、财政部预算司:《地方财政统计资料》历年,北京:中国财政经济出版社。

——.《全国地市县财政统计资料》历年,北京:中国财政经济出版社。

蔡永芳、顾昕、高梦滔:"第三方购买机制、医疗费用控制与新型农村合作医疗的可持续发展——以云南省玉龙县为例",《中国卫生经济》2007年第9期。

曹思源:"中国各地区企业破产案件立案统计表(2006年)",2007,http://www.caosy.com/view.asp?id=64。

陈刚:"社会福利支出的犯罪治理效应研究",《管理世界》2010年第10期。

陈平:"建立统一的社会保障体系是短视国策",《中国改革》2002年第4期。

陈佩华:"跨国公司的社会责任与企业级工会的民主选举:港台鞋厂和福禄鞋厂的个案研究",2007,http://www.usc.cuhk.edu.hk/wk_wzdetails.asp?id=3311。

程乐华:"医保基金结余'喜中藏忧'",《中国社会保障》2010年第2期。

慈勤英、王卓祺:"失业者的再就业选择——最低生活保障制度的微观分析",《社会学研究》2006年第3期。

第八届全国人民代表大会常务委员会:《中华人民共和国劳动法》,http://www.bjld.gov.cn/LDJAPP/search/fgdetail.jsp?no=263。

第十届全国人民代表大会常务委员会:《地方各级人民代表大会和人民政府组织法》,2004,http://www.gov.cn/ziliao/flfg/2005-06/21/content_8297.htm。

"社会保险法草案征求意见结束7万条意见聚焦9大热点",《法制日报》,2009,http://kbs.cnki.net/forums/73917/ShowThread.aspx。

范国富:"江苏镇江'三张卡'记载的医改历史",《中国劳动保障》2004年第11期。

冯同庆:《中国工人的命运——工会民主选举与工人公民权利衍生》,北京:中国社会科学出版社2008年版。

〔美〕弗朗西斯·福山:《信任:社会美德与创造经济繁荣》,彭志华译,海口:海南出版社2001年版。

高广颖、韩优莉:"我国新型农村合作医疗制度的发展",《中国医疗卫生发展报告 No.3:医疗卫生绿皮书》,2007。

高广颖、赵亮、魏巍:"新型农村合作医疗制度的运行成本和管理成本探讨",《中国卫生经济》2006 年第 2 期。

高梦滔、姚洋:"健康风险冲击对农户收入的影响",《经济研究》2005 年第 12 期。

耿雁冰:"'社保法'背后的智囊们",《21 世纪经济报道》,2010,http://www.21cbh.com/HTML/2010-12-27/zMMDAwMDIxMjczMg.html。

耿雁冰、谢文兴:"社保大法 10 月再审:全国能否做成一本账?",《21 世纪经济报道》,2010,www.21cbh.com/HTML/2010-8.../4OMDAwMDE5MjM4OQ.html。

Gilbert, Neil 和 Paul Teeerl:《社会福利政策导论》,黄晨熹、周烨、刘红译,上海:华东理工大学出版社 2003 年版。

顾昕:"全球性公立医院的法人治理模式变革——探寻国家监管与市场效率之间的平衡",《经济社会体制比较》2006 年第 1 期。

——."走向有管理的市场化(I):诊断与处方",载《诊断与处方:直面中国医疗体制改革》,顾昕、高梦滔、姚洋编,北京:社会科学文献出版社 2006 年版。

——."医保基金结余应该降低",《21 世纪经济报道》,2009,http://www.21cbh.com/HTML/2009-3-27/HTML_7LDLYLU7C65B.html。

——."中国城乡公立医疗保险的基金结余水平研究",《中国社会科学院研究生院学报》2010 年第 5 期。

顾昕、方黎明:"自愿性与强制性之间——中国农村合作医疗的制度嵌入性与可持续性发展分析",《社会学研究》2004 年第 5 期。

关信平:《中国城市贫困问题研究》,长沙:湖南人民出版社 1999 年版。

广东省人民政府:《印发广东省地方税务机关征收社会保险费有关经费问题暂行规定的通知(粤府[2000]31 号)》,2000,$http://law.51labour.com/lawshow-4236.html$。

广东省统计局、国家统计局广东调查总队:《广东统计年鉴 2007》,北京:中国统计出版社 2007 年版。

郭锦辉:"北京试点取消公费医疗 有助于促进社会公平公正",《中国经济时报》,2009,http://www.chinahealthreform.org/index.php/publicdiscussion/8-media/974-2009-06-15-07-25-30.html。

国家经济贸易委员会、财政部、劳动和社会保障部、国土资源部、中国人民银行、国家税务总局、国家工商行政管理总局、中华全国总工会:《关于国有大中型企业主辅分离辅业改制分流安置富余人员的实施办法》。

国家税务总局:《国家税务总局关于税务机关征收社会保险费工作的指导意见》,2002,国税发[2002]124 号。

国家统计局国民经济综合统计司:《新中国五十年统计资料汇编》,北京:中国统计出版社 1999 年版。

国家统计局人口和就业统计司:《中国人口和就业统计年鉴》历年,北京:中国统计出版社。

——.《中国人口统计年鉴》,历年,北京:中国统计出版社。

国家统计局人口和就业统计司、人力资源和社会保障部规划财务司:《中国劳动统计年鉴》历年,北京:中国统计出版社。

国务院:《关于加强安全生产和劳动安全监察工作的报告》,1983,http://www.cnss.cn/fwzx2/fwtd/flfg/ldjc/200708/t20070814_137827.htm。

——.《国务院关于鼓励外商投资的规定》,1986,http://www.people.com.cn/zixun/flfgk/item/dwjjf/falv/2/2-1-11.html。

——.《国务院关于发布改革劳动制度四个规定的通知》,www.china.findlaw.cn/fagui/sh/23/57417.html。

——.《国营企业实行劳动合同制暂行规定》,1986,http://news.xinhuanet.com/ziliao/2005-02/06/content_2553808.htm。

——.《国务院关于江苏省镇江市、江西省九江市职工医疗保障制度改革试点方案的批复》,载《职工医疗保障制度改革》,国家体改委分配和社会保障司等编,北京:改革出版社 1994 年版。

——.《国务院关于建立统一的企业职工基本养老保险制度的决定》,1997,http://www.people.com.cn/GB/shizheng/252/7486/7498/20020228/675965.html。

——.《国务院关于建立城镇职工基本医疗保险制度的决定》,1998,http://www.gov.cn/banshi/2005-08/04/content_20256.htm。

——.《社会保险费征缴暂行条例》,载《劳动和社会保障政策法规汇编(1999)》,vol.27—33,劳动和社会保障部法制司编,北京:中国劳动社会保障出版社 1999 年版。

——.《失业保险条例》,1999,http://big5.gov.cn/gate/big5/www.gov.cn/banshi/2005-08/04/content_20258.htm。

——.《住房公积金管理条例》,2002,http://news.xinhuanet.com/house/

2005 - 10/06/*content*_3586796. *htm*。

——.《工伤保险条例》,2003,*http*://*big*5. *xinhuanet. com*/*gate*/*big*5/*news. xinhuanet. com*/*fortune*/2003 - 05/04/*content*_857553. *htm*。

——.《劳动保障监察条例》,2004,*http*://*big*5. *gov. cn*/*gate*/*big*5/*www. gov. cn*/*zwgk*/2005 - 05/23/*content*_254. *htm*。

——.《国务院关于开展城镇居民基本医疗保险试点的指导意见》,2007,*http*://*www. gov. cn*/*zwgk*/2007 - 07/24/*content*_695118. *htm*。

国务院办公厅:《国务院办公厅关于印发劳动和社会保障部职能配置内设机构和人员编制规定的通知(1998)》,1998,*http*://*big*5. *chinalawinfo. com*/*law. chinalawinfo. com*/*newlaw*2002/*SLC*/*slc. asp*? *db* = *chl*&*gid* = 20736。

——.《国务院办公厅关于做好 2004 年下半年新型农村合作医疗试点工作的通知》,2004,*http*://*www. gov. cn*/*zwgk*/2005 - 08/26/*content*_26201. *htm*。

国务院发展研究中心课题组:"对中国医疗卫生体制改革的评价与建议(概要与重点)",《中国发展评论》2005 年。

国务院全国 1%人口抽样调查领导小组办公室、国家统计局人口和就业统计司:《2005 年全国 1%人口抽样调查资料》,北京:中国统计出版社 2007 年版。

海口市地方史编纂委员会:《海口市志》,北京:方志出版社 2004 年版。

韩福东、邓云珊:"黄亚生:中国还是'瘦子',别担心'肥胖'",《南都周刊》,2011,*http*://*www. nbweekly. com*/*news*/*observe*/201104/13972. *aspx*。

何文炯:"任何保险制度都离不开精算技术",《中国医疗保险》2011 年。

何文炯、杨一心、刘晓婷、徐林荣、傅可昂:"社会医疗保险纵向平衡费率及其计算方法",《中国人口科学》2010 年。

——."社会医疗保险纵向平衡费率及其计算方法",《中国人口科学》2010 年第 3 期。

胡鞍钢:"利国利民、长治久安的奠基石——关于建立全国统一基本社会保障制度、开征社会保障税的建议",2001,*http*://*www. macrochina. com. cn*/*zhtg*/20010622009766. *shtml*。

胡鞍钢、赵黎:"我国转型期城镇非正规就业与非正规经济(1990—2004)",《清华大学学报(哲学社会科学版)》2006 年第 21 期。

胡晓义:《走向和谐:中国社会保障发展 60 年》,北京:中国劳动社会保障出版社 2009 年版。

湖南省地方税务局、湖南省劳动和社会保障厅、湖南省财政厅:《湖南省地方税务局、湖南省劳动和社会保障厅、湖南省财政厅关于征收外商投资企业、私营企业社会保险费的通知》(湘地税发[2000]95 号),2000,$http://www.hnghw.com/Info.aspx?ModelId=1\&Id=2429$。

湖南省劳动和社会保障厅:《关于湖南省劳动保障监察总队机构设置及有关问题的通知》,2002,$http://www.51labour.com/lawcenter/lawshow-28488.html$。

华尔德:《共产党社会的新传统主义:中国工业中的工作环境和权力结构》,龚小夏译,香港:牛津大学出版社 1996 年版。

黄佩华、迪帕克:《中国:国家发展与地方财政》,北京:中信出版社 2003 年版。

黄枫、甘犁:"过度需求还是有效需求?——城镇老人健康与医疗保险的实证分析",《经济研究》2010 年第 6 期。

黄亚生:《改革时期的外国直接投资》,北京:新星出版社 2005 年版。

〔美〕加尔布雷斯:《自满的年代》,杨丽君、王嘉源译,海口:海南出版社 2000 年版。

江苏省新型农村合作医疗工作办公室编:"2005 年度全国新型农村合作医疗试点进展情况",江苏新型农村合作医疗简报,2006,$http://www.jswst.gov.cn/gb/jsswst/zxgz/yl/userobject1ai14449.html$。

江苏省政府办公厅:《关于社会保险费改由地方税务部门征收的通知》(苏政办发[2000]56 号),2000,$http://www.jiangsu.gov.cn/jm/jmbs/qtsw/xgfg/200710/t20071015\_76012.html$。

〔德〕克劳斯-奥菲:《福利国家的矛盾》,郭忠华等译,长春:吉林人民出版社 2006 年版。

劳动和社会保障部法制司:《劳动和社会保障政策法规汇编》历年,北京:中国劳动社会保障出版社。

劳动部:《劳动部关于进一步健全劳动监察体制的意见的通知》,1995,$http://www.lawtime.cn/info/laodong/ldfg/ldzhfg/2007070424961.html$。

——.《关于建立劳动用工年检工作制度的通知》,1996,$http://www.gd.lss.gov.cn/gdlss/zcfg/zc/zh/ghgz/t19960702\_4365.htm$。

劳动部、国家统计局:《关于 1992 年劳动事业发展的公报》,1993,$www.gsjsw.gov.cn/html/dczltjsj/11\_36\_18\_34.html$。

——.《关于 1993 年劳动事业发展的公报》,1994,$www.gsjsw.gov.cn/html/$

dczltjsj/11_36_18_616.html

劳动和社会保障部:《关于印发社会保险费征缴暂行条例宣传提纲和失业保险条例宣传提纲的通知》,载《劳动和社会保障政策法规汇编(1999)》,劳动和社会保障部法制司编,北京:中国劳动社会保障出版社 1999 年版。

——.《关于贯彻两个条例,扩大社会保险覆盖范围加强基金征缴工作的通知》,载《劳动和社会保障政策法规汇编(1999)》劳动和社会保障部法制司编,北京:中国劳动社会保障出版社 1999 年版。

——.《社会保险费征缴监督检查办法》,载《劳动和社会保障政策法规汇编(1999)》,劳动和社会保障部法制司编,北京:中国劳动社会保障出版社 1999 年版。

——.《关于加强社会保险经办机构能力建设的通知》,2006,*http://www.ln.lss.gov.cn/zcfg/user/note.asp? LawId*=1436。

劳动和社会保障部,国家经贸委,财政部:《劳动和社会保障部国家经贸委财政部关于清理收回企业欠缴社会保险费有关问题的通知》,载《劳动和社会保障政策法规汇编》,劳动和社会保障部法制司编,北京:中国劳动社会保障出版社 1999 年版。

劳动和社会保障部办公厅:《关于开展农民工参加医疗保险专项扩面行动的通知》,2005,*http://www.molss.gov.cn/gb/zxwj/2006 - 05/19/content_116904.htm*。

——.《劳动和社会保障部办公厅关于开展农民工参加医疗保险专项扩面行动的通知》,2006,*http://big5.china.com.cn/law/flfg/txt/2006 - 08/08/content_7055852.htm*。

李军峰:《中国非正规就业研究》,郑州:河南人民出版社 2006 年版。

李培林、王思斌、梁祖彬、周弘、张秀兰:"构建中国发展型的社会政策——'科学发展观与社会政策'笔谈",《中国社会科学》2004 年第 6 期。

李晓亮:"现在谈'福利过度'为时过早",《华西都市报》2010 年。

李芝兰、吴理财:"'倒逼'还是'反倒逼'?——农村税费改革前后中央与地方之间的互动",《社会学研究》2005 年第 4 期。

联合国开发计划署驻华代表处:《中国人类发展报告 2005:追求公平的人类发展》,北京:中国对外翻译出版社 2005 年版。

林晓洁:"'社会保险法'诞生记",中国劳动保障新闻网,2010,*http://www.labournews.com.cn/html/report/31798 - 1.htm*。

林毓铭:"社会保险'三费'合税的预期研究",《涉外税务》2002 年第 5 期。

零点研究咨询集团:《中国居民生活质量报告》历年,载《中国社会蓝皮书》,李培林编,北京:社会科学文献出版社。

刘军强、魏晓盛:"损不足而补有余:中国社会保障制度的逆向调节效应分析",2011年中国社会学年会,南昌。

刘胙:"四川、重庆社保费征收方式对比分析",《中国商界》2008年第1期。

刘小兵:"中国社会保障税的制度设计及其释义",《财贸经济》2001年第9期。

LYQ:"Z县新农村建设的几个问题",2007,http://www.jconline.cn/76/2007-2-2/74@457529.htm,April 10。

路风:"中国单位体制的起源和形成",《中国社会科学季刊(香港)》1993年第4期。

吕学静:"我国失业保险制度功能的改革与优化",《中国社会保障》2010年第9期。

罗敏、高梦滔、顾昕:"给付结构设计与新型农村合作医疗的可持续性——以云南省玉龙县为例",《卫生经济研究》2007年第9期。

民政部最低生活保障司:《民政部办公厅关于建立城市医疗救助制度有关事项的通知》,2003,http://dbs.mca.gov.cn/article/csyljz/tzgg/200709/20070900002089.shtml。

莫泰基:"中国职工医疗保障体制评析及刍议",1998,载《中国社会福利》,王思斌、唐钧、梁宝霖、莫泰基编,香港:中华书局(香港)有限公司1998年版。

内蒙古自治区人民政府办公厅:《内蒙古自治区人民政府办公厅关于由劳动部门统一管理社会保险工作的通知》,1999,http://china.findlaw.cn/laodongfa/sfbzzhbx/9046.html。

倪志福:《当代中国工人阶级和工会运动》,北京:当代中国出版社1997年版。

宁波市人民政府:《宁波市城镇职工养老保险制度改革总体方案》(甬政〔1994〕16号),http://csi001.zj001.net/show_hdr.php?xname=NI921V0&dname=DJNQDV0&xpos=2。

潘晓凌、范承钢:"年轻人,到'体制内'去",《南方周末》,2011,http://www.infzm.com/content/55585。

彭高建:"社会保险基金不排除进入股市可能",四川新闻网,2010,http://www.cnwnews.com/html/biz/cn_sypl/20101129/284329.html。

彭华民:《福利三角中的社会排斥:对中国城市新贫穷社群的一个实证研究》,上海:上海人民出版社2007年版。

彭华民、黄叶青:"福利多元主义:福利提供从国家到多元部门的转型",《南开学报(哲学社会科学版)》2006年第6期。

彭文生、孙淼玲:"劳动力账工资增长率不敌员工流失率",《商界(评论)》2011年第7期,http://finance.qq.com/a/20110718/002204.htm。

彭宅文:"最低生活保障制度与救助对象的劳动激励:'中国式福利依赖'及其调整",《社会保障研究》2009年第2期。

钱信忠:《中国卫生事业发展与决策》,北京:中国医药科技出版社1999年版。

秦晖:"走出负福利的困境",2008,http://www.nmzz.org/portal.php?mod=view&aid=293。

青海省人民政府:《青海省社会保险费征收暂行办法》,2000,http://www.chinalawedu.com/falvfagui/fg23051/156161.shtml。

邱海雄、徐建牛:"市场转型过程中地方政府角色研究述评",《社会学研究》第4期。

全国公费医疗事务管理中心:《国家公费医疗史料汇编1952—1992》,1992年版。

全国人民代表大会常务委员会:《中华人民共和国工会法(2001年修正)》,2001,http://www.law-lib.com/law/law_view.asp?id=16431。

全国总工会政策研究室:《中国职工状况调查1997:综合卷 典型卷 数据卷》,北京:西苑出版社1999年版。

人力资源和社会保障部:《全国社会保险情况》历年,人力资源和社会保障部,北京。

荣敬本、崔之元、王拴正、高新军、何增科、杨雪冬等:《论从压力型体制向民主合作制的转变》,北京:中央编译出版社1998年版。

荣敬本、高新军、杨雪冬、赖海榕:《再论从压力型体制向民主合作制的转变》,北京:中央编译出版社2001年版。

上海市人大常委会:《上海市外商投资企业劳动人事管理条例(修正)》,http://www.chinaacc.com/new/63/71/2006/1/ch95933344117160026493-0.htm。

尚晓援:"'社会福利'与'社会保障'再认识",《中国社会科学》2001年第3期。

申剑丽:《社保基金监管酝酿系列新规》,《21世纪经济报道》,2009,http://www.21cbh.com/HTML/2009-4-17/HTML_NGCADDRRSH83.html。

宋晓梧:"社保逆向配置难题何解——专访中国体改研究会会长宋晓梧",《中国改革》2010年。

孙洁:"失业保险基金高额结余面临贬值是个假命题",《中国金融》2010年第14期。

孙立平、李强、沈原:"中国社会结构转型的中近期趋势与隐患",《战略与管理》1998年第5期。

孙立平、沈原、郭于华、晋军、应星、毕向阳:"以利益表达制度化实现社会的长治久安",《领导者》2010年总第33期。

孙树涵:"中国职工医疗保障制度变迁与评估",载《中国社会保障制度变迁与评估》,郑功成编,北京:中国人民大学出版社2002年版。

太原市小店区劳动监察(科)大队:"二○○四年上半年太原市小店区劳动监察(科)大队工作小结",2004年。

唐钧:"失业保险改革宜早不宜迟",《中国社会保障》2010年第9期。

唐钧、沙琳、任振兴:《中国城市贫困与反贫困报告》,北京:华夏出版社2003年版。

Titmuss, Richard M.:《社会政策10讲》,江绍康译,香港:商务印书馆1991年版。

王东进:"再接再厉知难而进积极稳妥地推进医疗保险制度改革——在全国城镇职工医疗保险制度改革经验交流会上的讲话",1999,http://www.51labour.com/labour-law/show-5591.html。

王飞:"中国社会保险费征缴管理体制的问题与建议",《首都经济贸易大学学报》2009年第2期。

王金红:"工会改革与中国基层民主的新发展——非公有制企业工会直选的案例分析",《华南师范大学学报(社科版)》2005年第5期。

王军:"论我国社会保险费征收中的主要问题及对策",《社科纵横》2004年第19期。

王俊秀:"国务院研究机构最新报告说'中国医改不成功'",《中国青年报》2009,http://zqb.cyol.com/content/2005-07/29/content_1150962.htm。

王绍光:"国家汲取能力的建设——中华人民共和国成立初期的经验",《中国社会科学》2002年第1期。

——."大转型:1980年代以来中国的双向运动",《中国社会科学》2008年第1期。

王绍光、何焕荣、乐园:"政策导向、汲取能力与卫生公平",《中国社会科学》2005年第6期。

王绍光、胡鞍钢、丁元竹:"经济繁荣背后的社会不稳定",《战略与管理》2002年第3期。

王绍光、胡鞍钢:《中国国家能力报告》,香港:牛津大学出版社1999年版。

王思斌:"社会政策时代与政府社会政策能力建设",《中国社会科学》2004年第6期。

王向民:"工人成熟与社会法团主义:中国工会的转型研究",《经济社会体制比较》2008年第4期。

王玉松:"社会保障税制度设计的理论问题与框架分析",《复旦学报》2003年第4期。

王卓祺、雅伦·获加:"西方社会政策概念转变及对中国福利制度发展的启示",《社会学研究》1998年第5期。

卫生部:《国家工作人员公费医疗预防实施办法》,载《国家公费医疗史料汇编1952—1992》,全国公费医疗事务管理中心编,内部发行,1992。

—.《卫生部公布第四次国家卫生服务调查主要结果》,2009,http://big5.gov.cn/gate/big5/www.gov.cn/gzdt/2009-02/27/content_1245006.htm。

—.《中国卫生统计提要》历年,http://www.moh.gov.cn/publicfiles/business/htmlfiles/zwgkzt/pwstj/。

卫生部、财政部:《公费医疗管理办法》,1989,载《中华人民共和国卫生法规汇编1989—1991》,中华人民共和国卫生部办公厅编,北京:法律出版社。

—.《关于加强新型农村合作医疗管理工作的通知》,http://www.moh.gov.cn/publicfiles/business/htmlfiles/mohbgt/pw10603/200804/27568.htm。

卫生部、发改委、民政部、财政部、人事部、农业部、食品药品监管局、中医药局:《关于通报表彰全国新型农村合作医疗先进试点县(市、区)的决定》,2007,http://www.moh.gov.cn/newshtml/17479.htm。

卫生部、民政部、财政部、农业部、发改委、教育部、人事部、人口计生委、食品药品监管局、中医药局、扶贫办:《关于进一步做好新型农村合作医疗试点工作的指导意见》,2003,http://www.moh.gov.cn/newshtml/8349.htm。

卫生部、民政部、财政部、农业部、中医药局:《关于巩固和发展新型农村合作医疗制度的意见》,http://www.moh.gov.cn/publicfiles/business/htmlfiles/mohncwsgls/s3582/200907/41724.htm。

卫生部等:《关于加快推进新型农村合作医疗试点工作的通知》,2006,http://www.cncms.org.cn/Content.asp?ID=3028&LClass_ID=4。

卫生部统计信息中心:《第二次国家卫生服务调查主要结果的初步报告》,《中国卫生质量管理》1999年。

—.《中国卫生服务调查研究:第三次国家卫生服务调查分析报告》,北京:中国协和医科大学出版社2004年版。

——.《2008 年我国卫生改革与发展情况》,2009,http://www.moh.gov.cn/publicfiles/business/htmlfiles/mohbgt/s6690/200902/39109.htm。

——.《2008 年我国卫生事业发展统计公报》,http://www.moh.gov.cn/publicfiles/business/htmlfiles/mohwsbwstjxxzx/s8208/200904/40250.htm。

——.《中国卫生服务调查研究:第四次家庭健康询问调查分析报告》,北京:中国协和医科大学出版社 2009 年版。

魏颖:"我国各类卫生投资模式",载《完善卫生经济政策》,国务院研究室课题组编,北京:中国经济出版社 1996 年版。

吴晓波,"读黄亚生的书",2006,http://www.mindmeters.com/showlog.asp?log_id=1858&cat_id=0。

吴仪:"统一思想 积极探索 循序渐进 稳步推进新型农村合作医疗试点工作",《新型农村合作医疗文件资料汇编》,2005。

武汉市人民政府:《武汉市城镇企业职工养老保险实施办法(试行)》(武政[1995]12 号),载《武汉年鉴 1996》,武汉年鉴编纂委员会编,武汉:武汉年鉴社。

夏杏珍:"农村合作医疗制度的历史考察",《当代中国史研究》2003 年第 5 期。

县乡人大运行机制研究课题组:"县乡两级政治体制改革,如何建立民主的合作新体制——新密市县乡两级人民代表大会制度运作机制的调查研究报告",《经济社会体制比较》1997 年第 4 期。

向俊杰:"地方政府绩效考核中的一票否决问题分析",《黑龙江社会科学》2008 年第 1 期。

肖明:"老龄化在吞噬医保基金?",载《21 世纪经济报道》,http://www.21cbh.com/HTML/2010—8—20/3NMDAwMDE5MzA3NQ.html?source=hp&position=newscolumn。

谢旭人:"坚定不移深化财税体制改革",《求是》2010 年第 7 期。

解垩:"与收入相关的健康及医疗服务利用不平等研究",《经济研究》2009 年第 2 期。

徐月宾、张秀兰:"中国政府在社会福利中的角色重建",《中国社会科学》2005 年第 5 期。

许建国:"社会保险'费改税'的利弊分析及改革设想",《税务研究》2001 年第 4 期。

〔匈〕雅诺什·科尔奈:《社会主义体制——共产主义政治经济学》,北京:中央编译出版社 2007 年版。

严忠勤:《当代中国的职工工资福利和社会保险》,北京:中国社会科学出版社1987年版。
杨善华、苏红:"从'代理型政权经营者'到'谋利型政权经营者'——向市场经济转型背景下的乡镇政权",《社会学研究》2002年第1期。
杨建京:"非公有制企业员工参保情况不容乐观",《北京统计》2004年第4期。
杨立雄:"养老保险管理体制创新研究",2008,http://www.csia.cn/hknr/200803/t20080325_183119.htm。
杨明等:《北京社会经济发展年度调查数据报告1995—2004》,北京:北京出版社2007年版。
杨燕绥:"谈社会保险经办机构能力建设",2007,http://www.cnss.cn/xwzx/jdxw/200709/t20070921_160141.html。
杨宜勇:"关于国有企业下岗职工情况的调查",载《社会政策:国际经验与国内实践》,唐钧编,北京:华夏出版社2001年版。
姚宇:"非正规就业者的经济活动与报障",载《中国非正规就业发展报告:劳动力市场的再观察》,任远、彭希哲编,重庆:重庆出版社2007年版。
医疗制度改革研讨小组:"医疗制度改革研讨小组关于《职工医疗保险制度改革设想》(节录)",载《企业职工医疗保险制度改革指南》,劳动部保险福利司编,北京:中国劳动出版社1993年版。
殷大奎:"关于建立公平高效的卫生医疗服务体系",第二届中国健康产业高峰论坛,2006,http://finance.sina.com.cn/hy/20060920/15262932019.shtml。
袁锋:"海南今年争取出台新农保制度 海口为试点城市",《海南日报》,2001,http://hi.people.com.cn/2009/03/11/437920.html。
岳经纶:《中国劳动政策:市场化与全球化的视野》,北京:社会科学文献出版社2007年版。
岳经纶、庄文嘉:"转型中的当代中国劳动监察体制:基于治理视角的一项整体性研究",《公共行政评论》2009年第5期。
曾利明:"中国65.7%居民无医疗保险 1/4的人有病不去就医",2005,http://news.china.com/zh_cn/domestic/945/20050302/12141539.html。
张彪、王跃萍:"社会保险费筹集和征缴问题研究",《理论建设》2009年第4期。
张雷:"社会保险费征收体制的效率比较分析",《社会保障研究》2010年第1期。
张墨宁:"医保严管之下的'弱势'医院",《南风窗》2011年第12期。

张光、杨晶晶:"基本养老保险覆盖面扩展决定因素实证研究",《社会》2007年第27期。

张军:"为《为增长而竞争》而写",载《为增长而竞争:中国增长的政治经济学》,张军、周黎安编,上海:上海人民出版社2008年版。

ZLF,"做大我县财政'蛋糕'的困难及解决对策",2006,$http://www.zezhou.cn/1/2006-4-18/5@3926.htm$。

张伟:"中国工人阶级60年",《瞭望》2009年第18期。

张五常:《中国的经济制度》,香港:花千树出版有限公司2008年版。

章萍:"社会养老保险中企业逃费行为的制度成因分析",《现代管理科学》2007年第7期。

赵鹏:"人社部:社保法防止福利过度养懒汉 公平为先",《京华时报》,2010,http://politics.people.com.cn/GB/1027/13297597.html。

浙江省地方税务局:《关于地税部门征收社会保险基金征收业务费有关问题的通知》(浙财社字[2004]75号),2004,http://www.chinaacc.com/new/63/159/183/2006/2/yi39921610202 51260024944—0.htm。

郑秉文:"从国际发展趋势看我国不宜实行社会保障费改税",《宏观经济研究》2007年第3期。

——."社保基金违规的制度分析与改革思路",《中国人口科学》2007年第4期。

——."医疗保险如何积极应对金融危机——兼论医保制度对转变增长方式的作用",《中国医疗保险》2009年第2期。

——."《社会保险法》正式立法:不是今年或明年的事",《中国社会科学院院报》2009年2月10日。

——."扩大社保制度覆盖范围:国际经验与教训",《红旗文稿》2009年第8期。

——."中国失业保险基金增长原因分析及其政策选择——以中外比较的角度兼论投资体制改革",《经济社会体制比较》2010年第6期。

郑秉文、房连泉:"社会保障供款征缴体制国际比较与中国的抉择",《公共管理学报》2007年第4期。

制度与结构变迁研究课题组:"作为制度运作和制度变迁方式的变通",《中国社会科学季刊》1997年第21期。

中共Z县委、Z县政府:《Z县2005年度工作目标考核方案》,Z发[2005]18号。

中共Z县委常委会:《中共Z县委常委会2006年工作要点》,Z发[2006]3号。

中共卫生部委员会、中共北京市委员会:"中共卫生部委员会中共北京市委员会关于在党内讨论改革公费医疗、劳保医疗制度的通知",1992,载《国家公医疗史料汇编 1952—1992》,全国公费医疗事务管理中心编,北京:内部发行。

中共中央、国务院:《中共中央国务院关于深化医药卫生体制改革的意见》,2009,http://news.xinhuanet.com/newscenter/2009—04/06/content_11138803.htm。

中共中央和国务院:《中共中央、国务院关于进一步加强农村卫生工作的决定》,http://www.moh.gov.cn/newshtml/17254.htm。

中国劳动保障编辑部:"全国劳动保障监察机构建设状况",《中国劳动保障》2005年第10期。

中国卫生总费用核算小组:"中国卫生总费用核算结果和分析(1978 - 2002)",载《中国医疗卫生产业发展报告 No.1:医疗卫生产业绿皮书》,杜乐勋等编,北京:社会科学文献出版社2004年版。

中华全国工商业联合会:"中国私营企业大型调查 1993—2006",北京:中华工商联合出版社 2007年版。

中华全国总工会,"工会参与解决劳动争议的试行办法",1995,http://www.law-lib.com/lawhtm/1995/11664.htm。

——."全国总工会关于加强私营企业工会工作的意见",1995,http://61.167.121.132/XBJD/qtyz/ghyd/qgzgh.htm。

——."关于加强新建企业工会组建工作的意见",2001,www.bjzgh.gov.cn/template/10002/file.jsp?cid=126&aid=692。

中央机构编制委员会办公室:"关于建立劳动监察机构配置劳动监察和劳动争议处理人员编制意见的通知",1994,http://www.gd.lss.gov.cn/gdlss/zcfg/zc/ldbzfzgz/xzzfjd/tl9941111_4224.htm。

周飞舟:"从汲取型政权到'悬浮型'政权———税费改革对国家与农民关系之影响",《社会学研究》2000年第3期。

周其仁:"这算哪门子'市场化'? ——医改系列评论之二",2007,http://zhouqiren.org/archives/525.html。

——."政府主导投资的经济性质——汇率与货币系列评论之三十七",《经济观察报》,2011,http://zhouqiren.org/archives/1098.html。

朱青:"中国税负高低辨析",2007,http://blog.sfruc.edu.cn/Images/2007-8/bbfd0336-41ab-49cf-ad84-7dfb818cebae.pdf。

邹加怡:"扩大内需是战略的调整",《国际经济评论》2009年第1期。

后　记

　　胜利和成功并不能令人真的满足,也不能令人真的快乐。
　　真正的快乐是你正向上奋斗的时候。你只要经历过这种快乐,你就没有白活。

——古龙:《多情剑客无情剑》,第八十八章"胜败"

　　……终于完成了。它可能不好,但是完成了。只要能完成,它也就是好的。

——托马斯·曼

　　这本书记录了我从2006—2013年做的大部分研究,一晃已经接近十年。本书一至五章改自博士论文,六至十章为博士毕业后的研究。有很多方式可以纪念过去的时光,对我而言这本书是最好的纪念,因为它见证了一个门外汉到独立研究者的成长经历,一个知识消费者到知识生产者的转变历程。这个过程中的挣扎彷徨仍然历历在目,诸多师友屡屡出手相助,这些记忆更是清晰如昨日。

　　2006年进入香港中文大学之后,我跟其他一年级的博士生一样,对研究问题没什么概念。我曾经前前后后考虑过十多个选题。那些焦虑、彷徨的日子里,大学生失业、合作建房、失地农民、城市化、合作医疗的费用控制甚至城市贫民窟现象都曾进入我的视野。

直到确立职工医保覆盖面这个不动点,漂泊的感觉才告结束。这个过程要感谢顾昕老师和张光老师多次指点。张光老师耐心地启发我提研究问题要考虑变异(variation)。我还记得我们曾坐在深圳火车站的月台上讨论研究问题。基于对变异的体悟,最终我摸着了提问题的门道。

我要感谢博士导师组的各位教授。导师王卓祺教授在我选题过程中始终宽容以对、把握着大方向,使我既可从容不迫地探索,又不致迷失方向。每次见面他总是温和催促,论文交上后回馈迅速而且总有针对性的肯定和批评。这篇论文从区区一个想法到最终成形,跟王教授施加的这种良性压力和精心批阅大有关系。答辩委员会莫邦豪教授、黄洪教授在研究的初期阶段就提供过十分好的意见,促使我将很多先前未曾考虑的问题纳入思考范围。校外评委赵维生教授牺牲休假时间通读论文,提出了中肯的修改意见。他们的意见使得本研究更加完善,在此本人深致谢忱!

除了我的导师组外,对我学术成长影响最大的恐怕非苏阳老师和李连江老师莫属。我跟苏阳老师于 2007 年在北京认识,从此结下师生缘。从申请富布莱特奖学金到申请教职、到指点论文写作和职业规划,我的每一步都是在苏老师的关注下完成的。苏老师是我见过的最为 Humane 的人,虽然他的善意总覆之以玩笑甚至挖苦。不过,他开的玩笑总是让我体会到:幽默乃是智力过剩的表现。他真心地愿意为学生考虑、不遗余力地拉扯(前前后后去他那里的访问学者都是受益者)。几次关键时刻,他的提醒将我从弯路上拽回来,使我避免了无谓的时间浪费。在加州尔湾的那段日子现在看实在有点奢侈。每天上午我会给苏老师电话,如果他没有其他事,我们会在学校的某个快餐店一起吃午餐,然后天南海北地聊。周六晚上照例是去他家大快朵颐，师母（应该叫马姐）和小双视我为家庭一员。有时候苏老师一边掌勺，一边开着玩笑，一边跟我交流各种写作、研究的诀窍；我呆立在侧，时不时有种开窍的感觉。这种奢侈的浸没式教育形塑了我的很多观念和习惯，至今受用无穷。尤其是苏老师反世俗的风格使得我毕业之后形成了对外在标准的警惕，避免被外界所定义而是坚持走自己的路。被世人高估低估，皆不在意。这种定力让我挡住了外界的很多诱惑，少走了很多弯路。正是受惠于这样的师生缘，成长过程中如此奢侈的教育机会，我决心一定要把善意传递下去。

博士第三年我旁听了香港中文大学李连江教授的两门课。这是迄今我上过的强度最大，收获也最大的课程（在哈佛上的课程也不能比）。在中文大学曾肇添楼的那个狭小房间里，每周一次的课程都是脑力激荡的过程。李老师的课全在答问之间进行，我们被"逼迫"着回答他抛出的一串串问题，而且必须用最简单的方式回答。我逐渐开始抛弃各种似是而非的概念，开始从最简单的现象和观察出发考虑问题，经验研究的思维习惯逐渐建立起来。这番思维清洗强度很大，下课后头昏脑涨，但只有这样脑子才会越来越清楚。虽然我只是旁听生，但李老师一视同仁、悉心调教。为了能跟李老师多聊几分钟，我一般都在他去开门之前就到曾肇添楼的教室门口等候。真怀念周五下午的那三个小时，怀念跟李振、英杰、竹盛、横俯、卫华、燕华、韩佳、雪村、海燕、夏瑛等同学的唇枪舌剑，以及这种争论带来的知性氛围。毕业之后，李老师也是我职业生涯的义务导师，他的许多观点我有的已经吸收，有的已经在践行，但是天资有限，恐怕最终还是难以达到老师的期望。

吐露港在侧，香港中文大学依山傍水、堪称人间仙境。丰富的资源、活跃的学术交流都使得博士生活变得不那么难捱。尤其感谢中国研究服务中心(USC)，我在中文大学的三年里，有两年半是待在中心查资料、听讲座、跟小伙伴们侃山。中心是中国研究的学术家园，这里的图书数据之全之丰令人吃惊。我至今记得埋头"开矿"期间的种种惊喜。专业之外的各种收藏也让我大开眼界，着实补了一通博雅教育。中心组织的讨论会、爬山等活动不仅让我接触到最新的学术信息，而且让我见了不少世面。人常言攻读博士艰苦又寂寞，我这三年愉悦的读书学习当归功于中心提供的几近完美的研究环境。我有幸经历了中心主任熊景明老师辉煌生涯的最后一段。她妙语连珠（例如，commonsense is not common），对学界掌故了如指掌，跟她谈话既愉悦又大有教益。熊老师对苦读中的学生总是鼎力加持，我跟樊鹏师兄跟着蹭了不少饭，也见识了不少光景。

从 2009 年毕业至今，我职业生涯的两段时光都充实而美好。第一份工作在成都的西南财经大学。虽然身在西南，但是西财的学术小环境却好得很，没有乱七八糟的事情。陈滔院长对我工作和生活的方方面面都极为关照，小到课时学分，大到家属的工作，无不费心张罗。林义教授、胡秋明、丁少群等同事也对我非常关照。我在西财期间得以在宽松的环境下优游学术，当归功于各位同事的理解和支持。学院之外，高晋康、韦克难等老师都对我勉励有加，空闲时间总有玉浓、建东等朋友可以一起侃山。在西财的头两年能发两篇《中国社会科学》、两篇《社会学研究》以及 *Social Science and Medicine*，充分说明优质的小环境才是学术生产力的关键。我挣扎着离开了我的同事们，否则"少不入川"的古训就要在我身上应验了。不过，那边已经成了我的娘家。无论身在何方，地处"金温江"的财大总是在我心里占有一块地方。因为那是我的"初职":我的第一次课、第一批学生都是在那里开始的。

因毕业典礼当天父母遭遇意外,我未能直接入职中山大学。马骏、岳经伦教授虽然都能理解,但这并未减少我的内疚感。让我意外的是,几年之后的2012年,马老师又邀我回中大。这种气度和格局感令我深为感佩。最终,在西财聘期结束后,我又重新回到了中山大学政务学院。此次调动过程中,马老师鼎力相助,逐一解决我的顾虑。他和肖滨老师公正而富有远见,竭尽所能创造好的学术环境。正是他们的庇佑,我才得以在公共管理的重镇有一张安静的书桌。身处美丽的康乐园,每日走过红砖绿瓦的建筑和大草坪,心中凝聚着一股静气。如此运气,除了感恩,唯有更努力、更专注地从事教学和科研以为回报。

我总是跟学生说,学术是少数几个不拼爹的行业。这一点可以体现在我的投稿经历中。我要特别感谢《中国社会科学》的柯锦华、冯小双、刘亚秋等老师。在2010年我向《中国社会科学》投稿的时候,只不过是一个刚刚毕业的博士而已,强关系、弱关系皆无,更不用说名气、背景和影响力。她们完全秉持客观的学术标准,使得我能够在顶尖的杂志发表文章,得以在学术界生存下来。这样坚持学术标准的做法为业界树立了标杆。我总拿自己的例子告诉周围的同事朋友,正能量处处可见。值得一提的是,虽然已在《中国社会科学》发表三篇文章,我至今没有见过冯小双老师。《社会学研究》的张翼、张宛丽、杨典、张志敏等老师,《经济社会体制比较》的丁开杰老师,都给我同样的感受。我希望能有更多这样的编辑和杂志,这样学界江湖气才会少一点,学术味才会浓一点。

另外,还有许许多多需要感谢的人。我的硕士导师彭华民教授将我推荐到香港中文大学；读博三年间，她的关照一如既往。她是将我引上学术之路的人，也是造就我人生转折点的人。值得特别感谢的是，本书能在商务印书馆出版，得益于王丰老师和李秉勤老师的大力推荐！王老师宽厚、幽默的风格让我在遇到挫折的时候总能有地方取暖。林聚仁、韩克庆、金蕾、张克云、王剑、邱格屏等多位老师在不同阶段都不吝时间赐教。朱旭峰老师虽然比我大不了几岁，但是无论学识还是为人都令我自惭形秽，在不同时间点上他总是耐心指点。作为他在南开教的第一批学生，非常感谢他一直提供"售后服务"。诸位师兄、同学和好友樊鹏、刘鹏、郑广怀、黄玉浓、陈慧荣、李振、张宏伟、张丞国、刘晓婷、庄文嘉、刘凯等多次襄助，在此一并谢过！

最后，我要感谢家人为我所作的牺牲。1989年夏秋之交，父亲带着我在最后一秒踏入小学的校门。到2009年，我已经在国民教育体系中连续待了整整二十年（后来还有波士顿的一年）。二十年里我只消费、没有任何产出，而父母在他们能力范围内为我提供了最好的教育。至今，父亲雨中背我上学、母亲起早准备早餐的情景常常萦绕脑际。他们看不懂我写的学术词汇和统计结果，但这本书是献给他们的。后来，博士毕业典礼当天，父母突发意外。整个家庭从此进入另外一个模式，艰辛备尝。至今我还记得在山东省立医院病床边打开电脑修改论文的情景（这篇论文最后发表于《社会学研究》，即本书第三章）。我的家人为照料父母付出了极大的牺牲，连我小外甥们的童年也因此受到波及。如果没有家人的付出，我的学术生命可能从毕业那天起就已终结。

我个人在日常生活和社会交往上极为笨拙。内子耐心地维持了我这两方面的平衡。跟她在一起我心态一直非常平静，是她的耐心熨平了我读博期间和之后的种种波折,她出世不争的性格中和了我内心中的许多张力。从 2003 年在南开相识到 2011 年在成都团聚,我们经历了长达六年的两地恋。我欠她实在太多。她需要忍受我长期不在身边的寂寥,忍受因我放弃工作、重新归零的漂泊感……我很庆幸我们最终走在了一起,我因此有机会补偿她。想来,2003 年 5 月 3 日"非典"期间的相遇是一次"最美丽的意外"。

刘军强

2015 年 9 月 22 日中山大学